국가공인

서비스경영능력시험

Service Management Ability Test

SMAT

서비스 운영전략

Module C

기획 SP&S컨설팅
저자 서비스 세일즈 가치 향상 연구회

BM 성안당
www.cyber.co.kr

Module C 서비스 운영전략

2016. 4. 5. 1판 1쇄 인쇄
2016. 4. 12. 1판 1쇄 발행

저자와의
협의하에
인지생략

지은이 | 서비스 세일즈 가치 향상 연구회
펴낸이 | 이종춘
펴낸곳 | 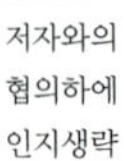 주식회사 **성안당**

주소 | 04032 서울시 마포구 양화로 127 첨단빌딩 5층(출판기획 R&D 센터)
10881 경기도 파주시 문발로 112(제작 및 물류)
전화 | 02) 3142-0036
031) 950-6300
팩스 | 031) 955-0510
등록 | 1973.2.1 제406-2005-000046호
출판사 홈페이지 | **www.cyber.co.kr**
도서 내용 문의 | insgod6955@naver.com, ranglee@nate.com
ISBN | 978-89-315-5332-1 (13000)
정가 | 14,000원

이 책을 만든 사람들
책임 | 최옥현
진행 | 최창동
기획 | SP&S 컨설팅
본문 디자인 | 인투
표지 디자인 | 박원석
홍보 | 전지혜
국제부 | 이선민, 조혜란, 김해영, 김필호
마케팅 | 구본철, 차정욱, 나진호, 이동후, 강호묵
제작 | 김유석

머리말

현대사회는 우리가 변화를 인식하기도 전에 너무나 빠른 변화를 하고 있다. 이에 경제 행위를 하는 개인이나 기업들도 변화에 대응하거나 이끌기 위해 그 어느 때보다 더한 노력을 기울이고 있다. 현시대는 초변화, 초경쟁, 초세분화의 시대이며, 그 영향력은 국가도 예외일 수 없다. 개인과 조직, 기관, 기업, 나아가 국가도 차별화된 경쟁력을 향상시켜 지속성장이 가능한 상황을 만들기 위해 최선의 노력을 다하고 있는 상황이다. 이에 산업발전법상 산업생산성 향상의 전담기관인 한국생산성본부에서는 산업통상자원부와 함께 2012년부터 MAT(경영능력시험)제도를 개발하고 있다. MAT는 국내 각 주요산업 및 직무별 핵심지식을 체계화하여 각 자격시험으로 평가/인증하는 제도이며, 매년 1개 종목씩 개발 중에 있다.

이제 많은 국가들은 제조업을 뛰어 넘어 서비스 산업의 경쟁력 향상에 많은 관심과 투자를 하고 있다. 특히 우리나라 경제의 지속적인 성장 모멘텀 확보를 위해 서비스 산업의 전략적 육성이 필요한 바, 관련 인재를 양성하기 위해 MAT제도의 첫 번째 자격종목으로서 SMAT(서비스경영자격)를 시행하고 있다. SMAT는 Philip Kotler교수의 'Service Marketing Triangle' 모델을 기반으로 한다.

이는 서비스 경영분야의 학문연구에서 가장 많이 인용되는 모델로서, 기업의 브랜드 가치 향상을 위해서는 회사와 직원 간의 내부적 마케팅(HR 및 운영관리), 회사와 고객 간의 외부적 마케팅(브랜드), 직원과 고객 간의 상호작용적 마케팅(서비스) 간에 상호괴리가 없어야 함을 의미한다. 즉 서비스-브랜드-문화 간의 일체화를 이루어야 타사 대비 높은 수준의 서비스 차별화 및 조직경쟁력 확보가 가능하다는 것이다.

코틀러가 기업의 서비스 경쟁력 강화를 위해 제시한 3가지 요소는 실제 서비스 기업에서의 직무와도 일치한다. 대부분의 서비스 기업에서 직원들은 (1)고객현장 커뮤니케이션, (2)서비스 제공/세일즈 활동, (3)내부 운영관리 중 하나의 역할을 수행하게 된다. 따라서 서비스 현장의 실무 능력을 강화시키기 위한 노력은 곧 현장 업무수행 효과로 이어지고 이를 통해 기업의 경쟁력 강화에 기여하게 된다.

또한 체계의 우수성과 사회적 통용성을 갖춘 자격제도는 기업과 내부직원, 그리고 고객 모두에게 만족과 시너지를 제공해준다. SMAT자격은 관광/의료/금융/유통 등 국내 주요 서비스 산업의 기업에서 도입이 늘어나고 있으며, 2015년 국가공인 승격에 따라 교육기관에서의 활용 또한 활성화될 것으로 예측하고 있다. 특히 중견/중소기업의 경우 인사고과, 교육훈련 등 HR 전 분야에 걸쳐 신뢰성 있는 객관적 지표인 SMAT를 활용함으로써 보다 적은 비용으로 고객 서비스 차별화 및 경쟁력 강화를 이룰 수 있을 것으로 판단된다.

우리의 대다수 기업은 고객 접점의 현장보다는 고객 대중의 관심을 끄는 마케팅에 집중해온 것이 사실이다. 그러나 이제는 고객 접점의 세일즈 및 서비스 활동에서 새롭게 창조되는 고객가치에 집중해야 하는 시대가 펼쳐지고 있다. 각 기업의 경쟁이 심해지고 고객들의 요구가 다양, 개별, 복잡해지고 있기 때문이다.

서비스 현장의 경쟁력을 높이는 SMAT 자격 제도는 기업의 매출증대와 고객만족도를 높이는 것과 동시에 브랜드가치의 향상을 꾀할 수 있다. 또한 자격을 획득한 서비스 제공자는 직업에 대한 자부심과 만족도가 향상되며, 고객입장에서는 같은 가격에 최상의 서비스를 제공받을 수 있다. 역동적인 서비스 현장을 체계적으로 학습하고 기초 역량을 강화하는 과정 속에서 기업과 소속 구성원들은 서비스 현장에서의 고객 이해도를 높이고 고객과의 커뮤니케이션의 중요성을 인식함과 동시에 이를 효과적으로 수행하는 실질적인 방법을 모색하게 될 것이다.

이러한 SMAT자격의 기본 취지와 목표에 맞도록 본 교재는 변경된 출제기준에 맞추어 SMAT 자격시험을 준비하는 수험생들이 효율적이면서도 쉽게 학습할 수 있도록 하였다. 또한 시험합격만이 아닌 실무에서 구체적이고 실질적으로 적용할 수 있도록 현장전문가를 포함한 최고의 집필진을 구성하였다. 본 교재는 SMAT시험을 주관하는 한국생산성본부의 인증을 받은 공식교재이며, SMAT의 공식 추천 도서인 '세일즈 커뮤니케이션 스킬12'와의 접목을 통해 이론과 현장을 아우르는 국가공인 자격시험의 수준과 방향에 맞추어 다음과 같이 구성하였다.

1. 변경된 출제기준에 맞추어 적중률 높은 내용으로 구성하였으며, 각 모듈과 주요 출제 범위들을 수험생이 이해하기 쉽도록 현장 업무의 흐름에 맞추어 구성하였다.

2. '서비스 현장 스케치'를 통해 현장 실무적인 내용을 제공함으로써 학습한 내용들이 실제 서비스 현장에서 어떠한 의미가 있는가를 인식하는 데에 도움을 준다. 이를 통해 SMAT 자격시험의 차별화인 '사례형, 통합형' 문제 풀이 역량이 강화될 것으로 기대된다.

3. 각 파트별 이론을 학습하기 전에 해당 파트에서 배워야 할 내용과 학습목표를 제시하였다. 이로써 내용의 구성과 흐름을 스토리로 이해하여 학습의 효과를 높일 수 있다.

4. '핵심 Key Word로 이해하기'와 '사례형, 통합형 문제 대비하기'에서는 본문 내용에서 반드시 이해하고 외워야 할 내용과 사항들을 정리하여 복습할 수 있도록 하였다.

5. '실력 평가 문제'를 통해 각 파트별 이론에 대한 내용을 점검할 수 있도록 하였다.

6. '실전모의고사'를 통해 중요 문제를 선별하여 최종적으로 실력을 점검할 수 있도록 하였으며, 한국생산성본부에서 제공한 '기출 예시 문제'를 통해 출제형식과 경향을 파악할 수 있도록 하였다.

본 교재를 통해 학습하는 많은 수험생들에게 자신의 미래를 열어가는 데 실질적이고 구체적인 도움이 되고자 하는 마음으로 정성껏 집필하였으며, 이를 위해 SP&S컨설팅은 '서비스 · 세일즈 가치향상연구회'를 특별히 신설하였으며, 앞으로도 SMAT의 발전을 위해 더 많은 노력과 열정을 다하고자 다짐해본다. 이 책이 나오기까지 수고해주신 '서비스 · 세일즈 가치향상연구회'의 모든 집필진들과 최고의 수험서를 발간하기 위해 아낌없는 지원과 응원을 보내 준 성안당출판사와 한국생산성본부에 감사의 마음을 전한다.

SP&S 컨설팅 공동대표 박누환 · 이경랑

■ 본 교재는 경영능력시험(MAT) 공식교재로서 다음과 같은 구성과 특징을 가지고 있습니다.

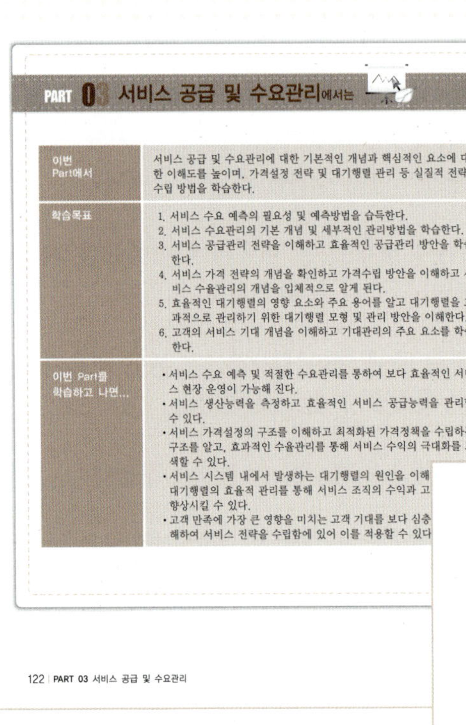

≫ 학습목표

이번 Part를 왜 학습해야 하는가/학습해야 할 중요 내용/학습의 기대효과를 제시하였습니다.

이론 정리 ≪

SMAT 출제기준과 출제 범위를 세밀히 분석하여 출제확률이 높은 내용만을 엄선하여 수록하였습니다.

「플러스 tip」 & 「서비스현장 스케치」 ≪

본문 내용의 보충 설명이나 추가적으로 학습해야 할 내용을 [플러스tip]으로 정리하였고, 실제 현장업무에서 진행되고 있는 중요한 사항을 [현장스케치]로 수록하였습니다.

핵심 Key Word로 이해하기

* **서비스 인식의 변화** : 과거의 인식에서 현재의 인식 변화의 내용 및 배경, 근거

* **다양한 서비스의 정의** : 서비스 속성의 정의, 효율과 편익 중심의 정의, 활동성과 실용성 중심의 정의

* **서비스 특성과 관리 이슈** : 무형성, 생산과 소비의 동시성, 이질성, 소멸성, 상호작용성

* **서비스의 3대 기본 속성** : 탐색 속성, 경험 속성, 신뢰 속성

* **서비스 전달과정에서의 속성** : 운영상 측면, 고객 관계상 측면

* **필립 코틀러의 서비스 마케팅 삼위일체** : 외부 마케팅, 내부 마케팅, 상호작용 마케팅

* **서비스 경제 시대의 이해** : 서비스 부문의 50% 비율 시대, 미래 사회의 지속적인 변화 트렌드, 서비스 혁명의 시대

* **서비스 경영 마인드의 전환** : 가치 흐름의 전환, Product Out에서 Market In으로의 변화

* **고객 니즈에 근거한 서비스 상품의 개발** : 기능적, 정서적 서비스와 복합 서비스, 서비스 시점에 따른 서비스 분류, 서비스 패키지형 상품의 개발, 다양한 융합 상품의 개발

* **서비스 패러독스** : 서비스 제공이 과거에 비해 더 다양하고 풍부해졌음에도 고객들이 서비스 제공에서 소외되거나 체감 서비스의 품질이 오히려 하락하는 현상

* **서비스 공업화** : 제조업에서 사용되는 효율성 제고 및 비용 절감의 방법을 서비스 부문에 적용하는 현상을 의미하며 서비스의 획일화, 기술의 복잡화, 인력확보의 악순환, 서비스의 인○○○○ 상실, 서비스의 기계화를 발생시킴

* **서비스 속성에 따른 다양한 서비스 유형의 이해** : 유·무형 서비스와 서비스 대상의 분류, ○○ 적/단속적 서비스 제공과 고객과 기업 유형에 따른 분류, 서비스 제공자의 재량 정도와 고○ 따른 서비스 변화도의 관계에 따른 분류, 서비스의 수요 통제 범위와 수요 변동의 정도에 ○ 분류, 기업과 고객의 상호작용의 방향과 서비스 지점에 따른 분류

* **Horovitz의 서비스 분류 매트릭스** : 서비스 접점에 있는 직원이 고객과 맺고 있는 관계의 수○ 통해 서비스 유형을 분류, 일반화된 서비스/안정적인 서비스/개인화된 서비스/사례 깊은 서비○

≫ 핵심 Key Word로 이해하기

본문 내용에서 반드시 이해하고 외워야 할 내용과 사항들을 정리하여 복습할 수 있도록 하였습니다.

사례형, 통합형 문제 대비하기

* 변화된 서비스 경제 시대에 서비스 개념을 잘 적용한 사례 및 상황 이해

* 특정 서비스 상황의 발생 원인을 서비스의 특성과 속성으로 이해할 수 있는가를 질문하고 또 이를 어떻게 관리할 수 있을 것인가를 판단하도록 하는 문제

* 변화된 시대의 서비스 상품 개발의 구체적인 사례를 통한 이해도 측정

* 서비스 패러독스 상황을 제시하고 이의 원인을 발견하거나 해결할 수 있는 방법을 질문함

* 특정 서비스 산업의 상황을 제시하고 이를 다차원적인 서비스 속성으로 이해할 수 있는가를 확인함

* 서비스 접점에서의 고객 관계별 서비스 분류에 따른 매니지먼트 전략을 구체적으로 질문

* 특정한 서비스 기업의 전략이나 모델을 제시하고 이를 비즈니스 모델 관점에서 해석할 수 있는가를 측정

사례형, 통합형 문제 대비하기 ≪

현장 실무적인 내용을 통해
'사례형, 통합형' 문제 풀이의 역량을 강화
할 수 있도록 하였습니다.

≫ 실력평가문제

각 파트별 이론에 대한 내용을
점검할 수 있도록 문제를 선별하여
수록하였습니다.

실전모의고사 ≪

SMAT 출제유형과 난이도를 분석하여
최종적으로 시험에 대비할 수 있는 문제를
자세한 해설과 함께 수록하였습니다.

1. 시험안내

① 시험 접수방법

구분	접수 방법	비고
정시	MAT 홈페이지(www.mat.or.kr) 접수	연 6회 시험시행/개인 및 단체(5인 이상) 접수 가능
상시	지역센터 방문 접수	월 1회 시험시행/기관 및 학교 단위 단체접수(30인 이상)

※ 한국생산성본부 MAT 지역센터 연락처 참조

② 응시료

구분	1개 Module	2개 Module	3개 Module
응시료	20,000원	36,000원	50,000원

※ [환불기준] 100% 환불 : 인터넷 접수 시작일로부터 13일(18:00)전까지 가능
　　　　　　 50% 환불 : '100%환불기간' 익일 10:00부터 시험일 포함 3일전 18:00까지 가능
　　　　　　　　　　 (MAT 정기시험은 토요일 실시하므로, 3일전 목요일 18:00까지 50% 환불)

③ 합격자 발표

- MAT 홈페이지(www.MAT.or.kr)에서 로그인 후 개별 또는 단체로 확인 가능
- 응시 익일부터 15일 후 홈페이지 공고
- 발표 시 과목별 취득 점수 및 문항별 정오표 제공

④ 자격증 발급

- 발급기관 : 한국생산성본부
- 신청방법 : MAT 홈페이지(www.MAT.or.kr)에서 신청 가능(자격증 발급비용 별도)
- 자격증 신청 기간 : 매주 월요일(09:00)~금요일(18:00)
- 자격증 배송 : 신청 후 수령까지 3주가 소요(신청 후 MAT 홈페이지 "자격증 발급·수정" 메뉴에서 확인 가능)

2. 평가 체계(펼친면 편집)

① 시험 구조

> **(Module B)** 서비스 마케팅/세일즈
>
> **(Module C)** 서비스 운영전략
>
> **(Module A)** 비지니스 커뮤니케이션

- **1급(컨설턴트) :**
  A+B+C 3개 Module 모두 취득
  (프로페셔널, 전문가)

- **2급(관리자) :**
  A+B or A+C 2개 Module 취득
  (직무별 특성화 인재)

- **3급(실무자) :**
  A(기본) 1개 Module 취득
  (서비스산업 신입사원)

② 시험모듈 및 합격기준

모듈	검정목표	과목
(Module A) 비지니스 커뮤니케이션	고객 접점에서 올바른 비즈니스 매너와 이미지를 바탕으로, 고객 심리를 이해하고 고객과 소통할 수 있는 현장 커뮤니케이션 실무자 양성	비즈니스 매너/에티켓
		이미지 메이킹
		고객심리의 이해
		고객 커뮤니케이션
		회의기획 및 의전실무
(Module B) 서비스 마케팅/세일즈	서비스 현장에서 CRM 및 상담역량을 바탕으로, 서비스 유통관리 및 코칭/멘토링을 통해 세일즈를 높일 수 있는 서비스 마케팅 관리자 양성	서비스 세일즈 및 고객상담
		고객관계관리(CRM)
		VOC 분석/관리 및 컴플레인 처리
		서비스 유통관리
		코칭 교육훈련 및 멘토링 및 동기부여
(Module C) 서비스 운영전략	서비스 현장에서 CSM 및 HRM에 대한 이해를 바탕으로, 우수한 서비스 프로세스를 설계하고 공급/수요를 관리할 수 있는 서비스 운영전략 관리자 양성	서비스 산업 개론
		서비스 프로세스 설계 및 품질관리
		서비스 공급 및 수요관리
		서비스 인적자원관리(HRM)
		고객만족경영(CSM) 전략

③ 자격종목별 출제 범위

모듈	과목	출제 범위
(Module A) 비즈니스 커뮤니케이션	비즈니스 매너/에티켓	매너와 에티켓의 이해, 비즈니스 응대, 전화응대 매너, 글로벌 매너
	이미지 메이킹	이미지 메이킹의 개념, 표정이미지 분석, 상황별 제스처 분석, Voice 이미지 연출, 패션이미지 연출
	고객심리의 이해	고객에 대한 이해, 고객 구매행동 이해, 고객 성격유형에 대한 이해, 고객의 의사결정과정
	고객 커뮤니케이션	커뮤니케이션의 이해, 커뮤니케이션 스킬, 설득 및 협상 기법
	회의기획 및 의전실무	회의운영 기획 및 수행, 의전실무 기획 및 수행, 프리젠테이션
(Module B) 서비스 마케팅/세일즈	서비스 세일즈 및 고객상담	서비스 세일즈의 이해, 서비스 세일즈 전략 분석, 고객상담 전략, 고객 유형별 상담기법, MOT 분석 및 관리
	고객관계관리(CRM)	고객관계관리 이해, 획득-유지-충성-이탈-회복 프로세스, CRM 시스템, 고객접점 및 고객경험 관리, 고객 포트폴리오 관리
	VOC 분석/관리 및 컴플레인 처리 실무	VOC 관리시스템 이해, VOC 분석/관리법 습득, 컴플레인 개념 이해, 컴플레인 대응원칙 숙지, 컴플레인 해결방법 익히기
	서비스 유통관리	서비스 구매과정의 물리적 환경, 서비스 유통채널 유형, 서비스 유통 시간/장소 관리, 전자적 유통경로 관리, 서비스 채널 관리전략
	코칭 교육훈련 및 멘토링 및 동기부여	성인학습의 이해, 교육훈련의 종류 및 방법, 서비스 코칭의 이해/실행, 정서적 노동의 이해 및 동기부여, 서비스 멘토링 실행
(Module C) 서비스 운영전략	서비스 산업 개론	유형별 서비스의 이해, 서비스업의 특성 이해, 서비스 경제 시대 이해, 서비스 패러독스, 서비스 비즈니스 모델 이해
	서비스 프로세스 설계 및 품질관리	서비스품질 측정모형 이해, 서비스 GAP 진단, 서비스 R&D 분석, 서비스 프로세스 모델링, 서비스 프로세스 개선방안 수립
	서비스 공급 및 수요관리	서비스 수요 예측기법 이해, 대기행렬 모형, 서비스 가격/수율 관리, 서비스 고객기대 관리, 서비스 공급 능력 계획 수립
	서비스 인적자원관리 (HRM)	인적자원관리의 이해, 서비스 인력 선발, 직무분석/평가 및 보상, 노사관계 관리, 서비스인력 노동생산성 제고
	고객만족경영(CSM) 전략	경영전략 주요 이론, 서비스 지향 조직 이해, 고객만족의 평가지표 분석, 고객만족도 향상 전략 수립

구분	지역센터	시험시행 담당 지역	주소	연락처
수도권 (11곳)	서울남부	강서구, 양천구, 구로구, 영등포구, 동작구, 금천구, 관악구, 서초구	서울시 양천구 오목로189 남진빌딩 3층	02-2607-9402
	서울동부	도봉구, 강북구, 노원구, 중랑구, 동대문구, 성동구, 광진구	서울시 중랑구 동일로946(묵동) 신도브래뉴 4층 420	02-972-9402
	서울서부	은평구, 종로구, 서대문구, 마포구, 중구, 용산구, 성북구	121-748 서울 마포구 독막로331(도화동) 마스터즈타워 2306호	02-719-9402
	서울강남	강남구, 송파구, 강동구	서울시 강남구 개포로668(일원동) 강남빌딩4층	02-2226-9402
	인천	인천시(강화군 제외)	인천광역시 남동구 동대로935(간석동) 리더스타워 A동 902호	032-421-9402
	경기북부	고양시, 의정부, 동두천, 파주, 남양주, 연천, 포천, 가평, 양주, 양평, 구리	경기도 의정부시 추동로9(신곡동) 휴먼시티빌딩 509호	031-853-9408
	경기동부	성남시, 용인시, 하남시, 광주시, 이천시, 여주군	경기도 성남시 분당구 야탑남로128번길9-4(야탑동)/판교로592번길 9-4	031-781-9401
	경기남부	수원시, 평택시, 오산시, 화성시, 안성시	경기도 수원시 팔달구 중부대로223번길9(우만동) 우신빌딩 5층	031-236-9402
	경기중부	안양시, 과천시, 군포시, 의왕시, 안산시	경기도 군포시 군포로787-1(산본동) 세화빌딩 3층	031-429-9402
	경기서부	부천시, 김포시, 시흥시, 광명시, 인천광역시 강화군	경기도 부천시 원미구 중동로248번길86(중동) 현해탑프라자 505호	032-323-9402
	강원	강원도내 전지역	강원도 원주시 소방서길8(명륜동) 1층	033-731-9402
대전충청 (3곳)	대전	대전시, 공주시, 청양군, 보령시, 부여군, 논산시, 계룡시, 서천군, 금산군, 세종시(12.7.1.출범)	대전광역시 중구 대흥로20(대사동) 선교빌딩 602호	042-222-9402
	충청북부	천안시, 아산시, 당진군, 예산군, 서산시, 홍성군,태안군[충북 : 음성군, 괴산군, 충주시, 제천시, 단양군 이상 5개 시군지역]	충청남도 천안시 서북구 오성9길(두정동) 1층	041-556-9402
	충북	진천군, 증평군, 청주시, 청원군, 보은군, 옥천군, 영동군 이상 7개 시군지역	충북 청주시 흥덕구 덕암로28(봉명동) 대진빌딩 1층	043-268-9402

구분	지역센터	시험시행 담당 지역	주소	연락처
부산 경남 (4곳)	부산동부	금정구, 동래구, 해운대구, 수영구, 남구, 기장군	부산광역시 해운대구 해운대로143번길(재송동) 3층	051-313-9402
	부산서부	부산진구, 북구, 사상구, 강서구, 동구, 서구, 중구, 사하구, 연제구, 영도구	부산광역시 연제구 중앙대로1073(연산동) 전국교수공제회관 1002호	051-465-9402
	경남	경남도내 전지역	경상남도 진주시 동진로111 디럭스타워 5층	055-762-9402
	울산	울산시 전지역	울산광역시 남구 북부순환도로17(무거동) 남운프라자 OP 1303호	052-223-9402
대구 경북 (4곳)	대구	경산시(경북), 대구시(달서구, 동구, 남구, 중구, 수성구)	대구광역시 달서구 달구벌대로301길14(용산동)3층	053-622-9402
	대구경북 서부	구미시, 김천시, 상주시, 칠곡군, 대구시(북구), 대구시(서구), 고령군, 성주군, 청도군	경상북도 구미시 형곡로64(형곡동)	054-451-9402
	경북북부	군위군, 문경시, 봉화군, 안동시, 영양군, 영주시, 예천군, 의성군, 청송군	경상북도 안동시 경북대로391(옥동)	054-841-9402
	경북동부	경주시, 영덕군, 영천시, 울릉군, 울진군, 포항시	경상북도 포항시 북구 양학로70-22(학잠동) 보성아파트상가 2층	054-277-9402
호남 지부 (6곳)	전북	전북도내 전지역	전북 전주시 완산구 팔달로141(전동) 우성프라자 3층	063-286-9402
	광주	광주광역시(남구, 동구, 북구, 서구)	광주광역시 서구 매월2로53(2매월동) 광주산업용재유통센터 29동 209호	062-603-4403
	전남서부	목포시, 무안군, 영암군, 장흥군, 강진군, 해남군, 완도군, 진도군, 신안군	전남 목포시 통일대로37번길38(상동)2층 전남서부자격정보센터	061-283-9402
	전남동부	순천시, 광양시, 보성군, 고흥군, 여수시	전남 순천시 강남로93(동외동) 강남타워 803호	061-745-9402
	광주전남 북부	장성군, 단양군, 화순군, 영광군, 함평군, 곡성군, 구례군, 나주시, 광주광역시 광산구	광주광역시 북구 첨단과기로313(대촌동) 하이테크센터 506호	062-973-9402
	제주	제주도내 전지역	제주특별자치도 서광로289-1(이도일동) 하나빌딩 1층	064-726-9402

※ 전국 총28개 MAT 지역센터 (상기 지역 외 거주자는 가까운 지역센터를 통해서 시험 문의 가능)

Chapter 02 서비스 갭(Gap) 진단

Chapter 03 서비스 R&D 이해

Chapter 04 서비스 프로세스 설계

Chapter 05 서비스 프로세스 개선

PART 03 ▶ 서비스 공급 및 수요관리

Chapter 01 서비스 수요 예측

Chapter 02 서비스 수요관리

Chapter 03 서비스 공급관리

Chapter 04 서비스 가격과 수율관리

PART 04 ▶ 서비스 인적자원 관리

Chapter 01 인적자원 관리의 이해

Chapter 02 서비스 인력 선발

Chapter 03 직무 분석/평가 및 보상

Chapter 04 노사관계 관리

Chapter 05 서비스 인력 노동생산성 제고

PART 05 ▶ 고객만족 경영전략

Chapter 01 경영전략 이론

Chapter 02 서비스 기업의 경영전략

Chapter 03 고객만족도 향상 전략 수립

Chapter 04 고객 만족 평가 지표

PART 06 ▶ 실전모의고사

서비스 산업 개론

고객이 원하는 가치에 도달하기 위해 기업은 항상 끊임없이 노력해 오고 있다. 지금의 서비스 경제 환경에서는 제품을 생산하는 기업이든 서비스를 생산하는 기업이든 고객의 가치 실현이라고 하는 서비스 경영에 총력을 기울이고 있는 것이 사실이다.

이렇듯 기업의 형태나 고객의 변화, 기업과 고객과의 관계변화를 가져온 서비스 산업시대의 태동 배경과 서비스의 본질적인 특성 및 유형, 그리고 관리 이슈를 이해하는 것은 서비스 경영전략을 수립해야 하는 관리자에게 무엇보다 중요하고 기본이 되는 사항이다. 본 PART에서는 서비스 경영에 관한 구체적 전략 활동의 이해를 돕기 위해 전반적 배경지식을 다루는데 초점을 맞추고 있다.

이번 Part에서	서비스 관리자의 효과적인 조직 운영 및 전략 수립에 필요한 개괄적인 사항들과 서비스 산업에 관련된 여러 연구 및 관리 이슈를 알 수 있다.
학습목표	1. 서비스의 개념 및 특성을 통해 서비스 제공자가 제품의 제공자와는 달리 서비스 전달과정에서 고려해야 하는 속성과 관리 이슈를 학습한다. 2. 서비스 경제의 도래 배경과 그로 인한 영향을 이해하고 서비스가 확대되었음에도 불구하고 서비스 이용자의 질적 하락 경험이 초래되는 이유와 해결 방안을 알아본다. 또한 서비스 경제시대 기업의 생존전략에 대해서도 학습한다. 3. 서비스 산업의 다양한 유형별 분류를 살펴보고 서로 다른 산업의 공통점과 차이점을 통해 서비스 운영, 개선, 개발에 필요한 전략을 알아본다. 또한 유형별 관리 이슈에 대해서도 학습한다. 4. 서비스 비즈니스 모델과 그 성과를 평가하는 방법을 이해하고 적용한다.
이번 Part를 학습하고 나면...	• 서비스의 정의와 일반적 특성을 이해하고 그로부터 파생되는 다양한 관리 이슈를 알 수 있다. • 서비스 경제시대에서 살아남기 위한 기업의 생존전략을 알고 서비스 운영전략 관리자로서 적절한 전략 방향을 이해할 수 있다. • 서비스 유형별 관리 이슈를 알 수 있다. • 성공적인 서비스 비즈니스 모델의 구성 요소들에 대해 이해할 수 있다.

Chapter 01 서비스의 개념 및 특성

과거에는 서비스를 호텔이나 음식점의 접객, 제품 구매 후 A/S 등 아주 협소한 개념으로 인식하는 경우가 많았으나 최근의 서비스는 매우 다양한 분야에서 폭넓게 영향을 미치고 있다. 변화된 역할과 중요성을 고려하여 서비스에 대한 일반적인 정의와 그 특성을 살펴보는 것은 오늘날 기업의 화두가 된 서비스 경영 중심의 패러다임 변화에 대한 우리 서비스 기업과 서비스 조직의 효과적인 대응과 준비에 있어 필수적인 과정이 될 것이다.

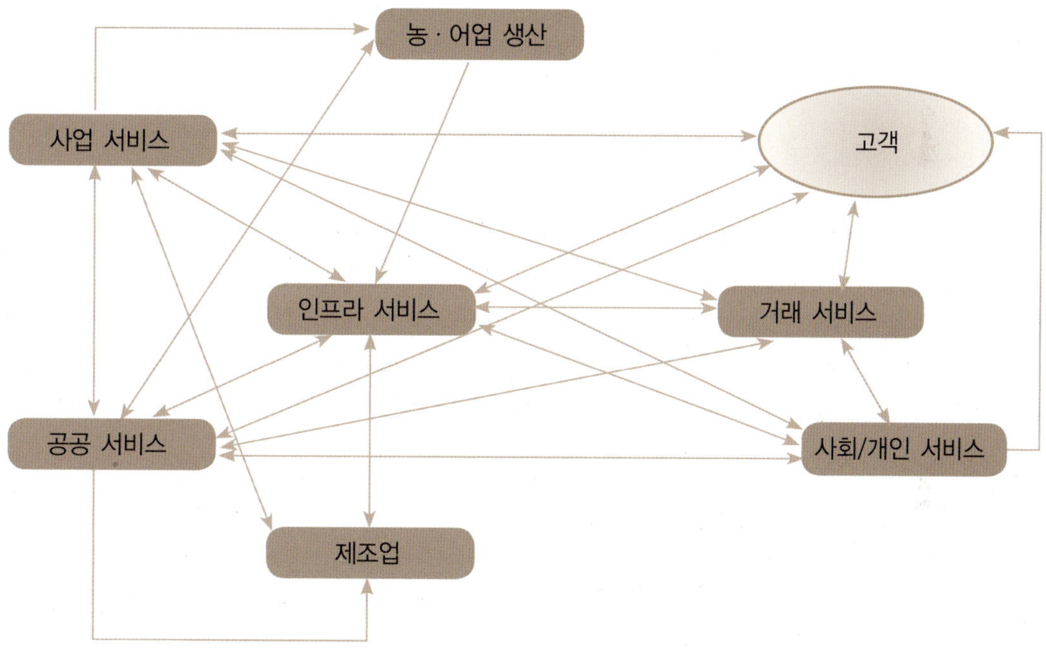

▲ 경제의 상호작용 모형

Source : Dorothy I. Riddle, Service-Led Growth, New York, Praeger, 1986.

서비스가 현대 경제활동의 중심에서 그 영향력을 키워오고 있음에도 불구하고 전통적인 개념과 선입견이 아직도 존재하고 있다. 서비스에 대한 인식 변화의 내용과 그 배경적 요인을 통해 서비스업에 대한 현실적 인식을 명확히 이해할 수 있다.

과거의 인식	현재의 인식 변화	배경 및 근거
서비스는 다른 분야의 희생의 대가로 생산되므로 제조업이 더 근본적이고 중요하다. (칼 막스 & 아담 스미스)	제품과 서비스에 대한 욕구는 독립적이며, 서비스 분야는 경제 안정과 성장에 긍정적인 역할을 한다.	서비스는 경기 순환 시 경제를 안정시킨다. (미국 60년대 중반~80년대 중반 : 서비스 부문 – 불황 시 2.1% 고용 감소, 호황 시 4.8% 고용 증가. 제조업 부문 – 불황 시 8.3% 고용 감소, 호황 시 3.8% 고용 증가)
저임금 단순 노동	고급기술을 필요로 하는 전문 서비스가 절반 이상이다.	미국 서비스업 종사자의 절반 이상은 법조계, 회계사, 교육계, 은행 그리고 병원 등과 같은 고급기술을 필요로 하는 화이트칼라
서비스는 노동집약적이고 저생산성이다.	서비스 부문도 자본집약적인 부분이 많으며, 고생산성으로 1인당 국민소득 향상에 기여한다.	• 연구 결과 145개 산업 중 30개 주요 자본집약적 기업의 절반이 서비스 업체. 1980년대 후반에는 서비스 분야 총공장, 설비 투자가 제조업을 능가 • 단지 서비스 부문의 특성상 생산성 측정이 용이하지 않고 서비스의 양질 간 트레이드오프를 설명하기 곤란
공공부문의 투자 때문에 서비스 산업의 비중이 높게 나타날 뿐이다.	서비스 산업도 제조업처럼 집중화 경향을 보이며 규모도 점점 대형화	미국의 경우 노동력의 절반 이상이 민간분야 서비스업에 종사
서비스는 비용일 뿐 수익성의 요인이 아니다.	서비스는 중요한 수익 창출원	• 미시건 대학의 고객만족지수(ACSI)와 관련 연구결과 고객 만족이 높을수록 수익성과 주주가치와 같은 기업성과가 높음. 특히 ACSI 상위 50% 기업이 하위 50% 기업에 비해 주주가치가 높음 • 한국의 경우 한국능률협회컨설팅에서 수행하고 있는 KCSI 조사결과 상위 50% 기업이 하위 50% 기업에 비해 매출액은 3배, 영업이익은 8배, 매출총이익은 4배 가량 높음
서비스는 제조업체에서 필요악이다.	서비스는 경쟁사 대비 차별화 수단이다.	학자들은 제품과 서비스의 차이는 본질이나 종류에 있는 것이 아니라 어디에 강조점을 두느냐에 달려 있다는데 동의

2 서비스의 정의와 특성

1) 학술적 정의로서의 서비스

① 서비스 속성을 중심으로 한 정의

- W.J. Regan(1963)의 정의 : 생산과 소비의 불가분성은 대부분의 서비스에서 나타나는 동시발생적 생산과 소비를 지칭하는 것으로 재화는 먼저 생산되고 후에 소비되는 반면, 서비스는 먼저 판매되고 후에 생산과 동시에 소비된다.
- J.M. Rathmell(1966)의 정의 : 서비스란 시장에서 판매되는 무형의 제품이며, 이때 유형과 무형의 구분방법은 손으로 만질 수 있는가의 여부로 구분한다.

② 서비스의 활동성, 실용성을 중심으로 한 정의

- 미국마케팅학회(1966)의 정의 : 서비스란 판매를 위하여 제공되거나 혹은 상품판매에 수반되는 제 활동으로서 통신, 수송, 이용고객 서비스, 수선 및 정비 서비스, 신용평가 등을 말한다.
- K.J. Blois(1974)의 정의 : 현재의 형태에 물리적 변화를 가하지 않으면서 편익과 만족을 산출하는 판매 제공행위이다.
- L.L. Berry(1980)의 정의 : 활동, 퍼포먼스 또는 노력으로 서비스를 정의한다.

③ 유형재와 복합적인 효율과 편익을 중심으로 한 정의

- P. Kotler(1984)의 정의 : 서비스란 한쪽이 상대편에게 제공하는 효용이나 그에 따른 행위로서 본질적으로 무형성을 갖고 소유권 이전 행위를 수반하지 않는다. 서비스의 생산은 유형 제품에 연결될 수도 있고, 그렇지 않을 수도 있다.

④ 기타 서비스에 대한 다양한 정의 및 주장

- 인간의 인간에 대한 봉사 T. Levitt(1972)
- 소비자는 생산이 이루어진 이후 실질적으로 서비스를 보유할 수는 없지만 서비스의 효과는 보유할 수 있다. Sasser(1978)
- 서비스는 생산과 소비가 거의 동시에 이루어지며 편의성, 즐거움, 적시성, 안락함, 건강 등과 같이 최초 구매자에게 본질적으로 무형적인 관심사의 형태로 부가가치를 제공하게 되는 모든 경제활동이다. Quinn(1987)
- 서비스는 무형성이라는 특성을 갖는 일련이 행동이며 고개이 문제 해결을 위해 고객과 직원 혹은 물적자원 또는 재화나 시스템 사이의 상호작용에 의해 발생하는 것이다. Gronorss(1990)

⑤ 종합적 정의

많은 학자들은 공통적으로 무형성과 동시소비성에
대한 특징을 서비스의 정의에 포함시키고 있다.
종합적으로 "서비스는 유형재와 관련이 있거나
혹은 단독으로 수행되는 무형재로서 생산과
소비의 동시성을 갖는 활동 혹은 프로세스를 통해
고객에게 가치를 제공하는 행위"로 정의할 수 있다.

플러스 tip

유형성 스펙트럼

제품과 서비스는 유형성이 우세한 한쪽 끝에서 무형성이 우세한 다른 한쪽 끝까지 스펙트럼을 통
해 순위를 매길 수 있다는 개념이다. 현실적으로 100% 유형적이거나 무형적인 것은 없으며, 이는
서비스 산업의 개념을 어떻게 이해해야 하는 가에 대한 기준이기도 하다. 즉, 서비스의 무형성이
강할수록 서비스 산업으로서의 성격이 더 강할 것으로 볼 수 있다.

2) 서비스의 특성에 따른 관리 이슈

서비스가 가지고 있는 기본적인 특성을 통해 서비스업에서의 관리 이슈를 유추할 수 있다.

① 무형성

㉠ 서비스는 유형재와 달리 직접 눈으로 보거나 손으로 만질 수 없다. 단지 경험을 통해
접하고 그 결과와 성과를 평가할 수 있다.

　예 커피전문점에서는 원두의 질과 커피의 맛도 느끼지만 종업원이 제공하는 서비스, 매장
분위기, 음악, 향기 등 눈에 보이지 않는 혜택을 누린다.

㉡ 관리 이슈

해당 서비스를 이용 또는 구매하기 전에 사전적으로 평가·예측하기 어렵다. 고객들은
서비스에 대한 확신을 하기 어렵고 이는 이용자들의 불안감으로 나타날 수 있다.

－ 저장이 불가능하고 전시하고 전달하는 것이 쉽지 않다.

－ 특허 등을 통해 다른 이의 사용을 배제할 수 없다.

－ 가격 설정의 기준이 모호하다.

－ 제품처럼 성능이나 품질을 비교하는 이성적인 광고전략을 수립할 수 없다.

　예 중요한 손님과의 미팅을 위해 레스토랑을 예약하려 할 때 일반적인 정보로는 괜찮은
곳인지 확신하기 어렵고 각 레스토랑에서도 이를 증명하거나 설명하기 힘들어 한다.

ⓒ 대응 전략

서비스를 유형적으로 나타내기 위한 서비스 제공자의 개별 노력과 아울러 공공기관의 공적인 개입을 통해 서비스의 기준을 정함으로써 서비스의 무형성을 극복하고자 한다.

- 실체적 단서를 제공한다.
- 구전 마케팅 등을 활용하며 동시에 기업 이미지를 관리한다.
- 구매 후 커뮤니케이션을 강화한다.

예 미용 서비스의 무형성을 극복하기 위해 소속 헤어디자이너의 수상 경력, 단골 유명인들의 친필 사인 및 인증샷 등을 게시한다.

② 생산과 소비의 동시성

㉠ 생산과 동시에 소비가 일어나는 서비스의 특성을 의미하며, 비분리성이라고도 한다.

예 뮤지컬 배우들의 연기와 노래를 관객들이 객석에서 바로 향유하는 것.

㉡ 관리 이슈

- 서비스 생산자와 소비자가 같은 시점과 장소에서 상호작용을 해야 하기 때문에 서비스 자체에 대한 평가가 고객접점 서비스 제공자의 숙련도에 좌우된다.
- 저장이나 재고가 불가능한 서비스의 특성으로 인해 고객의 니즈(필요, 요구)에 대한 서비스 제공을 사전에 미리 준비할 수 없다.
- 고객이 서비스 생산과정에 참여하는 경우가 많고 사전에 품질을 통제하기 어렵다.
- 대량생산체제를 구축하기 힘들다.

예 우수한 고객센터를 운영하기로 유명한 인터넷 쇼핑몰에서도 콜센터 서비스 제공자의 실수나 부적절한 응대로 인한 민원이 발생하며 이를 100% 통제하기 어렵다.

㉢ 대응전략

- 서비스 이용자의 필요 시점에 발 빠르게 대응하는 것이 중요하다.
- 직원 채용 및 훈련 등 서비스 직원의 업무 역량 전반을 효과적으로 관리한다.
- 철저한 고객관리와 다수 지역에 서비스망을 구축

예 가전제품 판매망을 보유한 서비스 기업은 현장 판매 직원들의 서비스 및 세일즈 교육을 테마별, 경력별로 진행하여 양질의 서비스가 이루어지도록 한다.

③ 이질성(변화성)

㉠ 동일한 서비스라고 하여도 제공되는 시점이나 환경변화에 따라 혹은 동일한 시점의 경우라고 하여도 제공사의 특성에 따라 서비스의 형태와 질이 큰 차이를 보일 수 있다. 이러한 이질성은 서비스 제공자의 특성은 물론 고객 특성의 차이에 의해서도 발생될 수 있다.

예 외국어 학원에서 외국어를 배운 수강생들의 만족도는 강사의 역량에 의해 달라지기도 하고 수강생의 이해도와 수강태도 등에 따라서도 달라지고 이는 다시 강사의 강의 내용과 열의 등에 영향을 미친다.

ⓛ 관리 이슈

- 서비스 품질에 관련한 여러 가지 변수 및 영향 요인을 모두 다 통제할 수 없어 표준화된 서비스 제공이 힘들다.
- 사전에 계획되고 설계된 수준의 서비스가 제공되고 있는가에 대해 확신하거나 평가하기 어렵다.
- 개별 서비스 제공자의 서비스 역량과 실행의 수준에 따라 고객 만족이 달라진다.

ⓒ 대응 전략

- 서비스 평가는 주관적이므로 서비스 제공자와 서비스 이용자 간의 충분한 의사소통이 이루어져야만 한다.
- 일정 수준 이상의 균일한 품질로 만들려는 표준화에 대한 노력과 고객의 특성에 맞추어 대응할 수 있는 개별화된 서비스방법 개발이 필요하다.
- 특정 대상에 대한 차별화를 통해 고객에 따른 개별화의 기회를 제공할 수 있다.
- 예 가전제품 양판점에서는 주요 관심 고객층에 따라 제품 설명 및 판매 담당자를 배치하고 주 연령층별 응대 화법을 교육한다.

④ 소멸성

㉠ 서비스는 생산과 동시에 소비되지 않으면 그대로 소멸해 버리고 만다. 또한 서비스 자체의 저장은 불가능하나 서비스 생산을 위한 물품 등은 서비스 제공자의 재고가 된다.
- 예 서울에서 제주로 가는 비행기에 탑승객이 없는 좌석은 생산과 동시에 그대로 소멸되는 서비스이다.

ⓛ 관리 이슈

- 서비스 자체의 저장이 불가능하기 때문에 재고 조절이 힘들고 소비자의 수요변화에 대응하기 어렵다.
- 서비스 제공자의 입장에서는 적절한 서비스 수요 대응을 위한 인력확보가 중요하다.
- 서비스는 교환, 환불, 반품 등이 어렵다.

ⓒ 대응 전략

- 고객 수요 예측에 따른 서비스 생산 계획을 시행한다.
- 임시 직원의 채용 등으로 서비스 제공의 유연성을 확보한다.
- 유휴시설이나 장비의 새로운 용도를 개발해 두어 비용 발생을 예방한다.
- 직원에게 여러 직무에 대한 교육을 시행하여 유사시 대응능력을 제고한다.
- 예 직장인이 몰려있는 식당가의 평일 점심시간에는 고객의 수요가 많아 균일한 서비스 제공을 위해 평일 점심시간 전·후의 아르바이트 고용을 통해 이를 해결하고자 한다.

⑤ 상호작용성

　㉠ 서비스는 제공자와 고객 간의 상호작용을 통해 이루어지며 고객은 단순한 소비자로서가 아니라 생산과정에 적극적으로 참여하면서 소비를 하게 된다.

　　예 패밀리 레스토랑에서 식사 주문 시 음료 선택, 조리의 정도, 메뉴 구성 등에 있어 서비스 제공자와 고객 간의 의사소통을 통해 고객 니즈의 발견, 개발 등의 과정이 개입된다.

　㉡ 관리 이슈

　　- 인적 요소가 중시되며 서비스를 수행하는 서비스 제공자의 역할이 중요하다.

　　- 고객의 지식, 경험, 자발성 등에 대한 이해가 서비스 성과를 다르게 만든다.

　　- 고객이 공동 생산자의 역할을 하는 경우(예 셀프 세차) 서비스 제공자의 생산능력이 고객수요에 연동하여 변동 가능하고, 감독에 소요되는 비용을 줄일 수 있다.

　㉢ 대응 전략

　　- 고객의 니즈를 파악하고 반영하는 것이 중요하므로 서비스 제공자의 고객접점 커뮤니케이션 능력을 향상시킨다.

　　- 고객의 적극적 참여를 유도한다.

　　- 서비스 구매 이후의 고객 만족감을 관리하여 상호작용의 방향을 긍정적으로 유지시킨다.

　　예 변호사는 고객의 법률적 문제와 고충을 해결하기 위해 고객과의 효과적인 커뮤니케이션 과정을 통해 상담을 실시하며, 고객이 보다 효과적으로 정보를 제공할 수 있도록 상담과정을 구성해야 한다.

3) 분야별 서비스 속성의 이해

① 서비스의 3대 기본 속성

탐색 속성	구매 전 평가를 위한 유형적 특징을 보유
경험 속성	구매 전까지는 평가할 수 없는 속성을 지님
신뢰 속성	서비스를 경험한 후에도 평가하기 어려운 특징으로 인해 신뢰를 바탕으로 서비스를 이해, 평가하게 됨

② 서비스 진달과정에시의 속성

구분	내용	해당 속성
운영상 측면	서비스의 속성으로 인해 서비스 생산과 고객 전달과정에서 발생하는 운영상의 특성	비저장성, 일회성, 현장 구매성, 노출 가능성, 사용권성, 인식의 곤란성, 연속성, 유통의 불가성, 대량생산, 판매의 곤란성, 입지 의존성

고객관계상 측면	서비스의 속성이 고객과의 관계에 영향을 미치게 되는 특성	가치판단의 차이성, 내용의 이질성, 표출의 다양성, 행위의 절차성, 선택의 가변성, 수요의 불규칙성, 가격의 탄력성, 수급의 협동성, 필요의 무한성

필립 코틀러의 '서비스 마케팅 삼위일체'

마케팅 3.0의 저자 필립 코틀러는 높은 브랜드 가치를 실현하기 위해서는 기업이 고객의 기대를 설정하고 고객에게 제공할 것을 약속하는 외부 마케팅과 직원들이 고객에 대한 약속을 지킬 수 있게 해주는 내부 마케팅 및 서비스를 제공하는 종업원과 고객 간의 상호작용 마케팅이 중요하며, 이들 세 마케팅 차원의 조화가 필요하다고 말했다. 이 가운데 직원과 고객 사이의 상호작용적 마케팅이 일반적으로 이야기하는 '서비스'를 의미한다.

외부 마케팅	• 최종 소비자에 대한 마케팅 활동 • 가격전략, 프로모션 활동 등 고객과의 모든 커뮤니케이션을 포함 • 시장의 주의집중과 서비스의 관심을 사로잡기 위해 실행 • 기업이 고객의 기대를 설정하고 고객에게 서비스 제공을 위해 노력
내부 마케팅	• 직원에 대한 마케팅 • 직원과의 모든 커뮤니케이션, 트레이닝, 동기부여, 보상, 팀워크 프로그램을 포함 • 직원들이 고객에게 한 약속을 지킬 수 있도록 서비스를 효과적으로 수행하기 위한 목적으로 실행
상호작용 마케팅	• 고객접점 마케팅, 리얼타임 마케팅 • 최접점의 직원과 고객 간의 상호작용에 관련한 결정적 순간 • 직원이 이 단계에서 실수를 저지르면 고객과 관계형성을 하려고 노력했던 앞 단계의 모든 활동이 수포로 돌아가므로 가장 중요

또한 각 마케팅 대상에 따른 마케팅 방식을 다음과 같이 구분할 수 있다.

구분	외부 마케팅	내부 마케팅	상호작용 마케팅
대상	소비자(외부고객)	직원(내부고객)	소비자, 직원
제공물	상품(서비스)	직무 및 작업환경	상품(서비스)
가격	상품의 대가	직무의 대가	서비스의 대가
목표	소비자 만족	종업원 만족	소비자 만족

Chapter 02 서비스 경제의 도래와 영향 및 기업의 생존전략

21세기 기업은 제조업과 서비스업을 구분하기 어려울 만큼 서비스 산업에 직·간접적으로 영향을 주고받는다. 소득 수준의 향상은 고객들의 욕구 수준을 높여왔으며, 이에 고객 만족과 경쟁우위 확보를 위해 서비스를 통한 부가적인 가치 생산에 집중하게 되었다. 이러한 서비스 산업의 급격한 성장에 대한 배경과 기업전략을 이해하여 서비스 운영전략을 수립하는 것이 중요하다고 하겠다.

1 서비스 경제

1) 서비스 경제의 이해

① 서비스 경제는 전체 GNP에서 서비스 부문이 차지하는 비율이 50%가 넘는 산업구조를 의미한다. (후크스, 1968)

② 서비스 산업이 GDP는 물론 고용 창출에 기여하는 바가 전체 산업에서 어느 정도 차지하는가를 통해 알 수 있다. (표 참조. 순수 서비스 산업만을 서비스의 범주에 포함시켜 산출한 것이며, 제조업체에서 발생하는 서비스 활동은 제외)

③ 서비스 경제의 발전은 20세기 중반 이후 선진국을 중심으로 전개되다가 최근에는 경제가 안정되는 국가들로 확산되었으며, 이러한 추세는 미래 사회에서도 지속될 것이라는 예측이다.

④ 서비스 경제는 제조 경제의 발전 속도에 비해 그 변화의 폭이 매우 급진적이며 매우 빠르게 새로운 서비스가 탄생, 파급되는 것이 특징으로 이를 서비스 혁명(service revolution)이라고도 한다.

플러스 tip

GDP와 고용에서 서비스가 차지하는 비중

국가	1990		2000		2003	
	고용대비	GDP대비	고용대비	GDP대비	고용대비	GDP대비
미국	71%	70%	74%	75%	*76%	77%
영국	65%	63%	73%	70%	75%	73%
호주	70%	67%	73%	71%	75%	71%
핀란드	61%	59%	66%	62%	68%	65%

Source : WOrld Development Indicators 2006, The World Bank Group

주) * : 2002년 데이터

우리나라의 경우 2007년 기준 국내총생산(GDP : Gross Domestic Product) 대비 서비스 산업의 비중이 57.6%를 차지할 정도로 서비스 산업이 차지하는 비중은 점점 커지고 있다.

2) 서비스 경제 도래의 배경과 원인

① 제조업의 변화

- ㉠ 오늘날의 제조업은 유형재화의 생산에 그치는 것이 아니라 자사가 판매하는 제품과 관련된 서비스까지 제공하고 있다. (예 배달, 설치, 수선 등)
- ㉡ 소비자들의 기업활동에 대한 기대수준이 향상됨으로써 제품뿐만 아니라 그에 수반되는 서비스까지도 포함된 소비 활동을 원하게 되었다.

② 규제완화

경제성장과 소비자의 의식수준 향상, 국제화의 가속화 등으로 규제가 완화되고 있다. 이는 신규기업의 시장 진입을 가속화하고 역량 있는 기업들의 다각화를 촉진하여 서비스와 관련한 경쟁을 심화시키고 있다.

③ 국영기업 민영화

공공 서비스 조직이 비효율성을 극복하고 비용 절감, 운영 효율, 고객만족 등 민영화 과정을 거치게 되면서 시장지향적인 서비스를 실현하게 되었다.

④ 정보통신 기술의 발달

컴퓨터, 인터넷 등 전자, 정보, 통신의 발달과 보급은 소비자들의 욕구에 보다 빠르게 대응하고 서비스 제공의 원가 부담을 감소시켰다. 또한 개인 차원의 욕구까지도 세심하게 반영하고 체계적으로 관리할 수 있게 하여 새로운 서비스를 창출하고 서비스의 질을 향상시켰다.

⑤ 서비스 영역의 발전

서비스 본연의 한계를 극복하기 위한 다양한 방안들이 개발되었다.

- ㉠ 서비스의 가변성을 극복하기 위해 서비스를 표준화하는 시도 (예 프랜차이즈 시스템)
- ㉡ 제조업과 서비스업의 혼합 형태를 통해 사업영역 확대 (예 리스나 대여업)
- ㉢ 제품 판매에 서비스 관련 기술을 부분 수용하여 활용 (예 A/S 관련 예약 서비스, 방문 서비스)

2   서비스 경제 환경에서 기업의 생존전략

1) 서비스업으로의 전환에 따른 인식 전환

제조업에서 서비스업으로의 전환은 단순히 사업영역의 변경 차원이 아니라 각각의 시대를 대변하는 사회인식의 패러다임으로 광범위한 전환과 수용을 한다는 것을 의미한다. 산업화 시기가 제품의 생산과 소유를 중심으로 했다면, 서비스 경제에서는 제품의 사용과 경험을 중심으로 한다. 각각의 생태계에 관한 인식의 차이점은 다음과 같다.

[표 1] 〈사회인식의 패러다임 비교〉

제조	인식(비교)	서비스
생산해서 판매	가치흐름	판매될 물건을 생산
우수한 품질의 제품	비즈니스 목표	고객 가치 창조
작업 완성도	성과 평가	고객 만족
자본 및 노동 생산성	이윤 원천	서비스 품질
일회적, 대체 가능	외부고객을 바라보는 관점	장기적, 관계관리 대상
지시나 명령의 대상	내부고객을 바라보는 관점	서비스 품질 관리자, 권한 위임의 대상
객관적, 물리적	보상	심리적, 개인적 요소 추가
업무 관리감독	관리자의 업무	격려자, 지원자
구체적, 사전적 원가	원가	추상적, 사전 · 사후적 원가
업무 통제	조직 구조	서비스 접점 지원

2) 서비스 경영으로 경영마인드 전환

① 가치흐름의 전환

- 가치 흐름 : 제품의 생산에 있어 공급자로부터 고객에 이르기까지 자재와 정보의 흐름을 의미한다.
- 전통적인 공급자 중심에서의 가치흐름에서 고객의 사전적 기대와 사후적 관계를 모두 고려하는 고객 중심의 가치흐름으로 전환되어야 한다.

② 제조업과 서비스업에서의 가치흐름의 차이

제조업 : Product Out	서비스업 : Market In
• 기업 내부 위주의 사고방식 • 제조업자의 지식과 경험에 근거하여 최상의 제품을 생산, 판매하면 된다는 사고방식 • 사후적 재고처리 개념	• 고객(수용자) 중심의 사고방식 • 시장에서 수용되고 받아들여지는 제품을 생산해서 판매한다는 사고방식 • 고객의 필요와 욕구를 제품 생산에 반영해서 팔릴 수 있는 것을 만들어서 판매 • 사전 기획활동에 더 큰 비중

플러스 tip

다니엘 벨의 후기 산업사회의 특징

다니엘 벨은 인류의 사회 발전 단계를 전기 산업사회, 산업사회, 후기 산업사회로 분류하였다. 전기 산업사회는 농업, 어업, 광업의 1차 산업 시기로 토지와 자원의 확보가 관건이었으며, 2차 산업인 제조업의 시기인 산업사회에서는 노동자, 엔지니어가 생산성과 효율성을 위해 일하는 시대로 분류된다. 마지막으로 후기 산업사회는 서비스업인 3차 산업이 경제의 주된 흐름을 이어가며 지식과 정보를 바탕으로 가치를 창조하기 위해 다양한 분야의 종사자들이 경제 활동을 영위하는 시대이다. 이러한 후기 산업사회의 특징을 다음과 같이 제시하였다.
– 운송, 공공사업 등과 같은 서비스가 확장된다.
– 소비의 증가로 인해 유통업과 더불어 은행, 부동산, 보험업 등의 비중이 높아진다.
– 소득의 증가는 식음료 분야 및 다양한 내구재 소비의 지출을 증가시킨다.
– 교육, 의료, 레저, 오락, 휴가 등 개인 서비스 부문의 산업화가 급격히 진행된다.

3) 고객 니즈에 근거한 서비스 상품의 개발

① 서비스 상품

오늘날의 제조업을 포함한 대부분의 산업은 서비스의 상품적 특성이 많이 존재하는가, 그렇지 않은가를 기준으로 평가되므로 모두 다 서비스 산업의 영역에 있다고 볼 수 있다(T. Levitt 교수). 따라서 모든 기업은 기본적으로 서비스를 제공해야 하며, 고객의 니즈에 부합하는 서비스 상품 개발에 초점을 맞출 필요가 있다

② 다양한 서비스 상품의 개발

㉠ 서비스 형태에 따른 분류

기능적 서비스	정서적 서비스	기능, 정서 복합 서비스
• 기능적인 편익 제공이 필수불가결한 서비스	• 기능적 서비스의 충족과 만족을 높이기 위해 제공되는 서비스	• 기능 및 정서적 서비스가 최상으로 결합된 복합 서비스화

• 서비스를 제공받는 것을 당연하다거나 편리함의 대상으로만 인식 예 식당에서 음식값을 지불하면 오래 걸리지 않아 음식을 가져다 줌	• 서비스 제공자가 고객에게 행하는 인간적 행위의 총체적 서비스를 의미. 동작이나 몸짓, 표정, 말투, 적극적인 관심표현 등 예 주문한 음식을 서빙하면서 친절한 미소와 식재료를 설명함	• 오늘날 서비스 산업의 형태 예 친절한 미소와 설명은 물론이고 신속하게 진행되는 서비스 체계를 갖춘 대형 레스토랑

ⓛ 서비스 행위 시점에 따른 분류

사전 서비스	현장 서비스	사후 서비스
• 판매 이전 단계에서부터 제공되는 서비스 • 예약, 회원제, 전화상담 및 안내 서비스 등	• 고객에게 상품, 서비스 거래 시점에 제공되는 서비스 • 실제 서비스 제공자의 서비스 실행 시점	서비스 이용 이후 만족을 느낀 고객이 좋은 이미지를 가지고 긍정적 구전효과 및 추가 구매를 할 수 있도록 지원하는 서비스

ⓒ 서비스 패키지형 상품

- 특정한 환경에서 서비스가 재화 및 정보와 함께 결합되어 제공되는 패키지형 상품이다.
- 구성 요소

서비스 경험	고객이 실제로 서비스를 통해 얻게 되는 경험
정보	차별화된 서비스 제공을 위한 개인별 고객 정보
기본 시설 측면	기능적 서비스를 달성하기 위해 기본적으로 제공되어야 하는 물리적 서비스 시설
보조적 측면	기능적 서비스의 기본적인 측면을 보완해주는 보조적 역할로 고객이 추가적으로 구매하거나 제공받는 물품(일관성 및 선택 가능성)
명시적 서비스	서비스의 핵심적이고 본질적인 부분을 구성하는 것으로, 서비스를 고객의 눈에 보이고 직접적으로 인지하고 경험할 수 있도록 해 주는 것
묵시적 서비스	• 고객이 심리적으로 느끼는 외관 혹은 감정 • 정서적 서비스 증대를 위해 얼마나 노력하고 있는가에 대한 대답

ⓔ 융합 상품

- 고객에게 보다 높은 가치를 제공하고 기업의 수익을 증진시키기 위해 제품과 제품, 제품과 서비스, 서비스와 서비스 등의 결합을 통해 창조된 서비스 상품
- 유형별 개발 사례

제품 간 융합	• 각각의 제품 기능을 융합하여 개발 • 스마트 폰(전화+컴퓨터+인터넷+카메라+동영상 플레이어+GPS)

서비스 간 융합	• 서로 관련 있거나 혹은 이질적인 서비스 간의 결합 • 멀티플렉스(영화+쇼핑+식사), 실버타운, 의료관광 등
제품과 서비스 융합	• 유형의 제품과 서비스를 결합 • 휴대폰+앱 스토어(어플리케이션 서비스)
Product Servitization (제품의 서비스화)	• 제품 판매를 제품이 제공하는 서비스를 판매하는 개념으로 전환 • 복사기 임대사업으로 소모품을 판매하면서 도큐먼트 컨설팅으로 이익 창출
Service Productization (서비스의 제품화)	• 서비스를 정형화된 형태의 제품으로 전환하여 공급하는 형태 • 지하철 매표소 직원의 발권 업무를 기계로 대체 • 매장 서비스 제공자의 제품 설명을 터치패드 방식으로 대체

ⓜ 기술 발전에 따른 새로운 서비스 개발

신기술의 폭발적인 발전으로 고객 서비스가 새로운 형태로 진화, 발전하게 되었다. 기존의 서비스를 기술로 대체하게 될 수도 있으며, 과거에는 거의 불가능하거나 소수의 고객에게만 가능했던 서비스가 보편화, 대중화될 수도 있다.

예 호텔 인터넷 예약 시스템 – 서비스 제공자의 역할을 대신하며 보다 쉽고 간편하게 접근하게 함

예 택배 회사의 수화물 위치 추적 서비스 – 과거에는 거의 불가능하거나 복잡했던 대고객 서비스가 모든 고객이 편리하게 이용할 수 있게 됨

3 서비스 패러독스(Service Paradox)

1) 정의

기업의 서비스 제공이 과거에 비해 보다 다양하고 풍부해졌음에도 불구하고 고객들이 서비스 제공에서 소외되거나 서비스 품질의 질적인 저하를 경험하게 되어 고객들이 체감하는 서비스 품질은 오히려 하락하는 현상을 말한다.

예 고객 서비스 향상을 위해 ARS 시스템을 도입하였으나 오히려 상담원과의 연결 및 업무처리가 원활하지 않고 복잡해져 서비스를 제대로 받지 못하는 경우

2) 발생원인

서비스 패러독스 현상은 고객의 기대와 서비스 제공 기업의 성과 측면으로 이해할 수 있다.

① 고객의 기대 측면

ㄱ 고객의 서비스에 대한 기대가 매우 다양하면서도 그 수준이 높아져 고객 만족이 어려워졌다.

ㄴ 서비스 기업 간 경쟁으로 인해 서비스의 기능적 요소에서 차별화가 없어지고, 이는 다시 고객의 평균적 서비스 기대 수준을 더 높이는 상황을 만들게 된다.

② 서비스 기업의 성과 측면

ㄱ 서비스 공업화(Service Industrialization) 현상

서비스 공업화란 효율성 제고 및 비용 절감 등을 위해 제조업에서 적용해온 방법을 서비스 부문에도 적용하여 노동집약적 부분을 기계로 대체하고 계획화, 조직, 통제 및 관리를 하는 것을 의미한다. (예 패스트푸드의 프랜차이즈 체인, 자동판매기 등)

ㄴ 서비스 공업화의 한계

서비스의 획일화	매뉴얼화 된 업무처리로 인해 서비스 제공자의 자유 결정권이 없어지고 이에 따라 서비스의 개별성을 상실하여 상황에 따라 유연하게 대응하지 못하는 경직성 발생 예 표준화된 서비스 제공을 위해 제공된 매뉴얼대로만 서비스하도록 교육 받은 종업원
기술의 복잡화	급격한 기술 발달과 변화로 서비스 제공 과정이 복잡해져 고객과 현장 서비스 제공자가 기술의 진보를 따라가지 못함 예 과거에는 현장 서비스 제공자가 해결해 주었던 간단한 A/S 요청사항 등이 이제는 전문 A/S센터에서만 해결할 수 있게 될 정도로 복잡하고 전문화됨
인력확보의 악순환	인적자원 확보의 어려움과 충분한 교육 시스템을 도입하지 않은 상태로 미숙한 직원이 고객접점에 투입되어 질 낮은 서비스를 제공하게 됨 예 낮은 인건비로 인해 자주 교체되는 아르바이트 직원들의 서비스 주문 저하
서비스의 인간성 상실	효율성만을 강조한 나머지 인간을 기계 부속품처럼 취급하게 됨으로써 고객과 서비스 제공자 간의 인간적 상호작용이 희박해지고 서비스 제공자의 사기가 저하되고 정신적 피로 문제가 발생 예 평균 근속기간이 짧고 상시 대체인력 시스템을 보유한 서비스 현장에서는 서비스 제공자의 주인의식이나 서비스 정신이 부족하여 인간적 교감이 어려움
서비스의 기계화 (Self Service Technologies)	기술 발달로 기계로의 대체가 이루어져 고객 스스로 자가 서비스 제공 예 항공사의 자동 발권 시스템에서 좌석 위치는 물론 마일리지까지 적립할 수 있으나 이를 복잡하게 여기는 고객들의 불만이 발생함

3) 해결방안

① 고객의 기대수준 관리

단계	활동
구매 전 단계	• 고객의 기대에 대한 파악 • 시장조사, 고객센터 등의 불만사항 체크, 인터넷을 이용한 기대 파악
	• 제공 서비스에 대한 홍보 • 광고, 판매원, 서비스 요원, 구매시점 전시, 판매촉진 등
	• 일관성 있는 서비스 제공 • 과거의 경험, 구전 마케팅
서비스 접촉 단계	• 서비스 접점 직원관리 • 제공 서비스의 질에 대한 고객과의 끊임없는 커뮤니케이션
	• 탄력적인 서비스 변경 • 고객의 기대에 부응하기 위해 서비스 변경
	• 충분한 설명 제공 변경이 불가능한 사항에 대해 고객에게 충분한 설명과 설득
구매 후 단계	• 만족도 체크 • 사후관리 프로그램 개발 • 불만족 처리 프로그램 개발

② 서비스 공업화 도입 시 효율성, 비용 절감 등의 검토와 함께 고객이 얻는 긍정적인 가치를 함께 충족할 수 있는지 혹은 고객 가치를 감소시키는 요인은 없는지 등을 충분히 고려한다.

③ 자동화, 기계화 등의 제도, 장치에 대해 고객이 충분히 이해 · 학습할 수 있는 기회를 제공한다.

④ 새로운 서비스 제도나 시스템에 대한 과도한 포장이나 홍보 등을 자제하고 실제 실현 가능한 수준의 약속을 통해 서비스 패러독스 현상을 예방할 수 있다.

플러스 tip

서비스 패러독스 극복 슬로건

S(sincerity, speed, smile) – 진심, 신속, 미소가 서비스 품질을 결정한다.

E(energy) – 서비스는 활기차게 진행되어야 한다.

R(revolution) – 서비스는 혁신적이고 새롭게 변화해야 한다.

V(value) – 서비스는 상호간의 가치와 이익을 제공해야 한다.

I(impressive) – 기쁨과 감동을 주는 서비스여야 한다.

C(communication) – 서비스는 상호 커뮤니케이션을 통해 완성된다.

E(entertainment) – 서비스는 진심어린 환대이다.

03 서비스 산업의 유형별 이해와 관리

서비스 산업의 체계적인 분류 작업은 특정 서비스를 깊이 있게 이해하는데 도움을 준다. 동일 분야의 서비스는 유사한 문제를 가지고 있기 때문에 서비스 산업의 체계적인 분류를 통해 서비스들 간의 유사점과 차이점, 마케팅전략과 전술 개발에 활용할 수 있기 때문이다. 이 장에서는 대표적인 서비스 분류체계를 학습하고 그에 따른 관리 포인트를 이해하기로 한다.

1 서비스의 유형별 분류 및 관리의 의의

서비스의 유형을 분류하고 그에 따른 경영방법을 비교 학습함으로써 서로 다른 산업 간의 이해를 높이고, 효율적인 서비스 운영, 개선 및 개발에 필요한 유용한 단서를 얻을 수 있다.

① 서비스에 대한 명확한 이해

해당 서비스가 가지고 있는 고유한 특성을 정확히 구분함으로써 어떠한 부분에 관리 포인트를 둘지 명확히 알 수 있다. 예를 들어, 서비스의 제공 형태가 '사람을 중심'으로 하는 서비스라면 프로세스의 표준화보다는 고객별 맞춤서비스 제공이 더욱 의미가 있을 것이다.

② 마케팅전략 차별화

동일한 서비스업이라고 하여도 대상 고객이 누구인가에 따라 다양한 마케팅전략을 수립할 수 있다. 예를 들어, 신도시라면 신혼부부, 영유아 등의 고객을 예상할 수 있으므로 해당 고객군에게 특화된 마케팅전략을 세울 수 있을 것이다.

③ 산업 간 구분의 필요성

산업 간 경계의 구분이 모호해지고 새로운 산업분야의 출현이 끊임없이 등장함에 따라 산업과 시장에 대한 명확한 구분이 필요하다.

1) 마케팅 분야에서의 서비스 산업 분류 연구

학자	서비스 분류에 대한 연구
Judd (1964)	• 임대된 상품서비스(일정 기간 소유하고 사용할 권리를 가짐) • 소유된 상품서비스(고객이 자신이 보유한 상품을 유지, 보수) • 비상품적인 서비스(개인적 경험)
Rothmell (1974)	• 판매자 유형　　　• 구매자 유형　　　• 구매 동기 • 구매 형태　　　• 규제 정도
Shostack (1977)	각 제공물 단위에 포함되어 있는 물리적인 제품과 무형적인 서비스의 비율
Hill (1977)	• 사람에 영향을 주는 서비스 vs 사물에 영향을 주는 서비스 • 서비스의 영원한 효과 vs 일시적 효과 • 이러한 효과의 전환 가능성 vs 비전환 가능성 • 물질적 효과 vs 정신적 효과 • 개별적 서비스 vs 집단적 서비스
Thomas (1978)	• 설비 중심의 서비스(미숙련가도 서비스 가능) • 사람 중심의 서비스(전문가에 의한 서비스)
Chase (1978)	서비스 제공에서 요구되는 대고객 접촉의 정도에 따른 분류(고접촉, 저접촉)
Kotler (1980)	• 사람중심 vs 설비중심 • 고객의 참여가 필요한 정도 • 개인의 욕구충족 vs 기업의 욕구충족 • 영리추구 vs 비영리추구에 대한 공적 vs 사적
Lovelock (1980)	• 수요의 기본적 특성 : 서비스 대상(사람 vs 사물), 수급불균형의 정도, 고객과 서비스 제공자 사이의 관계 연속성(단절적 vs 지속적) • 서비스 내용과 편익 : 물리적 재화의 포함 정도, 인적 서비스의 포함 정도, 단일 서비스 vs 서비스 패키지, 편익의 시점과 지속성 • 서비스 제공 절차 : 복수입지 vs 단일입지, 서비스 역량의 배분(예약 vs 선착순), 독립적 소비 vs 집합적 소비, 정해진 시간에 따른 거래 vs 정해진 과업에 따른 거래, 서비스 제공 동안에 고객이 참여해야 하는 정도
Morris & Johnston (1987)	• 고객 처리 서비스 : 고객에게 직접 제공되는 서비스(숙박, 식사, 치료) • 소유물 처리 서비스 : 고객의 소유물에 대해 제공되는 서비스(정비, A/S) 정보 • 처리 서비스 : 대면접촉 또는 텔레커뮤니케이션 등을 통해 제공되는 대부분의 서비스(금융, 회계, 법률, 교육, 컨설팅)

2) 서비스 속성에 따른 다차원적 서비스 산업의 분류와 이해

① 서비스 유형에 대한 이차원적 분류 체계

실제 서비스 현장을 이해하기 위해서는 서비스 속성을 보다 입체적이고 현실적으로 이해할 필요가 있다. 서비스업은 기본적으로 누구를 대상으로 어떤 것을 제공하는가라는 현실적인 주제로 나누어지게 된다.

구분		서비스 대상	
		사람	사물
서비스 행위	유형	신체에 대한 유형적 서비스 • 병원 • 미용실 • 여객 선박, 항공, 철도 등 • 식당, 주류 판매 등	유형물에 대한 유형적 서비스 • 화물 운송 • A/S, 보관 등 • 택배 • 조경
	무형	정신에 대한 무형적 서비스 • 공연 • 방송, 광고 • 교육 • 상담(심리, 진로)	무형 자산에 대한 서비스 • 인터넷 서비스 • 법률, 회계 • 은행, 증권, 보험 등 금융 • 데이터 관리

유형   무형

신체에 대한
유형적 서비스

유형물 대한
유형적 서비스

정신에 대한
무형적 서비스

무형자산에 대한
서비스

② Lovelock의 다차원적 분류

ⓒ 서비스 행위의 성격에 의한 분류

서비스 행위의 특성	서비스의 직접적인 대상	
	사람	사물
유형적 행동	병원, 호텔, 헬스클럽	화물수송, 세탁, 수리보수, 동물병원
무형적 행동	교육, 방송통신, 정보 서비스, 극장, 박물관	은행, 법률 서비스, 회계, 증권, 보험

ⓛ 서비스 조직과 고객과의 관계에 의한 분류

서비스 전달과정	고객과 기업의 유형	
	회원관계	비공식적인 관계
연속적 거래	교육업, 보험업, 은행업 등	공공 서비스, 방송업, 철도업
단속적 제공	교통카드, 회원제 극장업, 연극회원	공중전화, 공공운송업, 우편업, 렌탈업

ⓒ 서비스 제공에 있어 개인화의 재량에 의한 분류

서비스 제공자의 재량 정도 (고객의 요구에 대한)	고객에 따라 서비스를 변화시킬 수 있는 정도	
	높음	낮음
높음	법률, 의료, 건축디자인	교육, 예방치료
낮음	전화, 호텔, 은행, 고급식당	헬스클럽, 극장, 스포츠 관람

ⓓ 서비스의 수요, 공급에 의한 분류

통제의 범위	수요변동의 정도	
	높음(많음)	낮음(적음)
최대 수요 부합	경찰, 소방서, 전기, 통신, 천연가스	보험, 법률 서비스, 세탁, 은행
최대 수요 초과	극장, 여객수송, 호텔, 회계	기본 가용능력이 불충분한 경우

ⓜ 서비스의 제공방법에 의한 분류

기업과 고객의 상호작용	서비스 지점	
	단일 장소	다수 장소
고객이 기업으로 감	극장, 미용실	버스, 지하철
기업이 고객에게 감	원예업, 방역, 택시	우편배달, 응급보수/처리
고객과 기업이 원격거래	신용카드, 지역 TV방송	방송통신망, 전화 서비스

② Horovitz의 분류 매트릭스

Horovitz는 서비스 접점에 있는 직원들이 고객과 맺고 있는 양과 질적인 측면의 관계수준을 통해 서비스 유형을 분류하였다. 이러한 분류를 통해 실무자는 해당 서비스를 수행하는 직원의 선발 기준과 교육, 커리어 관리, 모티베이션 및 권한 위임 등의 관리 범위를 결정할 수 있으며, 고객의 기대수준에 대응할 수 있다.

접점의 빈도와 지속시간		
	낮다	**높다**
상호작용의 밀도 **낮다**	• 일반화된 서비스 • 피상적이고 기능적인 상호작용 • 비숙련 직원, 간단한 서비스 • 표준화된 매뉴얼 • 고객의 요구수준이 낮아 서비스의 범위가 제한 • 예측 가능한 고객 행동과 요구 예 패스트푸드, 택배 서비스	• 안정적인 서비스 • 시공간과 무관한 직원의 일관성 • 접점 근무자의 고객 요구 대응능력 • 직원이 제공하는 정보는 동일할 것 • 고객의 주요 요구는 거래에 대한 조언 예 호텔, 레스토랑
높다	• 개인화된 서비스 • 높은 집중력과 전문성 요구 • 고객의 문제를 해결할 능력이 필요 • 고객은 자신의 문제가 개별적인 차원으로 취급되기 원함 • 짧은 순간 전문적인 대응이 필요하므로 서비스 제공자의 경청능력이 중요 예 유지 및 보수, 병원 진료	• 사려 깊은 서비스 • 고객과의 인간관계 유지능력 • 문제해결 능력, 커뮤니케이션 능력 • 전문가, 숙련자의 서비스 제공 • 고객의 상황변화를 잘 파악하여 비즈니스를 확대할 수 있는 능력이 중요 예 법률 서비스, 컨설팅 서비스, 전문 교육 서비스

플러스 tip

서비스 유형별 서비스 인력 매니지먼트 전략

구분	일반화된 서비스	안정된 서비스	개인화 서비스	사려 깊은 서비스
선발	신입, 성실성, 저임금	직무 전문성, 신입	경력자, 숙련자, 순발력 및 대응성	경력자, 직무 전문성, 커뮤니케이션 능력, 대인관계 능력, 비즈니스 마인드
트레이닝	제품/서비스/회사와 관련한 현장 역량 훈련	조직문화/서비스 품질/전문지식에 대한 현장 코칭	조직과 개인 목표의 얼라인먼트, 지식 및 기술에 대한 빠른 업데이트	조직문화와 개인적 전문성 제고를 위한 멘토링
커리어 개발	다양한 직무를 경험하게 하는 순환 직무	내부 승진	고객사 방문 및 출장 등을 통한 전문성 제고	내부 승진 및 파트너십 기회 제공
모티베이션	성공 경험의 공유 및 긍정적 마인드 유지	내부고객 만족관리 및 경력기회 제공	개인별 실적 보상, 유·무형의 인정	개인의 전문성 및 주도적 업무처리에 대한 인정, 독립적 의사결정 범위 확대
조직지원	표준화 매뉴얼 등 지원	측면 지원부서 서포트 제공	개인 면담	대 고객 범위를 상회하는 적극적 지원
권한 위임	계층에 따른 권한 위임	행동 리스트 범위 내의 권한 위임	직무 관련 포괄적 자율권과 권한 위임	전폭적인 권한 위임

3) 서비스 분류체계별 관리 포인트

서비스 제공의 효과와 성과 증진을 위해서는 각 서비스 유형별로 핵심적으로 관리해야 하는 자원이 무엇인가를 정하는 것이 중요하다.

① 고객의 참여도 수준에 따른 관리

고객 참여도는 고객의 요구나 상호작용에 따른 만족감의 정도와 연관되어 있다.

구분	고객 참여도		
	저	중	고
특징	고객은 서비스 전달의 대상	서비스 생산 및 전달에 고객 개입	서비스 생산에 고객 참여
서비스 종류	표준화된 서비스	고객층에 따른 표준화	개인별 서비스
서비스 제공 조건	고객 구입과 무관	고객 구입 시 제공	구입 과정에서 고객의 적극적 참여와 함께 제공
사례	• 마을버스 운행 • 공연	• 고급 레스토랑 • 건강 검진	• 은퇴 설계 • Personal Training

② 수요관리의 중요성에 따른 관리

계절성 등의 수요변동성을 가지고 있는 경우 정확한 수요 예측을 위한 데이터 분석 및 관리와 수요 대응을 위해 적정 인력의 확보가 중요하다.

③ 정보 기술의 활용에 따른 관리

정보 기술의 발달은 서비스 제공자와 이용자를 시·공간적으로 분리 가능하도록 만들었다. 따라서 원격 교육, 원격 진료 등의 무형적 서비스의 경우 이용자에 대한 사전안내 및 교육, 관련 인프라의 점검, 기술 변화에 대한 발빠른 트래킹 등이 중요하다.

④ 부가 서비스 영역의 증가에 따른 관리

서비스 경쟁의 가속화로 고객에게 전문정보 제공, A/S 제공, 실시간 기술 지원 서비스 제공 등 서비스의 제공 영역을 확대하는 것이 중요하다.

⑤ 고객접촉도에 따른 접점관리

반복 접촉의 정도와 접촉 생산자의 수를 파악하고 적정한 접점의 크기를 결정하는 것이 중요하다.

일시적 관계	기준	지속적 관계
낮음	반복 접촉의 정도	높음
많음	접촉 생산자의 수	적음

Chapter 04 서비스 비즈니스 모델의 이해

과거에 비해 복잡하고 다양하며 경쟁이 치열한 비즈니스 환경에서는 보다 체계화되고 구체적인 실행이 가능한 중심 모델이 필요하다. 기업이 추구하는 가치가 현실의 비즈니스 환경에서 잘 전달되고 동시에 성과로 창출되어야 하므로 21세기 기업들은 이를 비즈니스 모델로 구체화하고자 한다. 비즈니스 모델이란 무엇이며 좋은 비즈니스 모델이 갖춰야 하는 구성 요소들이 무엇인지를 학습하고, 동시에 이미 구축한 비즈니스 모델의 성과를 어떻게 평가할 것인지에 대해서도 검토해 보기로 한다.

1 서비스 기업에서의 비즈니스 모델의 개념 및 의의

① 비즈니스 모델의 정의

하나의 조직이 어떻게 가치를 창조하고 전파하며 포착해 내는지를 합리적이고 체계적으로 묘사한 것이다.

② 비즈니스 모델의 서비스 기업 내 의의

㉠ 기업 구성원 공통의 언어와 합의 추구

구성원들은 소속 기업의 비즈니스에 대해 공통의 언어를 사용하고 함께 수행하는 업무가 무엇인지에 대한 합의를 이루게 된다.

㉡ 비즈니스 모델의 혁신과 새로운 전략 개발의 토대

현 시점에서의 비즈니스 모델에 대한 공통된 이해는 미래를 추구하는 기준이 된다. 또한 이를 바탕으로 지속적인 혁신을 통해 새로운 비즈니스의 기회와 사업의 확대를 모색할 수 있다.

③ 서비스 비즈니스 모델의 의의

고객을 중심으로 지식과 정보가 통합되고 역동적이면서 능동적인 비즈니스 환경에서는 유연성과 현장 중심의 개별 역량을 필요로 한다. 하지만 동시에 추상적이고 계량화되기 어려운 성과를 보다 체계화하고 기업의 고객 가치에 집중하기 위한 프레임이 필요하게 되므로 여기에 서비스 비즈니스 모델의 의의가 있다고 할 수 있다.

비즈니스 모델을 이해하기 위해서는 기업의 수익이 어떤 경로를 통해 창출되는지 그 구조를 이해해야 할 필요가 있다. 다음은 비즈니스 모델을 구성하는 9개 영역이다.

① **고객 세그먼트**

　㉠ 개념 및 의의

　　－ 세그먼트(segment) : 하나의 시장을 구매자의 니즈, 특성, 라이프스타일 및 행동양식 등에 기초하여 특성 있는 구매자 그룹으로 나누는 것을 의미한다. 인구통계학적 변수, 일반적인 행동 변수 및 제품에 관련한 행동 변수 등을 고려한다.

　　－ 비즈니스 모델에 따라 고객 세그먼트는 하나일 수도, 여럿일 수도 있으나 핵심 세그먼트와 집중하지 않아도 좋은 세그먼트를 구분하는 것은 중요하다.

　㉡ 고객 세그먼트 유형 및 사례

매스마켓 (Mass Market)	• 고객 세그먼트의 실익이 없음 • 대체적으로 비슷한 니즈와 문제를 가지고 있는 거대한 타깃 그룹	예 가전제품 분야, 일상용품, 종합병원
니치마켓 (Niche Market, 틈새시장)	• 경쟁자나 다른 산업군이 미처 발견하지 못했거나 공략하지 않고 있는 틈새고객 • 특화되고 전문화된 고객 세그먼트	예 노부부 대상의 특화된 세탁 및 청소 대행 서비스
세그먼트 혼재 시장	서로 다른 니즈와 요구가 서로 연관 없이 혼재된 다양한 고객 세그먼트에게 동시에 서비스를 제공해야 되는 시장	예 인터넷 서점
명확한 세그먼트 시장	세그먼트별 상이한 니즈와 문제점을 보유한 타깃 시장	예 은행에서 보유 자산 1억 미만과 5억 이상의 고객층으로 나누어 서비스하고 관리함
멀티 사이드 시장	2가지 이상의 고객 세그먼트가 서로 밀접하게 영향을 미치는 시장	예 신용카드 회사의 고객은 사용자인 개인 고객과 신용카드로 결제를 하는 사업주 고객으로 나누어짐

② **가치 제안**

　㉠ 개념 및 의의

　해당 고객 세그먼트가 가지고 있는 니즈에 부합하는 상품, 서비스 혹은 그 둘이 혼합된 형태로 기업이 고객에게 제공하고자 하는 것이 무엇인가에 대한 해답을 말한다.

ⓛ 다양한 가치 제안의 사례

새로움	기존에 없던 전적으로 새로운 니즈를 발굴하여 충족시켜 주는 가치 제안 예 사회적 기업 투자 펀드 상품
퍼포먼스	제품/서비스 퍼포먼스(성능)를 향상시키는 것 예 연비 30% 절감이 가능한 신차 탄생
커스터마이징	개별고객이나 세그먼트의 특화된 요구에 맞춤으로써 새로운 가치 창출 예 피부 패턴에 따른 개별화된 맞춤형 서비스 제공
지원	고객의 업무수행 등 무엇인가를 가능하게 지원하는 가치 창출 예 대규모 회의 개최의 연회 부문을 전담 지원
디자인	뛰어나고 남다른 디자인을 통해 가치 제안 예 세련되고 품격있는 예식 공간 인테리어
브랜드 지위	특정 브랜드 사용에 의해 창출되는 가치 발견 예 신분을 드러내는 럭셔리 브랜드 시계
가격	동일한 가치를 저렴한 가격으로 제공하는 가치 제안 예 저가 항공사
비용 절감	고객의 비용을 절감하도록 지원함으로써 가치 창출 예 회계 관련 프로그램을 지원하여 고객 기업의 관리 및 인건비 절감
리스크 절감	위험 요소를 제거함으로써 가치를 제안함 예 보증제도가 가미된 중고차 직거래 서비스
접근성	과거에 비해 보다 손쉽게 제품이나 서비스를 접근, 이용할 수 있도록 함 예 캠핑카 렌트 서비스, 고급 자동차 유예할부 서비스
편리성/유용성	보다 편리하고 쉽게 사용할 수 있도록 고객 니즈를 충족하는 가치 예 모바일 쇼핑을 보다 쉽게 해주는 핀테크 서비스

③ 채널(유통)

ㄱ 개념 및 의의

고객 세그먼트에 가치 제안을 하기 위한 기업과 고객의 인터페이스 전반, 즉 커뮤니케이션, 물류, 판매채널 등으로 고객경험에 직접적인 영향을 미치는 접촉 수단이다.

ⓛ 기능

- 기업이 제공하는 제품/서비스에 대한 고객의 이해를 높여준다.
- 기업이 전달하는 가치 제안을 고객들이 평가할 수 있도록 해준다.
- 고객이 특정한 제품/서비스를 구매할 수 있도록 돕는다.
- 고객에게 가치 제안을 전달한다.
- 구매 고객에 대한 A/S를 제공한다.

ⓒ 채널 유형 및 요소

채널 유형			채널 요소				
직영	직접	영업부서	1. 이해도 제품/서비스에 대한 고객의 이해도를 어떻게 끌어올릴 것인가?	2. 평가 고객이 가치 제안을 제대로 평가할 수 있도록 어떻게 도울 것인가?	3. 구매 어떻게 하면 고객이 원활하게 상품이나 서비스를 구매하게 할 것인가?	4. 전달 어떤 방법으로 고객에게 가치 제안을 전달할 것인가?	5. 판매이후 구매 고객을 어떻게 지원할 것인가?
직영	직접	웹사이트					
파트너	간접	직영매장					
파트너	간접	파트너매장					
파트너	간접	도매상					

④ **고객관계**

　㉠ 의의

　　각 고객 세그먼트와 기업이 어떤 형태의 관계를 수립하고 싶은가를 의미한다. 개별적인 방식과 자동화된 방식을 모두 포함하며 고객확보, 고객유지, 판매촉진에 큰 영향을 미친다.

　㉡ 고객관계 형성방법

개별 어시스트	사람이 직접 하는 상호교류가 필요한 방식 예 판매직원, 콜센터 상담원
헌신적 개별 어시스트	고객별로 전담인력을 두어 헌신적으로 응대하게 하는 방식 예 프라이빗 뱅킹 서비스에서 전담 직원이 고액자산가를 응대하는 방식
셀프 서비스	고객 스스로 니즈를 해결하도록 필요한 모든 수단을 제공 예 구내식당 운영 서비스 업체의 자율배식 식당 운영
자동화 서비스	개별고객과의 관계를 자동화 프로그램을 활용하여 제공함 예 개인별 온라인 프로파일을 통해 개인에게 맞춤형 광고 전송
커뮤니티	기존고객이나 잠재고객과 적극적 관계를 맺기 위해 커뮤니티 활용 예 식재료 유통 기업은 온라인 상에서 요리 레시피 관련 커뮤니티 운영
Co-creation	기업과 고객이 공동으로 가치를 창조하기 위해 참여 예 온라인 서점에서 독자들의 서평 이벤트를 개최함

⑤ **수익원**

　㉠ 개념 및 의의

　　기업이 각 고객 세그먼트로부터 창출하는 수익을 의미하며 '각 고객 세그먼트가 어떤 가치를 위해 기꺼이 돈을 지불하는가?'에 대한 대답이다. 수익원은 크게 고객의 1회 지출로부터 유발되는 수익과 연속적인 지출로부터 유발되는 반복적인 수익이 있다.

ⓛ 다양한 수익원 창출방법과 사례

물품 판매	기업이 보유한 물리적 상품의 소유권을 판매함
이용료	특정 서비스 이용에 대한 대가 예 IPTV 사용료
가입비	서비스에 대한 지속적인 이용 권한을 판매함 예 스포츠센터 연회원 가입비
내여, 임대료	특정한 자산을 일정 기간 이용할 수 있는 권리를 주는 대가로 받는 수수료 예 렌터카, 가정용 정수기 렌탈 서비스
라이센싱	고객들에게 지적재산권의 사용을 허가한 후 사용료를 받음으로써 창출 예 브랜드 사용에 대한 로열티를 지급받음, 캐릭터 사용에 대한 수익
중개 수수료	둘 또는 그 이상의 당사자들을 대신해서 매개 역할을 해주는 서비스의 경우 발생 예 온라인 오픈 마켓 거래 수수료, 부동산 중개 수수료 등
광고	특정 상품이나 서비스, 브랜드 광고비에서 발생 예 인터넷 포털 사이트의 광고 수입

⑥ 핵심 자원

ㄱ 개념 및 의의

가치 제안을 창조하고 제안하며 시장에 접근하고 고객 세그먼트와의 관계를 유지함으로써 수익을 창출하게끔 해주는 기업의 중추적 자원이다. 기업은 핵심 자원을 직접 소유할 수도 있고, 대여의 형태나 핵심 파트너들로부터 획득할 수도 있다.

ㄴ 핵심 자원의 분류

물적자원	생산시설, 건물, 차량운반구, 기계, 시스템, 물류네트워크 등
지적자원	브랜드, 독점지식, 특허나 지적재산권, 파트너십, 고객 데이터베이스 등
인적자원	지식집약적이고 창조적인 산업 분야에서 인적자원은 특히 중요
재무자원	현금이나 신용한도, 핵심인력을 유인하기 위한 스톡옵션 등 재무적 자원이나 보장

⑦ 핵심 활동

ㄱ 개념 및 의의

기업이 고객에게 가치를 제안하고 이를 통해 수익을 창출하는 비즈니스 전반을 영위하기 위해 꼭 해야 하는 중요한 업무이며, 이는 비즈니스 모델의 유형에 따라 달라지게 된다.

ⓒ 핵심 활동의 분류 및 사례

생산	우수한 품질의 제품을 설계, 제작, 운송하는 활동
문제 해결	고객의 문제에 대해 해결책을 찾아내는 활동 예 컨설팅, 의료 서비스, 고객센터의 운영 등
플랫폼/네트워크	플랫폼 자체가 핵심 자원으로 설계된 비즈니스 모델에서는 플랫폼이나 고객과의 다양한 네트워크를 유지, 강화시키는 활동이 핵심 활동이다. 예 고객의 유입이 중요한 복합쇼핑몰, 고객들이 정보를 얻어가면서 광고와 중개 수익을 창출하는 포털 사이트

⑧ 핵심 파트너십

ⓖ 개념 및 의의

비즈니스 모델을 원활히 작동시켜 줄 수 있는 '공급자-파트너' 간의 네트워크로 기업들은 다양한 이유로 파트너십을 구축하고 있다.

- 최적화와 규모의 경제 : 자원이나 활동의 배분을 최적화하기 위해 설계

- 리스크/불확실성의 감소 : 비즈니스 수익구조의 불확실성을 파트너십을 통해 상쇄

- 자원/활동의 획득 : 필요한 모든 자원을 회사 내에 자체 보유하기보다 다른 기업을 이용해 자원이나 활동을 획득하여 비즈니스 기회의 효율적인 확대

ⓛ 파트너십의 구분

- 비경쟁자들 간의 전략적 동맹. 예 영화를 보면 근처 레스토랑 할인권을 줌

- 코피티션(Coopetition, 협동(cooperation)과 경쟁(competition)의 합성어). 즉, 경쟁자들 간의 전략적 파트너십. 예 지역 주유소 간 가격 담합

- 새로운 비즈니스를 개발하기 위한 조인트벤처. 예 예식장과 여행사 공동 상품 개발

- 안정적 공급을 확보하기 위한 '구매자-공급자' 관계. 예 인터넷 쇼핑몰과 택배회사

⑨ 비용구조

ⓖ 개념 및 의의

비즈니스 모델을 운영하는 데서 발생하는 모든 비용을 의미하며, 이 비용구조는 비즈니스 모델에 따라 중요도의 비중이 달라지기도 한다.

ⓛ 구분

- 비용 주도 : 특히 가격에 대한 가치 제안이 중심이 되는 경우 비용 절감에 최대한의 초점을 맞추어 비즈니스 모델이 설계된다.

    예 저가 항공이라는 고객 가치를 제안하기 위해서는 비용을 절감하는 비즈니스 모델이 매우 중요

– 가치 주도 : 비용보다 가치창조에 더 초점을 둔 비즈니스 모델로 고급스러운 가치 제안과 고도의 맞춤 서비스에 해당되는 경우이다.

> 예 차별화되는 시설과 서비스를 갖춘 고급스러운 VIP 호텔

ⓒ 비용구조 구성 요소

고정비	제품/서비스 규모와 관계없이 소요되는 비용, 인건비, 임대료, 물리적 생산시설 등
변동비	생산되는 제품/서비스 규모에 비례해 변동되는 비용
규모의 경제	• 생산량을 늘릴수록 평균 비용이 하락하는 경우의 비용구조 • 초기 투자비용이 많이 들지만 이후에는 추가 비용이 미미한 경우도 해당됨
범위의 경제	• 운영의 범위를 넓히면 비용 대비 효과가 커지는 구조이며, 동일한 마케팅 활동을 통해 다양한 제품, 서비스의 수익을 극대화 • 공통의 인적, 물적, 정보, 재무자원을 활용함으로써 가능한 비용구조

3 비즈니스 모델의 성과 평가

비즈니스 모델을 정기적으로 점검하고 평가 및 재해석함으로써 보다 서비스 기업의 구조를 객관적으로 바라보고 더 경쟁력 있게 성장시킬 수 있게 된다.

① 비즈니스 모델 환경 분석

비즈니스 모델은 특정한 환경에서 디자인되고 실행된다. 조직이 처한 환경을 바르게 이해함으로써 강력하고 경쟁력 있는 비즈니스 모델인지 여부를 평가할 수 있다.

환경적 요인	세부 요인	관리 이슈
시장요인	마켓 이슈	시장을 리드하고 변화시키는 주요 이슈 확인
	마켓 세그먼트	주요 마켓 세그먼트의 확인 및 매력 포인트 확인, 새로운 세그먼트 발굴
	니즈와 수요	시장 니즈 파악 및 달성도 분석
	전환비용	고객이 경쟁자를 선택하게 되는 요소
	기대수익	기대수익 및 가격 결정력 관련 요소
산업요인	경쟁자	기존 경쟁자와 그들의 상대적인 경쟁력
	신규 진입자	신규 기업들을 확인, 비즈니스 모델의 차별성 여부 판단
	대체상품/서비스	잠재적인 대체상품 기술(타 시장 및 업계 포함)

	공급자/기타 밸류체인 내의 주체들	현재 주요 밸류체인 주체들을 표시, 새롭게 떠오르는 이들을 확인
	이해당사자	조직 및 비즈니스 모델 영향력 행사자 확인
주요 트렌드	기술 트렌드	비즈니스 모델을 위협하거나 발전/개선시킬 수 있는 기술 트렌드
	규제 트렌드	비즈니스 모델에 영향을 미치는 규정과 규제 트렌드
	사회문화적 트렌드	비즈니스 모델과 관련된 주요 사회문화적 트렌드의 개요
	사회경제적 트렌드	비즈니스 모델과 관련된 주요 사회경제적 트렌드의 개요
거시경제적 요인	글로벌시장 환경	거시경제적 관점에서 현대의 전반적인 환경의 윤곽 파악
	자본시장	당신의 자본 수요와 관련된 현재 자본시장의 환경 파악
	원자재 및 다른 자원	당신의 비즈니스 모델에 필요한 자원의 현재 가격과 가격추세 강조
	경제 인프라	비즈니스를 펼치는 시장의 경제 인프라 기술

② 비즈니스 모델 세부 평가

비즈니스 모델 자체의 평가는 전체 큰 그림을 통해 구성 요소의 강약을 평가하고, 개별 구성 요소의 세부사항을 평가하여 상호보완적으로 번갈아가며 수행하는 것이 좋다.

구성 요소	평가 리스트
가치 제안	• 고객의 니즈와 잘 조화되어 있는가? • 강력한 네트워크 효과를 가지고 있는가? • 제품과 서비스 사이에 강력한 시너지가 있는가? • 고객만족도 수준은 어떠한가?
수익원	• 높은 이윤을 확보하고 있는가? • 수익은 예측 가능한가? • 반복적인 수익원과 반복구매 고객이 있는가? • 다양한 수익원을 갖추고 있는가? • 지속 가능한 수익원인가? • 고객이 기꺼이 지불하려는 것을 제대로 청구하고 있는가?
비용구조	• 비용은 예측 가능한가? • 비용구조는 우리의 비즈니스 모델과 조화되는가? • 운영은 비용효율적인가? • 규모의 경제 상태인가?
핵심 자원	• 경쟁자들이 복제하는 것이 쉬운가? • 리소스 수요는 예측 가능한가? • 적재적소에 효율적으로 배치되어 있는가?

핵심 행동	• 효율적으로 수행되고 있는가? • 모방하기 쉬운가? • 실행 결과는 좋은가? • 내부와 아웃소싱 업무수행이 서로 균형적인가?
핵심 파트너십	• 내부 집중도와 파트너들과의 협력이 이상적인가? • 핵심 파트너들과 업무관계는 원만한가?
고객 세그먼트	• 고객 이탈률이 낮은가? • 고객층이 잘 구분되어 있는가? • 지속적으로 신규고객을 확보하고 있는가?
채널	• 효율적인 채널을 확보하고 있는가? • 채널은 효과적인가? • 채널 접근성이 강력한가? • 채널들이 강력히 통합되어 있는가? • 고객 세그먼트에 잘 맞춰져 있는가?
고객관계	• 고객관계의 확고성 • 고객관계의 질과 세그먼트의 조화 • 높은 전환비용을 통한 고객 결속 • 브랜드 강점 강조

- **서비스 인식의 변화 :** 과거의 인식에서 현재의 인식 변화의 내용 및 배경, 근거

- **다양한 서비스의 정의 :** 서비스 속성의 정의, 효율과 편익 중심의 정의, 활동성과 실용성 중심의 정의

- **서비스 특성과 관리 이슈 :** 무형성, 생산과 소비의 동시성, 이질성, 소멸성, 상호작용성

- **서비스의 3대 기본 속성 :** 탐색 속성, 경험 속성, 신뢰 속성

- **서비스 전달과정에서의 속성 :** 운영상 측면, 고객 관계상 측면

- **필립 코틀러의 서비스 마케팅 삼위일체 :** 외부 마케팅, 내부 마케팅, 상호작용 마케팅

- **서비스 경제 시대의 이해 :** 서비스 부문의 50% 비율 시대, 미래 사회의 지속적인 변화 트렌드, 서비스 혁명의 시대

- **서비스 경영 마인드의 전환 :** 가치 흐름의 전환, Product Out에서 Market In으로의 변화

- **고객 니즈에 근거한 서비스 상품의 개발 :** 기능적, 정서적 서비스와 복합 서비스, 서비스 시점에 따른 서비스 분류, 서비스 패키지형 상품의 개발, 다양한 융합 상품의 개발

- **서비스 패러독스 :** 서비스 제공이 과거에 비해 더 다양하고 풍부해졌음에도 고객들이 서비스 제공에서 소외되거나 체감 서비스의 품질이 오히려 하락하는 현상

- **서비스 공업화 :** 제조업에서 사용되는 효율성 제고 및 비용 절감의 방법을 서비스 부문에 적용하는 현상을 의미하며 서비스의 획일화, 기술의 복잡화, 인력확보의 악순환, 서비스의 인간성 상실, 서비스의 기계화를 발생시킴

- **서비스 속성에 따른 다양한 서비스 유형의 이해 :** 유 · 무형 서비스와 서비스 대상의 분류, 연속적/단속적 서비스 제공과 고객과 기업 유형에 따른 분류, 서비스 제공자의 재량 정도와 고객에 따른 서비스 변화도의 관계에 따른 분류, 서비스의 수요 통제 범위와 수요 변동의 정도에 따른 분류, 기업과 고객의 상호작용의 방향과 서비스 지점에 따른 분류

- **Horovitz의 서비스 분류 매트릭스 :** 서비스 접점에 있는 직원이 고객과 맺고 있는 관계의 수준을 통해 서비스 유형을 분류, 일반화된 서비스/안정적인 서비스/개인화된 서비스/사려 깊은 서비스

- **서비스 분류별 관리 포인트 :** 고객 참여도 수준, 수요관리의 중요성, 정보 기술의 활용도, 부가 서비스 영역의 증가, 고객접촉도 등에 따라 관리함

- **비즈니스 모델의 의의 :** 구성원 공통의 이해 추구, 혁신과 전략 개발의 토대

- **비즈니스 모델의 구성 요소 :** 고객 세그먼트, 가치 제안, 채널, 고객관계, 수익원, 핵심 자원, 핵심 활동, 핵심 파트너십, 비용구조

- **고객 세그먼트 :** 고객의 니즈, 특성, 라이프스타일 등에 기초하여 특성 있는 그룹으로 시장을 나누는 것(매스마켓, 니치마켓, 세그먼트 혼재, 멀티 사이드)

- **다양한 가치 제안 :** 새로움, 퍼포먼스, 커스터마이징, 지원, 디자인, 브랜드 지위, 가격, 비용 절감, 접근성, 편리성

- **고객관계 형성 :** 개별 어시스트, 헌신적 개별 어시스트, 셀프 서비스, 자동화 서비스, 커뮤니티, Co-creation

- **서비스 기업의 다양한 수익 창출방법 :** 이용료, 판매, 가입비, 대여/임대료, 라이센싱, 중개 수수료, 광고

- **서비스 기업의 핵심 활동 :** 생산, 문제 해결, 플랫폼/네트워크

- **파트너십의 구분 :** 전략적 동맹, 코피티션, 조인트벤처, 구매자−공급자 관계

사례형, 통합형 문제
대비하기

- 변화된 서비스 경제 시대에 서비스 개념을 잘 적용한 사례 및 상황 이해

- 특정 서비스 상황의 발생 원인을 서비스의 특성과 속성으로 이해할 수 있는가를 질문하고 또 이를 어떻게 관리할 수 있을 것인가를 판단하도록 하는 문제

- 변화된 시대의 서비스 상품 개발의 구체적인 사례를 통한 이해도 측정

- 서비스 패러독스 상황을 제시하고 이의 원인을 발견하거나 해결할 수 있는 방법을 질문함

- 특정 서비스 산업의 상황을 제시하고 이를 다차원적인 서비스 속성으로 이해할 수 있는가를 확인함

- 서비스 접점에서의 고객 관계별 서비스 분류에 따른 매니지먼트 전략을 구체적으로 질문

- 특정한 서비스 기업의 전략이나 모델을 제시하고 이를 비즈니스 모델 관점에서 해석할 수 있는가를 측정

≫ 실력 평가 문제

01~15 선다형

01 다음은 이질성(변화성)이라고 하는 서비스의 속성에 관한 설명이다. 맞는 것은?

① 이질성은 서비스 제공자가 처한 환경이나 시점의 특수성에 의해서만 발생하는 속성이다.

② 평가기준은 명확하나 표준화된 서비스를 제공하는 것은 어렵다.

③ 일정 수준 이상의 균일한 품질로 만들려는 노력이 중요하므로 개별화는 대응전략으로 적절치 않다.

④ 제공된 서비스가 계획된 것과 일치하는지를 확신하기 힘들다.

⑤ 고객의 대응과 경험 인식은 통제 불가능한 요소이기 때문에 서비스를 제공하는 종업원의 행위를 균일화하면 된다.

해설 ① 서비스 사용자가 처한 환경이나 시점의 특수성에 의해서도 발생한다.

② 주관적이므로 평가기준이 불명확하다.

③ 이질성의 문제는 표준화와 개별화를 통해 관리한다.

⑤ 서비스를 제공하는 종업원의 행위뿐만 아니라 고객의 특성에 맞추어 충분한 커뮤니케이션을 거쳐야 한다.

02 서비스의 속성과 각 속성의 대응전략 간의 연결이다. 옳지 않은 것은?

① 무형성 – 구전 마케팅 활용

② 생산과 소비의 동시성 – 다수 지역에 서비스망 구축

③ 이질성 – 표준화와 개별화 동시 추구

④ 소멸성 – 유휴시설이나 장비의 새로운 용도 개척

⑤ 상호작용성 – 기업 이미지 관리

해설 상호작용성에 따른 대응전략으로는 고객접점 서비스 제공자의 커뮤니케이션 능력 향상, 고객의 참여유도, 구매 이후 고객 만족감 관리 등이 있다.

Answer 1. ④ 2. ⑤

03 다음 중 서비스 유형에 따른 관리 방안으로 가장 적절한 것은? (기출)

① 시중 은행과 같이 많은 직원이 필요한 서비스업은 교육 및 인력관리가 중요하다.

② 고객접촉도가 높은 서비스업의 업무 효율성 제고를 위해 모든 부문의 접촉강화 전략이 필요하다.

③ 상호작용과 고객화가 높은 서비스업은 직원의 이직률을 낮추기 위해 엄격한 상하관계 관리가 중요하다.

④ 호텔 및 콘도와 같이 많은 자본투자가 이루어지는 서비스업은 성수기에 수요를 최대화하는 것이 중요하다.

⑤ 상호작용과 고객화가 낮은 서비스업은 서비스 제공 인력의 전문성을 높이고, 수평적 상하관계 관리가 필요하다.

해설 ② 고객접촉도가 높은 서비스업의 업무 효율성 제고를 위해 접촉이 꼭 필요한 부문은 접촉강화 전략, 그렇지 않은 부문은 접촉감소 전략을 활용하는 것이 필요하다.

③ 상호작용과 고객화가 높은 서비스업은 서비스 제공 인력의 전문성을 높이고, 수평적 상하관계 관리가 필요하다.

④ 호텔 및 콘도와 같이 많은 자본투자가 이루어지는 서비스업은 성수기 수요를 비수기로 전환하는 수요관리가 중요하다.

⑤ 상호작용과 고객화가 낮은 서비스업은 표준화된 운영절차와 엄격한 상하관계 관리가 필요하다.

04 서비스 패러독스에 대한 설명으로 가장 부적절한 것은?

① 서비스 공업화로 인한 효율성의 반대급부로 발생하는 한계점을 의미한다.

② 기업의 서비스 제공이 과거에 비해 다양하고 풍부해졌음에도 실제 고객이 체감하는 서비스 품질이 오히려 하락하는 현상을 말한다.

③ 고객의 기대 수준이 높아졌음에도 불구하고 과거에 비해 서비스의 수준이 향상되지 못하여 발생하는 현상으로 서비스의 질적 수준 향상이 시급한 상황이다.

④ 서비스 기술 수준의 발달이 오히려 고객의 서비스 접근을 가로막는 현상이 발생하므로 고객에게 자동화와 기계화에 대한 사전 학습의 기회를 부여한다.

⑤ 기업은 고객 기대가 실제 제공 가능한 서비스 수준 이상으로 올라가지 않도록 서비스에 대한 과도한 포장이나 홍보 등을 자제하고 실현 가능한 약속을 함으로써 서비스 패러독스를 예방할 수 있다.

해설 서비스 패러독스는 서비스의 수준이 과거에 비해 향상되었음에도 불구하고 고객의 기대 수준이 너무 높아진 것에서 기인될 수 있다.

05 서비스 경제에 관한 다음 설명 중 올바른 것은?

① 3차 산업의 비중이 전체 산업의 1/3 이상인 사회를 서비스 경제라고 부른다.

② 서비스 경제 환경에서 생존전략은 우수한 품질의 제품을 생산하는 것이다.

③ 정보통신 기술의 발달은 서비스 기업의 존립을 위협하는 요인이 되고 있다.

④ 소비자 욕구가 다양해져 서비스 자체의 특성적 한계를 극복하기 위한 다양한 방안들이 개발되고 있다.

⑤ 공기업의 민영화는 서비스의 질적 수준 하락의 염려로 인해 반대하고 있는 상황이다.

(해설) ① 서비스 산업의 비중이 전체 GNP의 50% 이상인 사회를 서비스 경제라고 부른다.

② 서비스 경제 환경에서 생존전략은 고객 가치의 창조에 있다.

③ 정보통신 기술의 발달은 다양한 서비스를 개발하고 서비스의 질을 향상하게 만들었다.

⑤ 공기업의 민영화는 서비스의 질적 개선을 모토로 추진되고 있는 상황이다.

06 다음 중 서비스 상품의 분류에 관한 설명으로 옳지 않은 것은?

① 정서적 서비스란 서비스를 제공받음으로써 당연하다거나 편리함의 대상으로 인식하는 것을 의미한다.

② 사후 서비스는 기업에 대한 좋은 이미지를 형성하고 긍정적인 구전효과를 창출한다.

③ 특정 환경에서 서비스가 재화 및 정보와 함께 결합되어 제공되는 상품의 묶음을 서비스 패키지형 상품이라고 부른다.

④ 멀티플렉스는 서비스 간 융합을 보여주는 융합상품의 예이다.

⑤ 서비스의 제품화란 기계화 내지 정보화를 통해 개인이 제공하던 서비스 제공과정을 대신 수행토록 하는 것을 말한다.

(해설) 정서적 서비스는 동작이나 몸짓, 표정, 말투, 적극적인 관심표현 등 서비스 제공자가 이용 고객이나 소비자에게 행하는 인간적 행위의 총체적 서비스를 의미한다. 제시된 내용은 기능적 서비스에 대한 설명이다.

07 다음 중 서비스 패러독스(Service Paradox)가 발생하게 된 원인으로 가장 적절한 것은? (기출)

① 개인의 요구에 맞춘 서비스 개별화 ② 서비스 생산 및 제공과정에서 인간존중

③ 숙련된 서비스 제공자 일선 배치 ④ 셀프서비스 증가

⑤ 고객의 기대 감소

(해설) 서비스 패러독스가 발생하게 된 원인으로는 서비스 표준화, 기술기반의 비인간적 서비스 증가, 숙련되지 않은 일선 근무자의 서비스 제공, 셀프서비스 증가, 일부 기업의 좋은 서비스로 인한 고객의 기대 증가, 약속한 양질의 서비스 미제공 등이 있다.

08 서비스 패키지형 상품에 대한 설명으로 옳지 않은 것은?

① 특정 환경에서 제공되는 재화와 서비스의 묶음을 뜻한다.

② 묵시적 서비스란 고객이 심리적으로 느끼는 외관 혹은 감정을 의미한다.

③ 서비스 경험이란 고객이 실제로 서비스를 소비함으로써 얻게 되는 경험이다.

④ 기본 시설 측면이란 서비스의 핵심적이고 본질적인 부분을 구성하는 것으로 고객이 직접 보고 느끼고 경험할 수 있도록 해주는 것이다.

⑤ 보조적 측면이란 고객이 추가적으로 구매하거나 제공받는 물품을 의미한다.

해설 기본 시설 측면이란 기능적 서비스를 달성하기 위해 기본적으로 제공되어야 하는 물리적 서비스 시설

09 필요한 투입요소를 여러 분야에서 공동으로 활용함으로써 얻게 되는 경제효과를 일컫는 용어는?

① 규모의 경제　　　　　　　② 범위의 경제

③ 비용 주도　　　　　　　　④ 코피티션

⑤ Co-creation

해설 범위의 경제성은 한 제품의 생산 공정 중 다른 제품의 생산 시 추가적용 없이 전용 가능한 공통 생산요소가 존재하기 때문에 발생한다. 이는 인적자원, 물적자원, 재무자원, 정보자원 중 공통적으로 사용할 수 있도록 최적조합을 추구하는 경제성이라는 측면에서 조합의 경제성(Economy of Combination)이라 불리기도 한다. 공통 생산요소로 설비, 기술, 정보와 노하우 등을 들 수 있다.

10 서비스 접점에서의 직원과 고객의 관계 수준에 따라 서비스를 분류하였다. 설명 중 틀린 것은?

① 상호작용이 별로 없고 고객과의 접점이 빠른 시간에 마무리 되는 경우에는 표준화된 매뉴얼을 통해 일반화된 서비스를 제공하면 된다.

② 고객과의 상호작용은 별로 없지만 고객이 서비스를 이용하는 시간이 길고 지속적인 서비스의 경우에는 모든 서비스 직원이 제공하는 정보가 동일해야 하는 안정적인 서비스 영역이다.

③ 고객과 직원 간의 상호작용이 활발하지만 고객의 문제를 집중적인 시간 동안 해결해야 하는 경우는 개인화된 서비스를 제공하여야 한다.

④ 고객과 직원의 상호작용이 긴밀한 경우에는 예측된 고객의 요구에 빠르게 대응할 수 있도록 서비스 제공의 표준화가 필요하므로 숙련된 인력보다는 세분화된 매뉴얼이 중요하다.

⑤ 상호작용의 수준이 높고 서비스의 지속 시간도 긴 경우에는 고객과의 인간관계를 유지할 수 있는 서비스 제공자의 능력과 더불어 전문가, 숙련가 수준의 서비스가 제공되어야 한다.

해설 상호작용이 긴밀할수록 고객의 개별화된 서비스가 필요하므로 표준화 이외의 인적자원의 집중력과 전문성 및 고객과의 커뮤니케이션 능력이 요구된다.

11 서비스 유형별 분류 매트릭스 작성과 거리가 먼 것은? (기출)

① 고객의 적극적인 참여에 대한 독려
② 서비스 수요관리의 중요성 Checking과 정보기술의 활용
③ 부가 서비스 영역의 증가 주목
④ 고객접촉도에 따른 접점관리
⑤ 일괄적인 서비스 향상을 위해 통합 시스템을 구축한다.

해설 서비스는 틀에 맞추어 구사하는 정형화에서 벗어나야 진정한 모습을 보이게 된다. 때와 장소에 따라 수많은 변형된 서비스가 필요한 이유이다.

12 서비스 비즈니스 모델에 관한 설명 중 옳은 설명은?

① 고객의 세그먼트 가운데 멀티사이드 시장은 여러 가지 비슷한 니즈와 문제를 가지고 있는 거대 타깃 그룹을 뜻한다.
② 채널은 고객에게 가치 제안을 하기 위한 접촉수단으로, 요소로는 구매 전달 판매 이후로 이루어진다.
③ 수익원은 고객이 창출하는 현금을 의미하며, 일회성 및 반복성 수익을 모두 의미한다.
④ 핵심 활동은 비즈니스 모델의 유형과 관계없이 서비스 기업이 비즈니스 영위를 위해 반드시 해야 하는 중요 업무를 의미한다.
⑤ 비즈니스 모델을 운영하는 가운데 발생하는 비용 중 가치주도형은 최대한의 자동화와 아웃소싱 확대에 초점을 맞춘다.

해설 ① 고객의 세그먼트 가운데 멀티사이드 시장은 2가지 이상의 고객 세그먼트가 서로 밀접하게 영향을 미치는 시장을 의미한다. 지문의 설명은 매스마켓에 관한 설명이다.
② 채널은 고객에게 가치 제안을 하기 위한 접촉수단으로, 요소로는 이해도, 평가, 구매, 전달, 판매 이후로 이루어진다.
④ 핵심 활동은 비즈니스 모델의 유형에 따라 달라진다.
⑤ 비즈니스 모델을 운영하는 가운데 발생하는 비용 중 가치주도형은 비용보다 가치 창조에 더 초점을 둔 비즈니스 모델로 고급스러운 가치 제안과 고도의 맞춤 서비스를 지향한다.

Answer　　8. ④　　9. ②　　10. ④　　11. ⑤　　12. ③

13 다음은 무엇에 관한 설명인가?

> 이는 비즈니스 모델의 구성 요소 중 하나이다. 이를 통해 가치 제안이 창조되고 고객과의 관계를 유지하여 궁극적으로 기업의 수익을 창출하게 하는 기업의 중추적 역할을 한다. 기업은 이를 직접 소유할 수도 있고 대여의 형태나 핵심 파트너들로부터 획득할 수도 있다.

① 핵심 자원   ② 핵심 가치
③ 서비스채널   ④ 핵심 활동
⑤ 고객 세그먼트

해설 비즈니스 모델을 구성하는 핵심 자원에 대한 설명으로 물적, 지적, 인적, 재무적 자원이 있다.

14 서비스 유형과 그에 따른 관리 방안으로 가장 적절한 설명은?

① 고객의 참여도가 높은 개인별 서비스는 서비스 생산에 고객이 참여하게 만든다.
② 호텔 등 자본 투자가 많은 서비스업은 최대 수요에 부합하는 수급조절이 중요하다.
③ 고객접촉도가 높은 서비스업은 접촉이 많은 부문의 수요를 접촉이 적은 부문으로 전환하는 전략이 필요하다.
④ 상호작용과 고객화가 낮은 서비스업은 이직률을 낮추기 위해 지속적인 전문성 제고 교육을 해야 한다.
⑤ 원격 교육, 원격 진료와 같은 무형적 서비스의 경우 서비스 제공 영역을 확대하는 것이 중요하다.

해설 ② 자본 투자가 많은 서비스업은 피크수요를 비성수기 수요로 전환하는 수급조절이 중요하다.
③ 고객접촉도가 높은 서비스업은 반복 접촉의 정도와 접촉 생산자의 수를 파악하고 적정한 접점의 크기를 결정하는 것이 중요하다.
④ 상호작용과 고객화가 낮은 서비스업은 규율 및 상하관계 확립이 중요하다.
⑤ 원격 교육, 원격 진료와 같은 무형적 서비스의 경우 이용자에 대한 사전안내 및 교육, 관련 인프라의 점검, 기술 변화에 대한 발빠른 트래킹 등이 중요하다.

15 다음 중 서비스의 분류별 관리 포인트가 되기에 적절치 못한 것은 무엇인가?

① 서비스에서 고객의 구매능력
② 수요관리의 중요성에 따른 관리
③ 정보 기술의 활용에 따른 관리
④ 부가 서비스 영역의 증가에 따른 관리
⑤ 고객접촉도에 따른 접점 관리

해설 서비스 현장에서의 고객 참여도 수준이 어떠한지에 따라 관리 포인트가 달라질 수 있다.

16~19 O/X형

16 서비스에 대해 특허를 낼 수 없는 것은 서비스 품질이 통제 불가능한 다양한 요소에 의해 영향을 받는다는 이질성 때문이다. (① O, ② X)

해설 서비스는 무형성으로 인해 유형재와 달리 직접 눈으로 보거나 손으로 만질 수 없다. 단지 경험을 통해 접하고 그 결과와 성과를 평가할 수 있다.

17 서비스에 대한 인식이 전환되면서 과거와 달리 서비스는 기업의 성장에 반드시 필요한 비용으로써 인식되고 있다. (① O, ② X)

해설 과거의 서비스는 비용적인 측면이 강조되었지만 현재의 인식에서는 서비스가 중요한 수익의 창출원으로 변화되었다.

18 산업화 시기의 중심이 제품의 생산과 소유였다면 서비스 경제 시대에서는 제품의 사용과 경험을 중심으로 한다. 따라서 비즈니스의 목표도 과거에는 우수한 품질의 제품 생산에 있었다면 서비스 경제 시대에는 고객 가치 창조로 변화되었다. (① O, ② X)

해설 서비스 경제 환경에서의 기업의 생존을 위한 인식의 전환을 설명하고 있다.

19 서비스 경쟁이 가속화됨에 따라 고객에게 전문적인 정보를 제공하거나 A/S 제공, 실시간 기술 지원 서비스를 시행하는 등 과거에 비해 서비스 제공 영역이 확대됨으로써 서비스 기업은 증가된 부가 서비스의 영역도 서비스 분류를 통해 관리하여야 한다. (① O, ② X)

해설 서비스를 유형별로 분류하고 관리해야 하는 이유 중 하나가 바로 부가 서비스 영역의 증가이다.

Answer　　13. ①　　14. ①　　15. ①　　16. ②　　17. ②　　18. ①　　19. ①

※ 다음 보기 가운데 각각의 설명에 대해 알맞은 것을 골라 넣으시오.

① 무형성   ② 소멸성   ③ 니치마켓   ④ Market In   ⑤ 가치 제안

20 분류 고객이 가지고 있는 니즈에 부합하는 상품이나 서비스 혹은 그 둘이 혼합된 형태로 만들어지는 실체로서 기업이 고객에게 무엇을 줄 수 있는가에 대한 대답을 뜻한다. (   )

21 판매되지 않은 서비스는 보관이 불가능하므로 재고로 남길 수 없다. 따라서 수요와 공급을 맞추기 어렵고 교환이나 반품, 환불의 어려움이 있다. (   )

해설 빈 좌석으로 운항하는 항공기 좌석 등이 그 예가 될 수 있다.

22 고객의 욕구와 필요를 제품이나 서비스 생산에 반영해서 팔릴 수 있는 것을 만들어서 판매한다는 콘셉트로 사전 기획에 더 큰 비중을 두는 활동을 의미한다. (   )

해설 Market In은 고객(수용자) 중심의 사고방식으로 시장에서 수용되고 받아들여지는 제품이나 서비스를 생산해서 판매한다는 사고방식

23~24   사례형

23 다음의 사례에서 제시된 서비스 기업을 러브락의 서비스 분류에 의거해 구분하여 판단할 때 고객 만족과 가장 관련이 깊은 분류 기준은 무엇이겠는가?

예전부터 전해오는 말에 시간이 금이라는 말이 있고, 이미 현대사회에서 생활하고 있는 사람들에게는 시간이 생명인 경우가 많다. 때문에 개인적인 중요한 용무가 있더라도 공적인 업무로 인해 미뤄지거나 포기해버리기 일수. 하지만 이미 오래전부터 금융거래에서는 자동이체를, 인터넷 쇼핑몰에서는 택배사를 통한 반품이나 교환 등의 서비스를 실시하는데, 최근에는 중고명품 매입을 할 때에도 출장매입이 가능해져 시간적인 여유가 없는 사람들에게 편리한 서비스를 제공하고 있다.

회사원 A씨는 전세를 얻기 위해 고가의 명품시계인 롤렉스 서브마리너를 판매하고 싶었으나 워낙 고가의 제품이기 때문에 직접 방문으로 매각할 수 있지만 시간적인 여유가 없어 고민하던 찰나 서초구 고이비토 강남본점의 출장매입 서비스를 통하여 시간에 구애받지 않고, 편리하고 안전하게 매각하여 전세자금을 충족할 수 있었다.
– 고이비토 맞춤 서비스로 고객 신뢰도 상승   디지털 타임스 기사 중

① 서비스 행위 성격에 의한 분류 - 무형적 행동
② 서비스 조직과 고객과의 관계에 의한 분류 - 연속적 회원관계 거래
③ 서비스 제공에 있어 개인화의 재량에 의한 분류 - 종업원의 재량 높음
④ 서비스 수요, 공급에 의한 분류 - 최대 수요 초과
⑤ 서비스 제공방법에 의한 분류 - 기업이 고객에게 감

해설 그 밖에 원예업, 방역, 택시(단일 장소)와 우편배달, 응급보수/처리(복수 장소) 등의 예가 있다.

24 다음은 어느 서비스 기업의 마케팅전략 회의 내용이다. 필립 코틀러의 '서비스 마케팅 삼위일체' 이론에 의해 가장 잘 풀이한 것 중 적절치 않은 것은 무엇인가?

> 회의 주제 : 4/4분기 브랜드 마케팅전략 회의 주요 발언 및 논의
> 1. 제품 포트폴리오의 가격전략 재검토
> 2. 광고 및 판촉 부문의 새로운 아이디어 모색
> 3. 브랜드 마케팅전략 방향 수정에 대한 전사적인 교육 및 공지
> 4. 판매, 유통채널에 대한 대고객 서비스 강화
> 5. 고객만족 우수사원 시상제도 제안

① 서비스 마케팅 삼위일체에 해당하는 3가지 부분이 모두 포함되어 있다.
② 1번과 2번 주제는 최종 소비자에 대한 마케팅 활동의 일부이므로 외부 마케팅의 영역에 해당된다.
③ 3번 주제는 기업의 브랜드 전략을 내부고객인 직원들이 잘 이해할 수 있도록 하는 것이므로 내부 마케팅에 해당된다.
④ 4번 주제는 시장의 주의집중과 고객기대 설정에 대한 활동으로 기업이 고객에게 약속을 세팅하는 외부 마케팅의 과정이다.
⑤ 5번 주제는 서비스 현장 최접점 직원의 서비스 역량을 강화한다는 측면에서는 상호작용 마케팅의 일환으로 해석되며, 동시에 내부 직원에 대한 동기부여의 측면에서는 내부 마케팅의 역할도 수행한다고 볼 수 있다.

해설 판매, 유통채널에서의 대고객 서비스는 현장 접점에서의 고객가치 전달활동이므로 상호작용 마케팅의 영역이다.

※ 다음은 패스트푸드 프랜차이즈 기업에서 신규 가맹점 대표의 가맹점 경영을 지원하기 위해 배포한 점포 운영 시 참고 목록 중 일부이다.

1. 매장의 분위기는 우리의 얼굴입니다.

   청결한 이미지, 적절한 음악과 밝은 분위기 등이 우리 매장을 식사하고 싶은 공간으로 만듭니다. 고객은 맛있는 음식과 함께 편안하고 안락한 공간을 원합니다.

2. 파트 타이머 인력 풀의 확충

   파트 타이머 인력들의 DB를 충분히 확보해야 합니다. 잦은 이탈로 인해 서비스 제공에 긴급한 사항이 발생할 수 있습니다.

3. 우리 매장만의 고객 유입 특성을 알아야 합니다.

   고객의 방문이 많아지는 시간대를 잘 구분하여 알고 있어야 합니다. 방문한 고객에게 만족스러운 서비스를 제공하기 위해서는 해당 시간대에 서비스를 추가적으로 제공할 수 있는 서비스 인력이 보충되어야 합니다.

4. 따뜻하고 친절한 우리 매장

   고객의 재방문을 기대하기 위해서는 서비스 현장의 모든 직원들에게서 친절한 느낌이 전달되어야 합니다.

5. 우리 매장 고객이 좋아하는 것은?

   지역마다 고객들의 선호도가 다릅니다. 계절의 변화와 지역적 특성 등을 고려하여 메뉴를 홍보하고 판매 예측을 통해 재료를 주문하여 매출 상승 및 반품률, 폐기율 감소의 효과를 볼 수 있습니다.

25 각 목록을 서비스 특성에 맞추어 설명한 것 중 가장 거리가 먼 것은?

① 1- 서비스의 무형성을 의미한다.

② 2- 생산과 소비의 동시성으로 인해 고객 서비스는 재고를 관리할 수 없다. 따라서 서비스 인력의 충원을 특히 더 중요한 문제로 볼 수 있다.

③ 3- 동일한 서비스라도 서비스의 형태와 질에 차이가 나타나는 서비스의 이질성이 존재하므로 항상 충분한 서비스를 준비해 두어야 한다.

④ 4- 서비스의 상호작용성을 의미한다.

⑤ 5- 서비스 자체는 그대로 소멸되고 서비스 생산을 위한 재료들이 재고로 남아버리는 서비스의 소멸성에서 발생하는 문제점을 보완하기 위한 대응전략 중 하나이다.

(해)(설) 준비된 서비스가 소비로 이어지지 않으면 즉각 소멸되는 서비스의 특성으로 인해 고객의 수요
를 예측할 필요가 있다. 고객 수요의 패턴을 이해하여 그에 맞는 파트 타이머 고용 등으로 서
비스 능력을 준비해야 한다.

26 상기 운영 지침을 통해 해당 프랜차이즈 점포의 서비스 유형과 그에 따른 전략을 다음과 같이
이해할 수 있다. 가장 거리가 먼 것은 무엇인가?

① 해당 프랜차이즈는 기능적 편익 제공은 물론 정서적 서비스 기능을 제공하고자 한다.
② 서비스 유형에서 일반화된 서비스 영역에 들어가므로 표준화된 매뉴얼을 통해 서비스
　조직을 운영하는 것이 바람직하다.
③ 고객 개인의 문제를 발견하고 해결하는 개인화된 서비스가 필요한 서비스이다.
④ 서비스 인력 문제가 많은 비중을 차지하므로 균일한 서비스가 제공되도록 하기 위해
　서는 적합한 서비스 교육이 반복적으로 시행되어야 한다.
⑤ 주로 서비스가 제공되는 시점의 현장 서비스에 초점을 맞추어 진행되는 서비스로 이
　해할 수 있다.

(해)(설) 예측되는 고객의 요구에 대응하는 서비스 형태로 전형적인 일반화된 서비스 영역으로 볼 수
있다.

서비스가 하나의 산업으로써 발전하기 위해서는 보다 체계적으로 서비스를 이해하고 개선시킬 수 있는 현장 중심의 구조가 필요하다. 서비스 프로세스는 무형(無形)이자 동시성을 띠고 있는 서비스를 하나의 구조로 정리함으로써 서비스 품질을 높일 수 있는 매우 중요한 개념이자 실행 방법이다.

또한 서비스를 막연하게 "좋다", "나쁘다"의 개념이 아니라 품질이라는 명확한 기준을 통해 평가함으로써 보다 효과적으로 서비스 조직 전체를 운영할 수 있다.

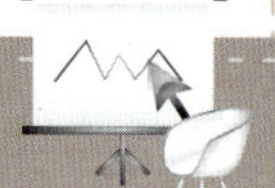

이번 Part에서	서비스 기업을 운영함에 있어 서비스 품질을 이해하고 관리하는 방법과 구조를 익힐 수 있다. 또한, 이를 실제 프로세스에 반영하여 설계함으로써 이후 지속적인 개선을 이루어 낼 수 있도록 한다.
학습목표	1. 서비스 품질에 대한 개념을 이해하고 품질 측정의 다양한 모형을 이해한다. 2. 서비스 품질에 있어서 서비스 현장에서 발생하는 문제점의 원인 등을 발견하고 이해하기 위한 서비스 갭 모형을 학습한다. 3. 서비스 품질을 관리하고 전략적인 프로세스를 개발하기 위한 기초적인 R&D의 개념을 이해한다. 4. 서비스 프로세스에 필요한 구성 요소와 설계에 필요한 매트릭스 및 다양한 접근법 등을 학습한다. 5. 서비스 프로세스를 개선하는 과정과 재설계방법을 학습한다.
이번 Part를 학습하고 나면...	• 서비스 품질에 대한 개념을 실제 적용하여 보다 객관적이고 구체적인 품질 측정이 가능하다. • 서비스 품질 목표와 현장에서의 서비스 전달 사이에서 발생하는 갭(gap)을 제대로 발견하고 원인을 이해할 수 있도록 한다. • 서비스 품질 향상을 위한 연구와 개발의 개념을 서비스 기업 내에 어떻게 접목할 것인가를 알 수 있다. • 서비스 프로세스를 설계함에 있어 고려해야 하는 요소를 알고, 효과적으로 설계할 수 있고, 기존의 서비스 프로세스를 구체적으로 바라볼 수 있게 된다. • 서비스 품질 향상을 위해 서비스 프로세스를 어떻게 개선하고 재설계해야 할지를 알고 적용할 수 있다.

Chapter 01 서비스 품질 측정 모형의 이해

서비스 품질은 서비스의 무형성과 동시성 등의 특성과 함께 일반 제조품과는 달리 측정이 어려운 측면이 존재한다. 따라서 품질을 어떻게 바라보고 또 어떤 방식으로 측정할 것인가에 대한 연구가 필요하다. 특히 품질 측정을 위해 기존에 제시된 모형을 서비스 현장에 적용한다면 보다 효과적으로 서비스 품질을 이해하고 측정할 수 있을 것이다.

1 서비스 품질

1) 서비스 품질의 개념

① 정의

㉠ 서비스 품질이란 인도된 서비스 수준이 고객의 기대와 얼마나 잘 일치하는가 의 척도이다. (Lewis와 Booms, 1983)

㉡ 서비스 품질은 소비자의 자각된 서비스와 기대한 서비스의 비교평가 결과이며 기술적 품질, 기능적 품질, 이미지와 같은 제 변수의 함수관계가 있다. (Gronoros, 1984)

㉢ 소비자들이 지각한 서비스 품질이란 서비스 기업이 제공해야만 한다고 느끼는 소비자의 기대와 제공한 서비스 기업의 성과에 대한 소비자들의 지각 차이이다. (Parasurman, Zeithaml & Berry, 1985)

㉣ 서비스 품질의 개념은 기업의 경쟁력을 갖추기 위해 제품이 지녀야 하는 일반적인 속성이 아닌 기업의 성공을 좌우하는 경쟁적 우위를 창출할 수 있는 중요한 요소로 강조되었다.

② 품질의 5가지 개념

품질에 대한 정의와 개념은 학자나 전문가, 실무자들 사이에 일치된 합의를 얻지 못한 채 다양한 의미로 해석되어 사용되고 있다. 또한 그 개념 지체가 너무나 방대하기에 모든 것을 포괄하는 모형을 설계하는 것은 어려울 뿐만 아니라 효과성도 떨어진다. 이에 따라 가빈(D.A. Garvin)은 품질을 5가지의 관점에 따라 이해할 수 있음을 정리하였다.

가빈(D.A. Garvin)의 이러한 관점은 기업이 업종이나 상황에 맞는 품질의 개념을 보다 현실적으로 이해하고 적용하는 데에 도움이 된다.

접근 관점	내용
선험적 접근 (Transcendent Approach)	• 품질은 본질적인 우월성이며, 경험에 의해서만 인지 가능하다는 관점 • 고객이 품질을 인지할 때 서비스의 품질을 알 수 있지만 서비스 품질을 사전적으로 규정하기는 어려우므로 품질은 경험을 통해서만 알 수 있는 다분히 분석 불가능한 개념이라고 할 수 있다. • 기업 경영 측면에서 실질적인 지침을 제공하기에는 어려운 개념이다.
상품 중심적 접근 (Product-based Approach)	• 품질을 측정 가능한 변수로 보는 관점 • 품질의 차이는 상품의 내용물이나 속성의 차이 때문이라고 보는데, 이 관점은 완전히 객관적이기 때문에 고객 개인의 취향, 욕구, 선호도를 명확히 설명하기 어렵다. • 이는 모든 고객이 동일한 속성을 원한다는 가정 하에 진행되는데, 고객 개개인의 성향이나 선호도에 관한 차별성을 인식하지 못하는 한계를 갖고 있다. • 상품은 개별 특성의 총합에 의해 평가되어질 수 있기 때문에 품질에 대한 수직적 측면에서의 정의라고 할 수 있다.
사용자 중심적 접근 (User-based Approach)	• 품질은 보는 사람의 눈에 따라 다르다는 가정을 기초로 하는 관점 • 주관적이고 수요자 지향적인 관점은 고객들의 다양한 욕구를 반영하고 개별고객들은 서로 다른 필요와 욕구를 가지고 있으므로 고객의 선호를 가장 잘 만족시켜 주는 상품이 가장 높은 품질이라 바라보는 관점 • 즉, 품질은 개인에 따라 다른 주관적 개념이라고 제시하고 있고, 이 접근법은 최대의 만족을 제공하는 상품 특성의 최적 결합인 이상적인 개념을 도출할 수 있다. • 개인에 따라 변동성이 큰 점을 해결하는 것에는 한계가 있지만 대다수의 기업들이 선택하고 있는 서비스 품질의 정의라고 볼 수 있다.
제조 중심적 접근 (Manufacturing- based Approach)	• 사용자 중심의 접근방식과는 반대로 공급자(제공자) 지향적인 관점 • 품질을 생산과정의 산출물로 정의하므로 서비스 결과물이 설계 규격과 얼마나 일치하는가를 중요시 여기며, 이는 공학적인 방법이나 제조방법과 밀접한 관계를 지니게 된다. • 품질을 '요구에 대한 합치(conformance to requirement)'의 개념으로 이해하므로 상품의 설계와 규격이 결정되면 기준으로부터 벗어나는 것은 품질의 저하로 인식 • 품질에 대한 고객의 관점을 인정하지만, 중요한 초점이 공급자 내부적인 것에 있다는 한계를 가진다. 이는 품질을 단순히 생산과 제조 시에 통제하는 방법과 동일시 한다.
가치 중심적 접근 (Value-based Approach)	• 품질을 가치와 가격으로 정의하는 접근 관점 • 양질의 상품은 '만족스러운 가격에 적합성을 제공하는 상품'의 개념을 갖고 있다. • 고객에게 적합성 혹은 제품 성능과 적합한 가격 사이의 균형의 개념이 강하다.

> **플러스 tip**
>
> **서비스 품질의 범주**
>
> ① 넬손의 2가지 서비스 품질의 범주
>   - 탐색 품질 : 서비스나 제품을 구매하기 전에 느끼는 품질을 의미한다.
>   - 경험 품질 : 직접 해당 제품이나 서비스의 품질을 경험했을 때 느끼는 품질 수준을 말한다.
> ② 카르니의 신용 품질
>   카르니는 2가지 서비스 품질의 범주에 신용품질을 추가하였다. 신용 품질이란 서비스를 경험한 이후 어느 정도 시간이 흐른 다음에 느낄 수 있는 품질로, 예를 들어 병원의 의료 서비스, 컨설팅 서비스 등이 신용 품질에 해당한다.

2) 서비스 품질의 특성

일반적인 품질에 대한 이해에 덧붙여 서비스 산업의 특성은 서비스 품질 고유의 특성을 나타내게 된다.

① 서비스의 동시성으로 인해 서비스는 생산과 소비가 발생되는 현장에서 품질이 결정된다.

② 서비스 품질은 고객의 인지와 관계가 깊다. 기계적 품질의 개념인 객관적 품질과 달리 인식된 품질은 인간적 품질의 개념으로 이해할 수 있다. 인간적 품질은 서비스에 대한 사람들의 주관적인 반응을 주요 요소로 인식하며 고객의 기대, 필요와 경험, 이미지 등이 해당된다.

③ 서비스 품질은 현장 접점의 주변환경, 상황, 분위기 등과 같은 복합요소에 의해 결정된다.

④ 서비스 품질은 한 번 혹은 수 차례의 순간(MOT)에 의해 지각되거나 지각되어 가는 과정이라 할 수 있다. 그래서 과정 품질(process quality)이 중요하며, 이를 과정의 기능적 품질(functional quality)의 의미로 해석되어 서비스 품질은 사용되는 시점에서 인식에 영향을 미치고 이후 재구매에도 영향을 미치게 된다.

⑤ 이미지는 서비스에 있어 매우 중요한 요소이다. 상호작용 관계나 환경과 사회에 대한 기여 등도 영향을 미칠 수 있으며, 고객의 서비스 품질 인식에 있어 필터처럼 여과하는 작용을 하게 된다.

⑥ 서비스 기업이 제공해야 한다고 느끼는 소비자들의 기대와 기업이 제공한 실제 성과를 비교하는 것에서 상당 부분 평가된다. 고객의 욕구가 다양화, 개별화, 복잡화되면서 그 수준이 높아지기 때문에 서비스 품질 또한 지속적으로 변화한다.

⑦ 서비스 품질은 보이는 외형적인 부분뿐만 아니라 보이지 않는 부분의 품질에 의해서도 영향을 받게 된다. 교육, 지원, 조직, 협력시스템 등 내부 서비스 품질이 외부 서비스 품질에도 영향을 미친다.

⑧ 서비스 품질은 상호작용에 의해 영향을 받는다. 각종 서비스 요소들과 제공자와 고객 간의 상호노력 과정에서도 서비스 품질에 영향을 미치게 된다.

3) 서비스 품질의 구성

① 서비스 품질의 3박자

고객에게 양질의 서비스 품질을 전달하기 위해 구성되는 일련의 활동으로 각 활동들이 유기적으로 구조화되어 조화롭게 이루어질 때 우수한 서비스 품질을 완성할 수 있게 된다.

㉠ 서비스 품질 계획(Service Quality Planning)

- 고객 서비스 전달 시스템 내에 서비스 품질의 표준을 충족시킬 수 있도록 서비스 품질을 계획하는 활동이다.
- 고객 정의와 고객 욕구 결정 → 서비스 콘셉트 개발 → 서비스 품질 목표 설정 → 서비스 프로세스 개발 → 서비스 프로세스 자원, 역량의 분석 → 서비스 프로세스 능력 입증

㉡ 서비스 품질 통제(Service Quality Control)

- 서비스에 대한 통제 표준을 설정하고 이를 지속적으로 모니터링 하는 활동이다.
- 서비스 품질 통제활동을 통해 서비스 전달 체계의 수정이 필요한 시기를 결정하게 된다.
- 통제 대상 선정 → 측정 단위 선정 → 측정 방법 설정 → 성과 표준 설정 → 성과 측정 활동 → 성과 표준과 실제 활동의 차이 분석 → 차이에 대한 대응책 개발 → 대응책의 실행

㉢ 서비스 품질 개선(Service Quality Improvement)

- 고객에게 보다 나은 서비스를 제공하기 위해 서비스 전반의 활동을 개선하기 위한 일련의 활동이다.
- 개선의 필요성 입증 → 개선을 위한 특정 프로젝트 규명 → 프로젝트의 진행 절차 구성 → 원인 규명과 진단 절차 마련 → 원인 규명을 위한 진단 실시 → 해결 방안 제시 → 일반적 운영 상황에서 해결 방안이 유효함을 입증 → 개선 성과 유지 및 통제 방안의 개발

4) 서비스 품질 비용

① 서비스 품질 비용의 개념

㉠ 품질 비용(cost of quality)이란 품질관리를 위해 소요되는 제반 비용과 품질관리에 실패하여 발생하는 비용 전체를 의미한다.

㉡ 품질 비용의 구성

예방 비용	서비스 실패가 발생되지 않도록 하기 위한 품질관리 비용
평가 비용	고객이 서비스 상태에 만족하는지를 평가하는 과정에서 발생하는 비용

내부 실패 비용	서비스 품질 문제가 고객에게 전달되기 전에 발견되어 수정하는 비용
외부 실패 비용	고객에게 전달된 후 서비스 품질상에서 발생된 서비스 실패로 인한 비용

ⓒ 서비스 품질 우수기업은 품질 비용이 다른 기업에 비해 상대적으로 낮으며, 지출된 품질 비용의 많은 부분(50~90%)이 예방 비용에서 지출된다.

② 서비스 품질 비용 모형

㉠ 품질 비용 모형(COQ)

- 서비스 품질을 일정 수준 이상으로 유지하기 위해 필요한 가시적인 비용을 측정하는 모형이다.
- 품질 비용의 효과는 예방 비용 〉 평가 비용 〉 내부 실패 비용 〉 외부 실패 비용의 순서로 예방 비용이 전체 서비스 실패 비용을 감축함에 있어 가장 중요하다.
- 예방 활동의 수준을 정의하는 문제와 가시적이지 않은 부분의 비용을 측정하기 어려운 점 등의 문제를 가지고 있고 결과적으로 비용을 감축하고자 하는 목표로 구성된 모형이라는 점이 한계로 지적되었다.

㉡ PQC 모형(Poor Quality Cost)

- 서비스 품질이 낮아질 때 발생되는 비용에 초점을 맞춘 모형이다.
- COQ가 직접 다루지 못하는 지원부서의 품질 비용, 고객의 품질 비용 등을 포함한다.
- 오늘날의 PQC개념은 비효율적인 비즈니스로 인한 판매기회 상실 비용 등을 포함하는 포괄적인 의미로 사용되고 있다.
- 직접적인 PQC와 간접적인 PQC로 구분하여 정의하고 있다.

	직접적 PQC	간접적 PQC
개념	품질이 우수하면 발생하지 않을 비용의 개념	기업 회계상 드러나지 않지만 서비스 전달 프로세스상 발생하는 비가시적인 비용
항목	• 통제 가능 PQC : 예방, 평가, 비가치부가적 비용 • 결과적 PQC : 내부 오류 비용, 외부 오류 비용 • 장비, 환경 PQC	• 고객귀속 비용 • 고객불만 비용 • 명성상실 비용 • 기회상실 비용

1) 서비스 품질 측정의 의미와 개념

① 서비스 품질의 중요성 증대

서비스 기업의 경쟁이 치열해지는 가운데 차별화된 경쟁우위 확보를 위해 서비스 품질의 중요성이 더욱 커지고 있다.

② 서비스 품질의 개선을 위한 목표

㉠ 현 상태의 서비스 품질 상태와 문제점에 대해 파악함으로써 서비스 품질의 개선 및 재설계를 시작할 수 있다.

㉡ 서비스 품질의 측정은 평가에 목적을 두는 것보다는 개선을 위한 목적으로 사용되는 것이 바람직한데, 이는 서비스 품질 측정의 정확성을 높일 수 있고, 개선 및 발전에 구성원들의 참여와 몰입을 높일 수 있기 때문이다.

③ 서비스 품질 측정이 어려운 5가지 이유

서비스 품질의 주관적 특성	서비스 품질의 개념은 객관화하여 측정하기 어려우며 서비스의 형태와 특성이 다양하므로 모든 서비스에 적용되는 품질을 정의하기 어렵다.
서비스의 동시성	생산과 소비가 동시에 이루어지는 특성으로 인해 서비스 전달이 완료되기 전에 품질을 테스트하기 어렵다.
데이터 수집의 어려움	서비스 품질은 고객의 평가를 통해 확인하여야 하는데, 고객으로부터 객관적인 데이터를 수집하는데 시간, 비용 등이 많이 소요된다.
품질 측정의 객관성 문제	서비스 자원이 서비스 전달과정에서 고객과 함께 이동하는 경우 고객이 직접 자원의 흐름을 관찰하게 됨으로 객관성이 저해될 수 있다.
고객의 서비스 프로세스상에서의 역할	고객은 서비스 전달 및 프로세스상의 변화를 일으키는 중요한 요인이자 서비스 프로세스의 일부이므로 고객을 대상으로 하는 서비스 품질 측정에 장애요소가 될 수 있다.

2) 서비스 품질 측정 모형

① 서브퀄(SERVQUAL) 모형

㉠ 기본 개념

- 제조업에 비해 객관적으로 측정하기 어려운 서비스 품질을 고객의 인식 측정을 기준으로 하여 사용자 중심으로 품질을 측정하고자 하는 모형으로 파라슈라만(Parasuraman), 제이다믈(Zeithaml), 베리(Berry)가 제시하였다.

- 고객의 서비스 인식 평가를 위해 여러 항목으로 구성된 측정 도구를 개발하여 고객이 서비스 품질을 평가하는 10가지 기준을 세시하였다.
- 각 항목은 모두 독립적인 것이 아니어서 중복된 측정 수단을 정량적방법으로 다시 정비하여 5개 차원으로 수정하게 되었다.

ⓛ 5가지 측정 차원과 10가지 결정 요인

차원	결정 요인	정의	예시
유형성	유형성	서비스 평가의 외형적 단서	물리적 시설, 직원 복장 및 외모, 장비, 서비스 시설 내 다른 고객 등
신뢰성	신뢰성	약속된 서비스를 정확하게 수행하는 능력	서비스의 완벽한 수행, 정확도, 시간 약속, 정확한 기록 등
응답성	응답성	고객을 돕고 즉각적으로 서비스 하려는 의지, 반응	즉각적인 응답, 신속성, 적시성
확신성 (종업원 측면)	능력	서비스 수행 기술, 지식 보유	고객 요구사항 해결 능력
	공손함	친절, 배려, 공손, 예의	정중한 태도, 예의
	신뢰성	서비스 제공자의 진실, 정직성	평판, 직원의 진실한 태도
	안정성	위험, 의심으로부터의 자유	금전적 안전, 비밀 보장 등
공감성 (기업의 고객 배려)	접근성	접촉의 용이성	전화예약, 대기 시간, 편리성
	의사소통	고객과의 커뮤니케이션, 경청	서비스 설명, 문제 해결 보증
	고객 이해	고객의 욕구를 이해하려는 노력, 충분한 이해	고객 요구사항 학습, 조사, 개별 관심 제공, 우량고객 인정

ⓒ 적용과 한계

서비스 품질 구성의 차원은 서비스의 유형에 따라 그 적용도가 달라질 수 있어 서브퀄 모형은 순수 서비스업에서 높은 신용 품질을 요구할 경우에 유효한 모형이다. 그 외 경험 품질 비중이 높은 경우 등 다양한 서비스 형태별로는 품질의 차원과 속성 및 측정 항목을 적절하게 수정하여 적용하는 것이 필요하여 범용적으로 활용하기에 적합하지 않다.

또한, 서브퀄 모형의 핵심인 인지된 서비스에서 기대 서비스를 차감하는 프레임은 기대 수준에 대한 측정 타당도 자체 문제로 인한 한계를 내재하고 있다.

e-SERVQUAL 모형

인터넷 서비스 품질 측정을 위해 서브퀄 모형을 변용하여 새로운 온라인 서비스 품질을 측정하는 모형이다. 기존의 모형에서 시스템의 안정성이나 개인정보 보호 등과 같은 안전성이 더 중시되는 모형이다.

이 모형의 품질 측정 주요 항목은 다음과 같다

① 안전성 : 시스템의 안전성, 속도, 개인정보 보호 등의 소비자 보호, 거래 신뢰감
② 정보 : 상품, 서비스에 대한 정보의 내용, 구색, 정확성, 최신성
③ 거래 : 거래과정의 용이성, 적절성, 가격, 배송, 문제 해결의 용이성, 사후 서비스
④ 디자인 : 사이트 구조의 이해성 및 상호작용, 화면의 조화와 아름다움, 정보 제공 형식의 일관성, 메뉴 구조의 편의성 등
⑤ 의사소통 : 서비스 기업과 고객, 혹은 이용자 간의 의사소통 수준, 개인화 서비스 정도

② 그뢴루스(Gronroos) 모형

㉠ 기본 개념

서비스의 품질을 기대된 서비스인 기대 품질과 지각된 서비스인 체험 품질의 비교를 통해 이해하며, 이 2가지가 일치될 때 고객만족을 얻을 수 있다고 가정한 2차원 품질 모형이다.

고객에게 인식된 서비스 품질을 '결과 품질'과 '과정 품질'의 2가지로 구분하고, 고객의 서비스에 대한 지각을 이 2가지를 통해 측정함으로써 서비스 품질을 측정, 평가한다.

㉡ 기대 품질과 체험 품질

기대 품질		체험 품질(기업에 대한 이미지)
마케팅 이미지 구전 고객 니즈	← 지각된 서비스 품질 →	• 결과(기술적) 품질 : 기업이 고객에게 무엇(What)을 제공하는 가에 대한 품질로 수단적 수행으로 표현 • 과정(기능적) 품질 : 고객이 기능적으로 어떻게(How) 서비스를 얻게 되는가에 대한 품질로 서비스 전달과정의 방법에 대한 것을 중시. 표현적 수행과 같은 맥락으로 정의 • 이미지 : 결과 품질과 과정 품질을 통해 고객이 얻게 되는 기업의 서비스 이미지. 이는 곧 체험 품질의 결과로 이어짐

㉢ 서비스 품질 향상을 위한 6가지 기준

품질 차원	기준	내용
결과 품질	전문성과 기술	고객의 문제를 해결하는데 필요한 전문적인 지식과 기술

과정 품질	태도와 행동	고객의 문제를 해결하려는 접점에서의 관심과 배려
	접근성과 유연성	서비스 입지, 운영시간, 시스템, 직원 운용 등 고객 서비스의 접근성을 높이도록 설계되고 유연하게 운용하는 것
	신뢰성	서비스 제공자 및 시스템이 고객과의 약속을 지키고 진심으로 고객을 위하는 서비스를 수행한다는 믿음을 전달하는 것
	서비스 회복	서비스 실패 시 적극적이고 즉각적으로 이를 수정하고 회복시키고자 함
이미지	평판과 신용	고객이 서비스 기업을 신뢰하며 우수한 성과와 가치를 대표한다고 믿음

③ 카노(Kano) 모형

㉠ 기본 개념

동기-위생 이론을 기초로 하여 서비스 품질 요소를 주요 요소와 잠재 요소로 구분하여 이해하는 모형이다. 제시하는 품질 요소를 통해 각 요소별 고객 만족을 이해하고 이를 서비스 기업의 전략적 대응 방향에 활용하는 방법을 제안한다.

㉡ 서비스 품질 요소

주요 요소	당연적 품질	기본적 품질 요소. 충족되면 당연하다고 여겨 만족을 주지는 못하지만 불충족 시 불만족을 야기함
	일원적 품질	고객 요구에 대한 대응의 결과로써 충족이 되면 만족하지만 그렇지 않으면 불만족을 야기하여 고객 만족에 직접적 영향을 줌
	매력적 품질	고객 기대를 초과하거나 고객이 미처 기대하지 못한 부분을 충족시켜 큰 만족을 주는 품질 요소로 충족되지 않아도 불만족을 일으키지는 않음
잠재 요소	무관심 품질	충족 여부와 관계없이 고객 만족과 관련이 없는 요소
	역 품질	충족이 오히려 불만족을 초래하는 요소로 불충족 시 만족을 주는 역품질 요소

㉢ 적용

- 서비스 품질의 방향이 대개 일원적 품질에서 당연적 품질로 발전함으로써 서비스 진부화 현상을 설명할 수 있으며, 매력적 품질 요소를 개발함으로써 차별화된 서비스 품질을 개발할 수 있게 된다.
- 고객 만족을 극대화 할 수 있는 서비스 품질 요소를 파악할 수 있게 되었나.
- 다양한 서비스 품질 요소 중 충족의 우선순위를 판단하는데 도움이 될 수 있다.

④ 기타 서비스 품질 측정에 대한 견해

㉠ 쥬란

내부적 품질	고객이 서비스를 이용하면서 나타나는 품질
물리적 품질	외형적으로 확인되는 품질 요소
정신적 품질	고객이 서비스를 인지하는 과정에서 느끼는 정신적인 품질
시간 단축	고객의 시간을 단축시킴으로써 발생되는 품질
적시성 품질	적절한 최적의 시기에 제공받음으로써 형성되는 품질
심리적 품질	고객의 심리적 상황에 따라 다르게 형성되는 품질

㉡ 알버트

서비스 생산 시스템의 평가 기준을 측정하기 위한 6가지 차원을 제시하였다.

수행성	서비스 성능과 우수성
적합성	요구되는 품질에 적합한가에 대한 판단
비용성	서비스 전달에 대한 최저의 비용
신뢰성	신뢰할 수 있는가에 대한 요구
반응성	서비스에 대한 요구를 어느 정도의 시간에 달성할 수 있는가의 정도
유연성	고객의 서비스 수요 변화에 대한 수용력 정도

플러스 tip

다양한 서비스 품질 지수

- 국가고객만족도지수(NCSI : National Customer Satisfaction Index)
  한국생산성본부에서 시행하며 미국고객만족지수인 ACSI의 지수 영역과 동일하게 구성되어 있다. 기업, 산업, 국가경제 성과를 평가하기 위해 고객만족이라는 체감 서비스를 평가하는 시스템으로 개발되었다. 스웨덴 고객만족지표가 바탕이 되어 1994년에 개발되었으며 전 세계에 도입되어 고객만족지수를 통해 서비스를 측정하는 지수로 활용되고 있다.

- 한국산업의 고객만족도(KCSI : Korean Customer Satisfaction Index)
  한국능률협회에서 주관하여 실시하는 조사로 국내 산업의 주요 제품 및 서비스에 대한 고객의 만족도 수준을 측정하여 고객 불만 요인을 추출, 향후 관련 산업 및 기업의 경쟁력을 향상하고 고객 만족 경영전략 수립을 위한 기초 자료를 제공하는데 의의가 있다.

- 한국 서비스 품질 지수(KS-SQI : Korea Standard-Service Quality Index)
  한국표준협회가 주관하는 서비스 산업의 품질 평가를 위해 개발되었으며 서비스 부문의 특성을 반영한 다차원적 모형이다. 서비스 품질의 선행지표와 결과지표 간의 인과관계 프로세스를 반영하는 계량모델을 적용하여 기업 서비스 품질을 진단하고 개선 전략 수립을 위해 활용이 가능하다.

Chapter 02 서비스 갭(Gap) 진단

서비스 기업은 서비스 품질을 향상시키기 위해 다양한 노력을 기울이고 있다. 하지만 실제 서비스의 전달과정에서는 보편적으로 설정된 서비스 품질에 미치지 못하는 문제점이 발생된다. 이러한 문제점의 발생 이유와 원인을 구체적으로 바라볼 수 있기 위해서는 서비스 갭(Gap)을 체계적으로 이해해야 한다.

1 서비스 품질 문제의 발생

1) 서비스 품질과 기업의 생산성

서비스 품질은 서비스 기업의 경쟁력에 매우 큰 영향력을 미치고 있다. 또한 서비스 산업에 있어서 기업의 효율에 큰 영향을 미치는 생산성 측면을 고려해 볼 때, 일반 제조업과는 달리 기업 관점과 고객 관점은 상호 밀접한 영향을 미치게 되므로 반드시 동시에 평가하고 두 관점을 연결하는 것이 필요하다. 서비스 품질이 두 관점을 연결하는 중심 개념이 될 때 기업 관점의 생산성과 고객 관점의 생산성이 균형을 이루게 된다.

2) 서비스 품질 문제의 원천

① 생산과 소비의 비분리성과 노동 집약성

서비스의 특성상 현장 접점에서 생산과 동시에 소비되는 비분리성을 갖고 있으며 서비스 제공자의 노동을 통해 집약(전달)되는 특성을 갖고 있기 때문에 표준화가 어렵고, 제공되는 서비스의 편차가 일어날 수 있기에 고객만족도에도 큰 편차가 일어날 수 있다.

② 내부고객에 투자 및 중요성 간과

- 내부고객인 직원에 대한 투자를 소홀하게 되면 서비스 제공자인 현장 직원은 감정노동에 시달리게 되고, 이는 고객에게 부적절한 서비스로 연결될 가능성이 높아지게 된다.
- 단기적 이익 창출을 위한 비용 절감이 교육, 복지, 보상 등의 시스템에 영향을 미쳐 서비스 품질에 문제를 발생시키게 된다.

③ 고객과의 관계 설정

- 고객과의 커뮤니케이션에서 오류가 생겨 서비스 품질 문제의 주요 원인이 될 수 있으며 기업의 과대광고, 기업의 서비스를 정확히 인식시키지 못하는 것과 고객의 요구를 정확히 들으려 하지 않는 것을 포함한다.

– 고객을 단순한 구매자로 인식하는 시각으로 고객에 대한 이해도가 떨어지며, 이는 곧 서비스 품질 문제를 발생시킨다.

2 갭(Gap) 모형

1) 갭 모형의 개념

㉠ 고객의 서비스 품질 인식은 고객의 기대와 서비스 성과의 격차에 근거하게 된다. 이를 갭(gap)으로 정의하고 갭이 발생되는 원인을 분석하는데 사용하는 모형이 '갭 모형'이다.

㉡ 서비스 품질의 구조를 진단하는 대표적인 모형으로 서비스 품질을 개선할 구체적 방안을 제시해 줄 수 있다.

㉢ 궁극적으로는 갭 발생의 원인을 파악함 으로써 갭을 줄이는 전략을 개발해야 한다.

2) 갭 모형의 구조

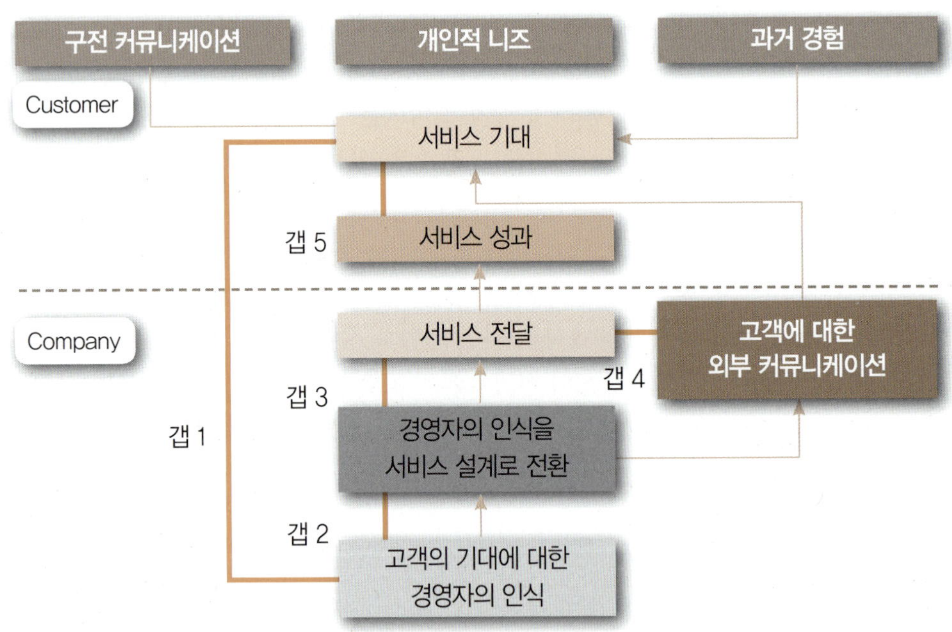

① 갭의 발생 및 원인

갭1	기업(경영자)이 고객(시장)의 기대를 정확히 알지 못할 때 발생 – 고객 기대와 기업의 인식 사이의 격차 예 고객은 보다 신속한 서비스를 원하는데 기업은 저렴한 서비스를 원하는 것으로 잘못 인식함	시장 정보 갭
갭2	기업(경영자)의 인식이 조직의 서비스 품질 기준 및 디자인과 명세 상에 제대로 반영되지 못할 때 발생 – 기업의 인식과 서비스 기준 사이의 격차 예 기업은 개별고객 만족을 추구하는데 서비스 품질 기준에는 개별고객 서비스에 대한 부분이 반영되지 못함	서비스 기준 갭
갭3	서비스 품질에 대한 기준과 명세서 상의 내용이 실제 서비스 전달과정에서 제대로 반영되지 못하여 발생 – 서비스 기준과 실제 서비스 성과 사이의 격차 예 명확한 고객 환불 제도가 있으나 서비스 현장에서 이를 정확하게 안내하거나 시행하지 않음	서비스 성과 갭
갭4	실제로 전달하고자 하는 서비스 내용과 고객에게 전달되는 커뮤니케이션의 내용이 다르게 인식될 때 발생 – 서비스 성과와 외부 커뮤니케이션 간의 격차 예 고객이 서비스 기업의 광고를 통해 이해한 내용과 실제 전달받는 서비스 내용이 다르다고 느껴 속았다는 생각이 듦	내부 커뮤니케이션 갭
갭5	고객이 기대하는 서비스 품질과 실제 인식하는 서비스 성과가 다를 때 발생 – 고객 기대와 서비스 성과 간의 격차	고객 갭 (최종적인 갭)

② 갭의 해결 방안

㉠ 갭 1. 고객이 기대하는 것을 경영자가 알게 한다.

– 고객과 경영진 사이의 상호작용을 증대한다.

– 고객접점 서비스 제공자와 경영진 사이의 커뮤니케이션을 촉진한다.

– 설문서와 인터뷰, 표본 추출, 현장조사를 포함한 시장조사(고객 컴플레인과 피드백 포함)를 실시하고 수집된 자료에 대한 객관적인 분석과 해석을 시행한다.

– 서비스 실패에 대한 수정 보완의 회복 프로세스를 개발하여 고객 기대에 대한 이해도를 높인다.

㉡ 갭 2. 바람직한 서비스 프로세스를 구축하고 기준을 구체화한다.

– 정밀하고 체계적인 고객 서비스 프로세스를 구축하고 고객 기대를 반영한 서비스 상품을 개발한다.

– 서비스 전달에 대한 정확한 목표를 설정하고 전사적 고객 만족의 비전을 수립·공유한다.

　　－ 서비스 전달 프로세스를 고객 관점으로 표준화 및 체계화·정형화한다.

　　－ 측정 가능한 서비스 기준을 설정하고 공유한다.

ⓒ 갭 3. 서비스 성과가 기준을 충족하도록 하기 위해 서비스 제공자가 전달된 서비스 품질
　수준을 정확히 이해하고 실행할 수 있도록 한다.

　　－ 서비스 표준 설계과정에서 효과적이고 충분한 내부 커뮤니케이션을 실행한다.

　　－ 서비스 제공자의 적재적소 배치 및 효과적인 훈련 진행을 시행한다.

　　－ 적합한 기술, 설비, 지원프로세스와 생산능력을 보유한다.

　　－ 정기적인 피드백 및 서비스 품질목표를 측정하여 효과적인 보상시스템을 적용하고
　　　서비스 현장에 적절하고 효과적인 권한을 위임함으로써 현장 서비스 능력을 강화한다.

　　－ 정확한 수요 예측과 그에 맞는 적절한 공급능력의 보유를 통해 기준에 부합하는
　　　서비스를 제공할 수 있도록 준비한다.

ⓔ 갭 4. 외부 커뮤니케이션을 통해 실현 가능한 현실적인 약속이 전달되는 서비스 성과를
　이루어냄으로써 내부 커뮤니케이션의 격차를 줄일 수 있도록 한다.

　　－ 커뮤니케이션 개발과정에 있어 현장 인력을 참여하도록 한다.

　　－ 통합 및 수평적 커뮤니케이션 구조를 구축하고 활성화시킨다.

　　－ 서비스 약속에 대한 철저한 관리 및 커뮤니케이션에 대한 고객의 이해 관리를 병행한다.

　　－ 제약 요소에 대한 사전 파악 및 즉각 설명을 통해 기업에 의해 통제될 수 없는 사항을
　　　안내하고 교육한다.

　　－ 변경사항에 대한 명확하고 즉각적인 공지와 그에 맞는 시스템을 구축한다.

　　－ 합의 또는 계약 시 포함되는 업무와 성과보증의 문서화 등 물리적 단서를 남기고
　　　관리한다.

서비스 품질을 관리하고 이를 향상시키기 위해서는 서비스에 대한 전문적인 연구 및 개발 활동이 병행되어야 한다. 일반 제조업에서 시작된 R&D의 개념이 서비스 분야에서 어떻게 접목되고 활용되어야 하는 가에 대해 이해하여 이를 서비스 조직과 기업의 품질 향상 노력에 접목해야 할 것이다.

1 서비스 R&D의 개념

1) 서비스 R&D 정의

① R&D란

기초 및 응용 연구 활동과 개발 활동 2가지의 개념을 구분하며 포함한다.

연구 활동	제품 및 공정 개발을 목표로 하여 지식의 증대, 현상 또는 관찰된 사실의 체계적 이해 등을 의미
개발 활동	연구에서 얻어진 지식을 체계적으로 활용하는 활동을 의미

② 서비스업에서의 R&D

서비스 분야의 기초 및 응용 연구, 개발 활동으로 볼 수 있으며, 현실적으로 새로운 서비스 상품 및 서비스 전달체계의 개발을 의미한다.

③ 국가과학기술위원회의 정의

㉠ 새로운 서비스의 개발 또는 서비스 전달체계의 개선, 제품과 서비스의 융합 등 서비스 산업과 관련된 새로운 지식을 얻거나 응용하는 체계적이고 창조적인 활동을 말하며 기술 개발, 비즈니스 모델 개발, 인문·사회·문화 측면에서의 연구개발 등을 포함한다.

㉡ 창의성, 재현 가능성 등 일반적인 R&D 조건을 갖추어야 한다고 규정하고 있다.

④ 서비스 혁신

㉠ 서비스 혁신은 서비스 R&D 활동에 의해 발생하는 결과로, 흔히 서비스 R&D와 혼용되어 사용되기도 한다.

㉡ 서비스 혁신은 새로운 서비스 상품을 개발하거나 기존에 제공되는 서비스를 변화하고 추가시켜 새로운 서비스를 제공하는 것 또는 아이디어로 새로운 구조 조직과 관련한 활동으로 정의할 수 있다.

ⓒ 서비스 혁신은 다음과 같은 효과를 개별적으로 혹은 복합적으로 나타 낸다.

- 기업에 하나 이상의 새로운 또는 갱신된 서비스 기능을 가져오게 한다.
- 시장에 제공된 서비스/상품을 변화 시킨다.
- 서비스 조직에 구조적으로 새로운 기술적, 인적, 그리고 조직적 능력을 요구하거나 새롭거나 또는 상당히 변화된 서비스 콘셉트, 고객 인터페이스(상호작용 채널), 서비스 인도 시스템, 그리고 기술적 대안의 역할을 수행한다.

서비스 혁신의 4차원 모델

서비스 혁신에 필요한 자원들은 서비스 R&D과정의 결과물들로 실질적으로 서비스 프로세스의 설계, 개선 등에서 활용되어 질 것이다.

다음은 서비스 혁신에 대해 Den Hertog(2003)이 제시한 4차원 모델이다.

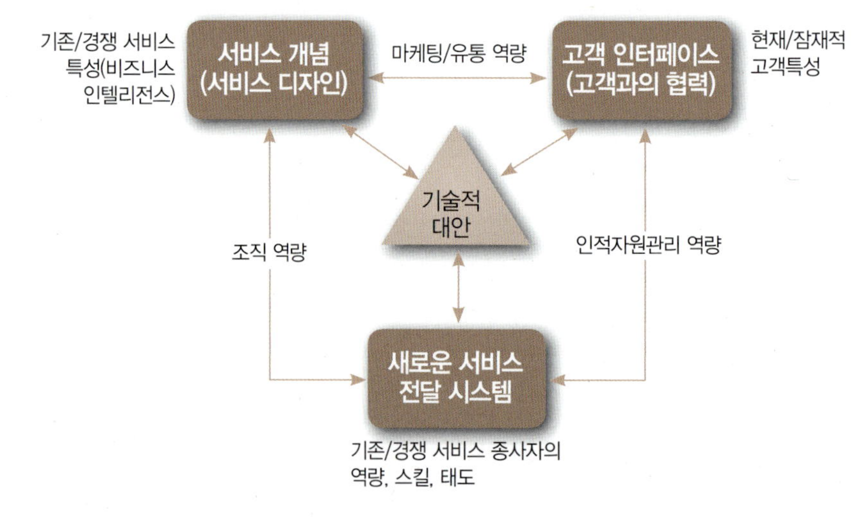

2) 서비스 R&D의 특성과 필요성

① 서비스 R&D의 특성

ㄱ 서비스 R&D는 다학제적(interdisciplinary)으로 수행된다.

ㄴ 서비스 R&D는 기업에 실제 적용하는 실행(practice) 중심이다.

ㄷ 서비스 R&D는 기초과학(basic science)의 성격을 가진 부분이 존재한다.

ㄹ 서비스의 R&D는 측정하기가 어렵다.

ㅁ 서비스 R&D에 대해서는 서비스 분야별로 성격이 다르고, 국가별로 상이한 기준을 가지고 있어 국제 비교가 어렵다.

ㅂ 통상 서비스 기업에서의 R&D 활동은 구조화되거나 형식화되지 못하는 특징을 가지고 있어 R&D가 주 임무가 아닌 다른 부서에서도 수행할 수 있다.

ㅅ 서비스 기업도 서비스 R&D를 자신이 수행하고 있는지 인식하지 못하는 경우가 많아 서비스 R&D는 '숨겨진(hidden)' 경우가 많다. 이로 인해 '숨겨진 혁신(hidden innovation)'으로도 통칭된다.

ㅇ 현재 R&D의 정의는 그 의미가 너무 협소해 서비스 기업에서 일어나는 R&D를 포함하기가 어렵다.

ㅈ 제조업에서도 많은 종류의 서비스 R&D를 수행하고 있으나, 제조업 R&D로 분류되거나 아예 R&D로 분류되지 않는 경우도 존재한다.

ㅊ 전통적으로 기술적 혁신(technological innovation)만을 R&D의 범주로 보았으나, 서비스업에서는 기술적 혁신보다 비기술적 혁신(non-technological innovation)이 더 큰 역할을 수행하고 있다.

ㅋ 서비스 R&D와 서비스 혁신(Innovation)의 경계는 모호하다.

② 서비스 R&D의 필요성

ㄱ 서비스 산업 고도화를 위한 조건

- 제조업의 비중을 부가가치가 높은 서비스 산업의 비중으로 옮겨감에 있어 필수적인 과정이다.

- 고객 만족은 물론 서비스 기업의 성과 향상을 위해 서비스 R&D를 통한 서비스 프로세스의 개선 등 서비스 혁신을 이루어내야 한다.

ㄴ 서비스 R&D에 대한 개념 정립 및 인식의 제고

- 기업의 서비스 영역이 기초석인 서비스에서 벗어나 서의 내부문의 고객전딜 프로세스에 반영됨으로 인해 서비스 부문에 대한 R&D의 필요성이 더욱 강화되고 있다.

- 특히 '제품의 서비스화'에 대한 개념을 바탕으로 제조업 부문에서도 고객 가치 전달의 방법에서 '서비스'에 대한 결합이 필요한 만큼 기업 혁신 및 R&D 분야에서 서비스를 별도의 주요 과제로 인식해야 하는 상황이다.

1) 서비스 R&D의 범위

서비스 R&D는 본연의 무형성으로 서비스 생성과 전달에 있어서 인적자원의 역할이 많은 부분을 차지하게 된다. 따라서 인적자원의 역량과 관련된 사회과학, 인문학, 행태, 조직 등 경영적인 혁신이 뒷받침되지 못하면 서비스 향상을 기대할 수 없다. 따라서 서비스 R&D는 '기술혁신'과 '사회과학혁신'이 함께 수행되어야 한다.

① 서비스 R&D의 분류

구분	기술 혁신	사회과학 혁신
개념	서비스에 관련된 기술 개발 및 IT 등의 과학 기술 융합을 통한 혁신	조직 혁신, 마케팅 혁신 등 사회과학적인 부분의 비기술을 대상으로 하는 혁신
적용 기술	IT를 비롯한 과학기술 전반	사회과학 및 공학적인 방법론
사례	• 홈뱅킹 서비스를 위한 S/W 개발 • 물류관리 시스템 개발	• 고객 서비스 향상을 위한 소비자 행태 조사 기법의 개발 • 서비스 현장 종사자들의 서비스 표준화를 위한 프로세스 개발

② 서비스 R&D의 범주

직접적인 기술 및 방법의 개발, 설계는 물론이고 기초연구 및 기반 구축작업 모두 서비스 R&D의 범주에서 이해할 수 있다.

서비스 R&D 범주 (자료: 지식경제부, 2010)

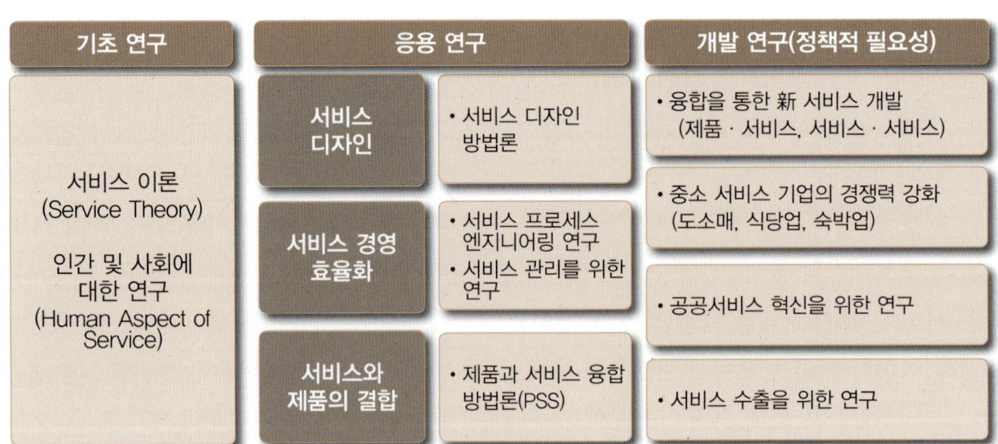

2) 서비스 R&D 구성 요소 및 방법

① 서비스 R&D의 구성 요소

2012년 국가과학기술위원회는 서비스 R&D 사업에 해당되기 위해 서비스 R&D로 인정될 수 있는 판단 기준을 정립하였다.

대상 및 목적	• '서비스'를 대상으로 하여 기존의 방안으로 달성하기 어려운 '새로운 서비스의 제공'을 추구해야 함 • 단순한 경험이나 노하우의 적용을 통해 서비스의 질을 제고하는 활동과 구분하기 위한 기준
수행방법	• R&D의 특성을 반영하여 경험이나 전문가의 직관에 의존하는 방법이 아닌 이공학적 방법은 물론 인문사회과학적 방법론도 포함된 '과학적, 체계적' 방법을 적용해야 함 • 이러한 수행방법을 통해 R&D는 지속적으로 발전하고 타 분야로 확산될 수 있음
융합	서비스에 대해 기술, 제품화, 문화 등 다양한 요소를 결합하여 새로운 가치를 창출하기 위해서 서비스를 중심으로 타 요소와 '긴밀한 융합'을 추구해야 함

② 서비스 R&D의 방법론

신규 서비스를 창출하거나 기존 서비스의 전달체계를 개선하는 등의 서비스 R&D를 수행하기 위한 일련의 개발 활동은 3가지 방법으로 진행된다.

㉠ 기술 개발 : 서비스 개선 및 개발에 접목하기 위한 기술의 혁신

㉡ 비즈니스 모델 개발 : 새로운 서비스의 개념 및 전달 시스템 혁신을 위한 비즈니스 모델

㉢ 인문 사회과학적 연구 개발 : 고객접점에 대한 새로운 접근을 위한 연구

㉣ 서비스 R&D의 입체적 모형

구분	새로운 서비스 개념 (New Service Concept)	새로운 서비스 전달 시스템 (New Service Delivery System)	새로운 고객 인터페이스 (New Customer Interface)
기술 혁신 (Technology Innovation)	새로운 서비스 개념을 위한 기술 혁신	새로운 서비스 전달 시스템을 위한 기술 혁신	새로운 고객 인터페이스를 위한 기술 혁신
비즈니스 모델 혁신 (Business Model Innovation)	새로운 서비스 개념을 위한 비즈니스 모델 혁신	새로운 서비스 전달 시스템을 위한 비즈니스 모델 혁신	새로운 고객 인터페이스를 위한 비즈니스 모델 혁신
사람/사회 혁신 (Human/Social Innovation)	새로운 서비스 개념을 위한 사람/사회 혁신	새로운 서비스 전달 시스템을 위한 사람/사회 혁신	새로운 고객 인터페이스를 위한 사람/사회 혁신

※ 자료: 장병열(2007, 2008)

3) 서비스 R&D 유형

서비스 R&D는 서비스 혁신을 이끌기 위해 다양한 자원을 융합하여 연구·개발하므로 다양한 유형별로 실행된다. 이를 '제공되는 서비스'와 '서비스 대상 고객'을 기준으로 총 4가지 유형으로 구분할 수 있다.

대상	기존 서비스	신규 서비스
신규 고객	고객 확장 유형	서비스 창출 유형
기존 고객	서비스 개선 유형	서비스 확장 유형

① 고객 확장 유형

- ㉠ 기존 고객에게 제공되고 있던 서비스를 더 많은 고객에게 제공하기 위한 연구 개발 활동
- ㉡ 서비스 전달체계의 개선, 비용 절감, 맞춤형 상품화 등을 모색하여 가격 및 유통구조를 개선함으로써 새로운 고객들이 서비스를 경험할 수 있도록 하는 데에 목표를 두고 있다.
- 예 교육 서비스 기업이 기존 교육 서비스를 온라인으로 전달할 수 있는 프로그램을 개발하여 더 많은 고객들이 서비스를 경험할 수 있도록 함

② 서비스 개선 유형

- ㉠ 기존에 제공되고 있던 서비스의 품질을 높이기 위한 연구 개발 활동
- ㉡ 서비스 전달체계의 개선, 서비스에 신기술 접목, 인문, 사회과학적 요소 결합 등을 통해 서비스의 품질을 높이는 것에 그 목표를 두고 있는 R&D 활동이다.
- 예 물류회사가 배송현황을 실시간으로 고객이 조회할 수 있도록 시스템을 개발함

③ 서비스 창출 유형

- ㉠ 기존에 제공되지 않았던 새로운 서비스를 창출하여 새로운 시장을 개척하기 위한 연구 개발 활동
- ㉡ 성과 도출에 대한 위험 부담은 있으나 서비스와 기술, 제품, 문화, 지식 등이 새롭게 결합, 융합됨으로써 성과가 창출될 수 있다면 고 부가가치 서비스가 탄생될 수 있다.
- 예 자동차를 공유하는 카셰어링 서비스가 출시된 경우

④ 서비스 확장 유형

- ㉠ 기존의 서비스를 기반으로 파생된 신규 서비스를 기존 고객들에게 제공하기 위한 연구 개발 활동
- ㉡ 기존의 서비스에 신기술개발 등이 결합되는 R&D로써 서비스의 제공 범위가 넓어지는 것을 목표로 하여 진행된다.

예 보험회사가 고객들의 보험가입 상황 및 재무상태를 분석하는 시스템을 개발하여 보험상품 판매에서 토털 재무설계 서비스로 서비스 제공 범위를 확장함

플러스 tip

서비스 R&D 활동 현황

대개 서비스 R&D 활동은 다음의 4개 분야로 일어나게 된다.

– 서비스 인적자원 향상을 위한 연구 : 교육과 훈련

– 서비스 개선이나 신서비스 개발을 위한 연구 활동 : 서비스 혁신 활동

– 새로운 기술의 확보, 서비스 도구의 개선, 창의적 디자인, 자금 확보 및 마케팅 개선을 위한 연구 : 산업적 활동

– 서비스 유통, 연관 기술에 관련한 연구, 융합 서비스 개발, 제품과 서비스 결합 연구 등을 포함한 연구 활동 : 제품과 기술에 관련된 활동

Chapter 04 서비스 프로세스 설계

서비스 품질을 관리하고 지속적으로 유지·향상시키기 위해서는 서비스 기업이나 조직의 특성에 맞는 프로세스를 보유해야 한다. 하지만 이러한 프로세스를 설계하는 것은 단순한 생산 공정의 개념과는 다른 특성이 있으므로 보다 유연하면서도 구조화되어 있는 프로세스를 보유하는 것이 중요하다. 현대 서비스 기업의 경쟁력 확보에 있어 서비스 프로세스는 필수적인 요소로 자리매김하고 있으므로 이에 대한 명확한 이해가 필요하다.

1 서비스 프로세스의 이해

1) 서비스 프로세스의 개념

① 프로세스의 개념

사전적 의미	일이 처리되는 경로나 공정. '경과'(經過), '과정(過程)', '절차(節次)'
제조업에서의 프로세스	완제품이 생산되는 일련의 공정으로 기업 측면에서 고객에게 전달할 최종 물품의 완성에 의의를 둠
서비스업에서의 프로세스	서비스에서의 생산과 소비의 비분리성이라는 고유한 특성으로 인해 서비스 프로세스는 서비스가 전달되는 과정 전체에서 고객의 경험이 발생하므로 프로세스 전반이 서비스 상품 그 자체이기도 함

② 서비스 프로세스의 특성

- ㉠ 서비스 프로세스는 서비스가 전달되는 절차나 메커니즘 및 활동들의 흐름을 의미한다.
- ㉡ 고객이 경험하는 서비스가 프로세스를 거쳐서 제공되는 일정한 결과물의 형태에 국한되는 경우도 있지만 대체적으로는 서비스 제공 전 과정에 걸쳐 있게 된다.

- 예 택배 서비스의 경우 택배 물품이 제대로 전달되는 상황을 서비스의 결과물로 볼 수 있지만 만일 택배 서비스를 신청하고 기다리는 동안의 전 과정에서 서비스가 진행된다고 본다면 일련의 과정 전반이 고객 서비스 경험이라고 이해할 수 있다.

ⓒ 서비스 프로세스의 각 단계와 서비스 제공자의 능력이 고객 경험으로 직접적으로 확인되므로 각 프로세스의 단계들이 서비스 품질을 결정하는 매우 중요한 역할을 하게 된다.

ⓔ 일반적인 유형의 제품은 구입하여 사용 후 만족 여부가 결정되지만 서비스는 프로세스의 단계가 구매 이후 고객 만족과 재구매 의사에 영향을 끼치게 된다.

ⓜ 서비스 프로세스는 서비스 창출의 시작에서부터 최종적인 고객 전달 순간 모두에서 고객 관점을 반영하고 고객이 경험하게 될 요소들을 염두에 두어 설계되어야 한다.

2) 서비스 프로세스의 표준화와 개별화

서비스 프로세서는 표준화 혹은 개별화의 2가지 형태로 구분된다.

① 서비스 프로세스의 표준화(정형 프로세스)

㉠ 서비스를 구체적인 규칙과 기준으로 표준화하여 각 단계별 서비스 제공 내용, 전달 방식 등이 명시화 되고 일관적으로 유지될 수 있도록 정형화하는데 의의가 있다.

㉡ 서비스 기업의 운영 합리화와 효율화를 증진시키고 서비스의 생산성을 증가시키는 목적에 부합되며, 대량 서비스 혹은 일관된 서비스를 지향하는 프로세스이다.

㉢ 서비스 프로세스를 표준화하기 위해서는 다음과 같은 지원 체계가 필요하다.

기술적 환경의 지원	서비스 프로세스가 하나의 정형화된 방식으로 표준화되기 위해 이를 지원하는 다양한 기술과 기계적 지원이 수반되는 환경을 의미
작업 방식의 개선	서비스 표준화를 위해서는 서비스 제공을 위한 업무 수행이 균일하게 제공될 수 있도록 표준화된 매뉴얼의 형태로 정형화되어 있어야 하며, 매뉴얼대로 서비스를 질적으로 전달할 수 있는 구성원의 태도와 능력도 겸비되어야 함
기술과 업무 방식의 조화	기술적 지원과 업무 수행의 표준화라는 2가지의 방식이 조화롭게 유지되어야 함

② 서비스 프로세스의 개별화(비정형 프로세스)

㉠ 서비스 전달방식을 개별고객에 대한 맞춤형 방식으로 진행하며, 서비스 제공자의 개별 역량이나 판단에 더 많은 비중을 두고 고객의 다양한 요구에 효과적으로 응대하도록 하는 프로세스로, 고객화 지향 서비스 프로세스라고도 말한다.

㉡ 서비스 프로세스를 기업의 효율성, 생산성 등을 중심으로 설계하는 것이 아니라 고객의 다양한 욕구와 관심 사항을 중심으로 프로세스를 진행한다.

㉢ 개별화된 서비스 프로세스는 고객의 요구를 반영하기에 적합하지만 다음과 같은 문제점을 고려하여 설계되어야 한다.

– 균일하지 않은 서비스 제공에는 비용의 증가라는 문제가 따르며, 프로세스를 자동화 하거나 전산화하는데 어려움을 겪게 된다.

– 서비스 품질을 기업이 원하는 수준 이상으로 유지하기 위해서는 서비스 제공자의 수준 높은 고객 대응능력이 요구된다.

3) 서비스 프로세스 분류 매트릭스

서비스 프로세스는 서비스 기업의 성격에 따라 다양하게 전개된다. 다양한 서비스 프로세스를 서비스 기업의 성격에 따라 설계함에 있어, 주요하게 다루어야 하는 이슈를 매트릭스 형태로 분류함으로써 서비스 프로세스를 보다 효과적으로 이해하고 설계할 수 있다.

① 슈매너의 서비스 프로세스 매트릭스

슈매너는 서비스를 '고객과의 상호작용 혹은 개별화 정도'와 '노동 집약도의 정도'를 기준으로 프로세스를 분류하여 2×2 매트릭스를 만들었다.

구분		고객과의 상호작용/개별화	
		낮음	높음
노동 집약도의 정도	낮음	서비스 팩토리(Service Factory) 예 항공, 운송, 호텔, 리조트	서비스 숍(Service Shop) 예 병원, A/S센터
	높음	대중 서비스(Mass Service) 예 소매 금융업, 학교, 소매업	전문 서비스(Professional Service) 예 회계사, 변호사, 컨설팅

㉠ 고객과의 상호작용/개별화 : 프로세스상에서의 고객과의 상호작용 정도 혹은 서비스가 고객에 따라 개별화 되는 정도의 2가지 값에 의해 결정된다.

㉡ 노동 집약도의 정도 : 노동 집약도가 낮은 경우는 상대적으로 기계나 설비에 대한 의존도가 높은 것을 의미하며, 반대로 노동 집약도가 높은 경우는 서비스 제공자의 역량 의존도가 더 높은 경우를 뜻하게 된다.

② 서비스 프로세스 매트릭스별 고려 요소

㉠ 서비스 팩토리

– 대규모 시설 투자가 수반되며 서비스 제공 능력을 일정 수준으로 고정화시키게 된다.

– 정밀한 서비스 수요 예측을 통해 투자한 시설의 유휴화 리스크를 줄여야 한다.

– 대량고객 수요 창출과 쾌적한 물리적 환경의 유지, 표준적인 운영절차와 엄격한 매뉴얼 관리가 중요하므로 서비스 프로세스의 표준화, 정형화가 요구된다.

– 고객의 특별한 만족을 추구할 수 있는 보다 인간적인 서비스 요소를 어떻게 가미할 것인가를 염두에 두고 프로세스를 설계할 필요가 있다.

㉡ 서비스 숍

– 서비스 프로세스의 개별화 혹은 프로세스상에서의 고객과의 상호작용 정도가 높지만

서비스 제공자의 노동은 물론 시설투자 등에 대한 의존도도 높으므로 서비스 제공에 대한 비용이 과다하게 소요될 수 있는 부분을 염두에 두어야 한다.

- 프로세스상에서 고객의 역할과 영향력이 생산성에 직접적인 영향을 주게 되므로 서비스 현장 접점의 행동이 표준화되기 어렵다. 따라서 서비스 제공자의 권한과 역량이 중요한 역할을 하게 되므로 서비스 인력의 수준을 관리하고 수평적 상하관계를 통해 자율성을 높이면서 충성도를 확보하는 것이 필요하다.

- 세부적인 서비스 프로세스보다는 고객 반응에 따라 프로세스를 진전시켜 갈 수 있는 개별화된 서비스 프로세스가 적합하며, 서비스 제공자들은 이를 구조적으로 이해하여 적용할 수 있어야 한다.

ⓒ 대중 서비스

- 높은 노동 집약도와 의존도를 가지고 있으므로 서비스 제공자의 선발과 육성이 중요하다.

- 개별화된 고객이 아니므로 표준화된 서비스 프로세스를 통해 매뉴얼을 효과적으로 관리하고 이를 제대로 실행할 수 있는 서비스 제공자와 조직을 통해 양질의 서비스가 안정적으로 전달될 수 있다.

- 단순 반복되는 서비스 패턴이 되지 않도록 새로운 성장 동력을 마련하고 서비스 제공자의 복지와 더불어 업무 활동에 대한 체계적 관리가 병행되어야 한다.

ⓓ 전문 서비스

- 주로 개별고객의 문제를 해결하는 과정으로 진행되는 서비스가 많아 고객별로 매우 다양한 서비스 프로세스가 전개되어 표준화된 프로세스를 갖추기가 어렵다.

- 서비스 제공자의 전문적인 역량을 높이면서 조직의 방향에 맞는 서비스 철학 및 충성도를 유지하는 부분에 대한 투자가 필요하다.

- 반복적이고 세부적인 서비스 프로세스보다는 서비스 제공자의 역량에 의해 유연하게 대응할 수 있는 개별화 서비스 프로세스 설계가 필요하다.

2 서비스 프로세스 설계

1) 서비스 프로세스 모델

서비스 프로세스를 분석하거나 새롭게 계획·설계함에 있어 적용할 수 있는 기초적인 모델이다. 일반 제조업 생산 시스템에서의 프로세스와 다른 점은 고객이 외부의 환경적 요인이 아니라 프로세스 내부 자원의 역할을 수행한다는 점이다. 서비스 프로세스 모델의 핵심은 서비스의 생산 구조 내에서 고객의 참여와 역할을 포함하고 그 안에서 어떻게 구분하여 이해하는 가에 있다.

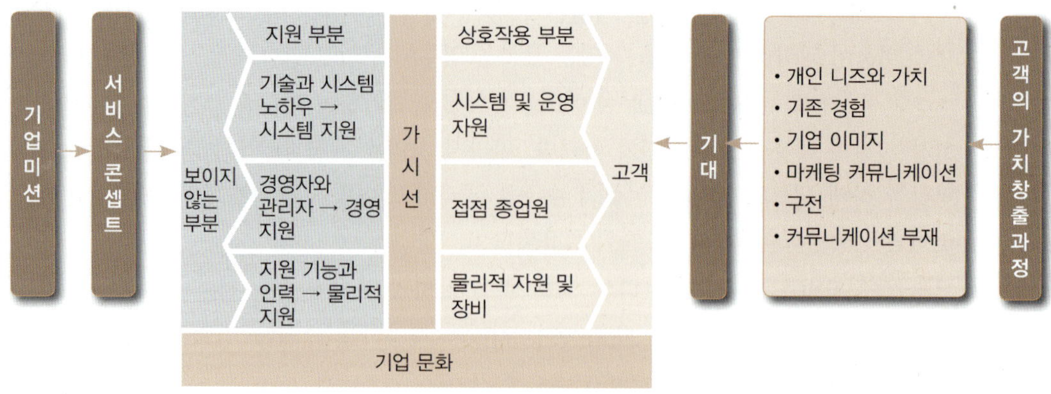

① 보이지 않는 부분(지원 부분)

㉠ 서비스 전달에 필요한 다양한 지원 및 서비스 기업의 철학과 조직 구조의 형성 부분에 해당한다.

㉡ 고객은 서비스 전달 시 보이지 않는 부분을 고려하지 못하기 때문에 서비스 가격에 대한 이해도가 떨어질 수 있다.

㉢ 보이지 않는 부분의 서비스 시스템 구성 요소

시스템 지원	정보 기술, 건물, 사무실 등과 같은 기본적인 서비스 프로세스 전개를 위한 시스템적 투자를 의미
경영 지원	서비스 조직 내의 서비스 철학 및 사고방식에 영향을 미쳐 서비스에 대한 조직의 태도와 행동을 형성
물리적 지원	서비스 조직이 효과적으로 운영되어 고객에게 서비스를 전달하기 위한 다양한 지원으로, 서비스 지원부서 인력의 역할을 통해 지원

② 보이는 부분(고객 상호작용 부분)

㉠ 서비스 프로세스상에서 고객이 직접 경험하고 눈으로 볼 수 있는 영역으로, 고객과 서비스 현장이 상호작용하는 부분으로 서비스 조직과 고객이 만나는 접점이다.

㉡ 보이지 않는 부분에서 아무리 훌륭한 서비스가 준비되고 제공된다 하더라도 고객과의 현장 접점에서 서비스가 나쁘게 인식되면 고객이 인식하는 서비스 품질은 떨어지게 된다.

㉢ 보이는 부분에서의 서비스 시스템에 영향을 미치는 구성 요소

고객	서비스의 특성상 고객은 단순한 소비자에 그치는 것이 아니라 공동 생산자로 서비스 과정에 참여하여 서비스 품질에 영향을 미치게 됨. 서비스 접점의 모든 부분에 영향을 미치는 매우 중요한 요소

시스템과 운영 자원	서비스 조직의 모든 기능적 시스템을 의미하며 여기에는 대기관리 시스템, 콜 센터 시스템 등 서비스 접점에서 서비스가 전달될 수 있도록 실제 운영되고 고객이 경험하게 되는 자원
접점 종업원	서비스 현장에서 고객과 상호작용하는 서비스 제공자는 매우 중요함
물리적 자원과 장비	고객이 서비스 접점에서 경험하는 물리적 환경과 서비스를 위한 다양한 설비 및 장비 등은 고객과 종업원에게 동시에 영향을 미침

2) 서비스 프로세스 설계

① 서비스 프로세스 설계의 원칙

서비스 프로세스는 일반 제조업의 프로세스와는 다른 특성을 고려하여 설계되어야 한다.

㉠ 서비스 제공자가 아닌 고객이 품질과 가치를 결정하고 정의해야 하므로 이 정의는 절대적인 것이 아니라 상대적인 것이다.

㉡ 품질과 가치에 대한 고객 평가는 결과, 프로세스의 품질, 가격, 그리고 서비스 획득에 소요된 비용 측면에서 전달된 것 전체를 기초로 한다.

㉢ 고객의 기대는 실제 전달된 서비스만큼이나 중요한 요소로 고객의 인식에 영향을 미치므로 고객의 기대를 관리하는 것이 필요하다.

㉣ 고객의 품질과 가치에 대한 인식은 상대적이므로 효과적인 서비스 전달을 위해서는 고객 개별 욕구에 대한 관심과 응대가 요구된다.

㉤ 모든 프로세스에서의 결정, 혹은 결정의 지원체계 속에서 고객을 고려하여 진행되어야 한다.

② 서비스 프로세스 설계 방식

㉠ 생산 시스템에서의 프로세스 접근법 활용

서비스 프로세스를 생산 라인의 프로세스 기법을 활용하여 설계하는 방식이다. 주로 서비스 프로세스상 서비스 수행을 세분화하고 표준화하며 또한 많은 부분에 자동화, 기계화를 활용하고자 하는 경우이다.

㉡ 고객 참여와 역할의 정도에 따른 프로세스 설계

- 서비스가 수행될 때 고객은 서비스 전달과정에 함께 참여하게 되는데, 서비스 프로세스 설계 시 고객의 참여와 역할의 정도를 반영함으로써 효과적인 서비스 품질을 얻을 수 있도록 하는 방식이다.

- 프로세스 내 고객 : 서비스를 받는 고객은 물론 서비스를 받지 않는 다른 고객들도 프로세스 내에서 감안해야 하는 고객이다.

– 고객 참여 유형

참여행동	서비스를 받기 위한 고객의 필수적인 행동으로, 제대로 이행되지 않을 시 서비스 전달이 성공적으로 진행되기 어렵다. 예 레스토랑에서의 고객 주문 행동
시민행동	수동적인 참여를 넘어 기업 활동에 협조, 건의사항 제공 등의 긍정적 기여 행동
불평행동	고객이 불만족한 상황에서 하는 행동으로, 사회적으로 허용하는 수준의 합법적인 방법으로 해소하는 불만족
불량행동	서비스 기업과 고객에게 직접적으로 피해를 입히는 소비자 행동

– 고객의 역할 : 준직원, 인적자원, 혁신자 등 서비스 생산과 전달과정에서의 역할 수행 정도에 따라 다르게 해석되어 진다.
– 셀프 서비스 : 고객이 직접적으로 서비스 활동을 하고, 서비스 기업이 제공한 시스템이나 장치들을 통해 최종 서비스 결과물을 만들어내는 서비스에서는 고객 참여와 역할의 정도가 매우 크다고 볼 수 있다.

③ 서비스 청사진을 이용한 설계

㉠ 서비스 청사진이란

– 핵심적인 서비스 프로세스를 단계별 특성이 잘 나타나도록 알아보기 쉬운 방식의 그림으로 표현한 것이다.
– 서비스 제공자, 고객, 서비스 기업 측면에서 서비스 전달과정상 해야 할 역할과 단계, 구체적인 흐름 등 서비스 전반을 이해할 수 있도록 묘사하여 서비스 프로세스를 보다 효과적으로 설계, 개발할 수 있도록 도와주는 도구이다.

㉡ 서비스 청사진의 용도

서비스 청사진은 신(新) 서비스의 개발, 서비스 프로세스 개발과 개선, 서비스 표준화 및 매뉴얼 작성 등의 용도로 활용된다.

㉢ 서비스 청사진의 구성 요소

고객 행동	서비스를 구매, 소비, 평가하는 단계에서 고객이 직접 수행하는 활동으로 방문을 하는 행위, 주문을 하거나 상담을 하는 행동, 결제를 하거나 문의를 하는 행동 등이 있음
접점의 종업원 행동	서비스 접점에서 고객의 눈에 가시적으로 보이는 종업원의 행동으로 고객과 서비스 현장에서 직접 대면하게 되는 모든 서비스 제공자의 행동을 의미
후방의 종업원 행동	고객에게 직접 보이지 않지만 접점의 종업원을 지원하거나 고객에게 전달되는 서비스를 제공하는 데에 기여가 될 수 있는 행동을 의미

지원 프로세스	서비스 현장에서 고객에게 서비스를 효과적으로 전달하기 위한 여러 기능적인 협력과 지원 체제로 서비스 조직 및 기업의 여러 자원과 시스템, 부서 간의 지원 등을 의미

ⓡ 서비스 청사진의 구성 요소 간에 작용하는 수평선

상호작용선	서비스 접점에서 고객과 서비스 기업 간에 발생하는 직접적인 상호작용을 기준으로 하여 상호작용선을 사이에 두고 고객과 종업원의 관계 형성이 시작됨을 알 수 있음
가시선	고객이 볼 수 있는 활동인가를 기준으로 가시선 안에서의 서비스 수행과 가시선 밖에서의 서비스 수행을 구분하는 역할을 하게 된다. 이 가시선을 기준으로 서비스의 물리적 증거 제공 여부가 결정됨
내부 상호작용선	서비스를 지원하는 지원 프로세스상에서의 활동과 눈에 보이지 않지만 고객 서비스 전달에 종사하는 후방 종업원의 활동을 구분하는 선

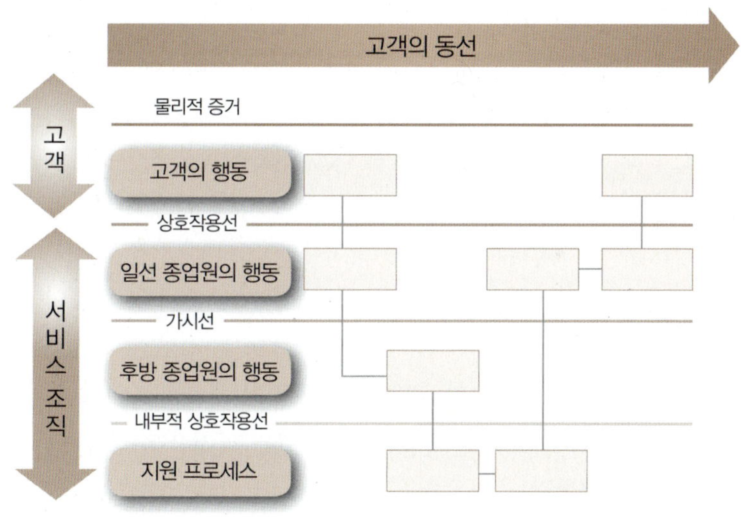

▲ 서비스 청사진의 구성도

ⓜ 서비스 청사진의 작성

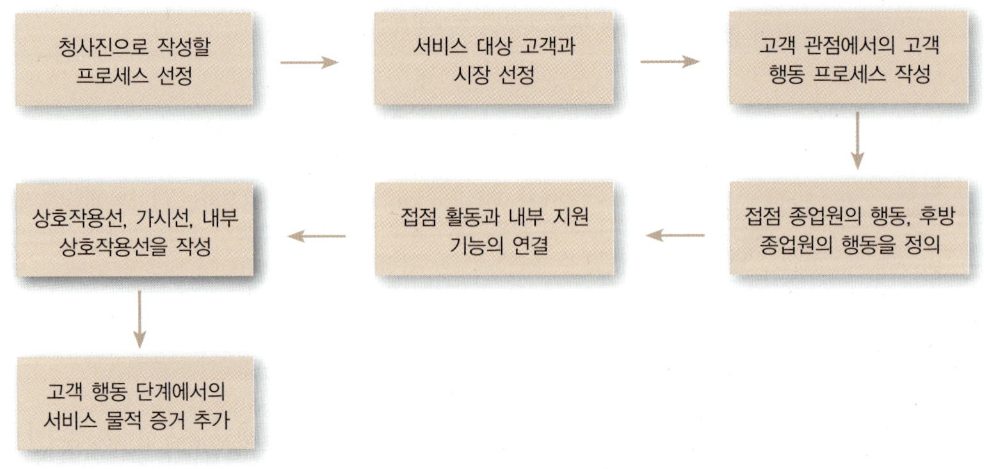

ⓗ 서비스 청사진을 통한 서비스 프로세스 설계 및 개선

- 서비스 청사진 내에서 서비스 흐름상 실수의 가능성 혹은 전·후방 업무에서 서비스 실패가 일어날 수 있는 지점을 확인한다.

- 서비스 전달에 소요되는 시간의 흐름을 명확히 하여 총 소요 시간 및 단계별 시간의 편차 등을 확인하고 이를 원가 및 비용의 개념으로 환산하여 서비스 프로세스 설계에 반영한다.

- 서비스 실패가 일어난다면 어떻게 빠르게 발견하고 대처할 것인가를 프로세스 설계에 반영한다.

- 서비스 프로세스의 각 단계에서 어떤 종업원, 시설 및 장비 등이 이용되어야 할 것인가를 고려하여 적용한다.

- 단계별 서비스 제공에 있어 필요한 후방 활동 및 지원 체계를 확인하여 반영한다.

- 추가적으로 고객의 가치를 더욱 향상시킬 수 있는 지점은 어디에 있는가를 발견하고 이를 프로세스에 반영한다.

- 전체 서비스 콘셉트에 오류가 생길 수 있는 지점을 찾아 보완한다.

ⓢ 서비스 청사진의 효과

- 서비스 프로세스상에서 종업원들이 각자의 역할과 전체 서비스와의 관계를 파악할 수 있어 조직 전체의 고객 지향적 사고를 향상시킨다.

- 서비스 프로세스상에서 서비스 실패 가능성이 높은 지점을 확인하여 점진적으로 서비스 품질을 개선하고자 하는 목표를 설정할 수 있게 된다.

- 고객과 종업원 사이의 상호작용선을 통해 고객이 경험하는 서비스 품질을 이해하게 되고 서비스 품질 향상에 기여하게 된다.
- 서비스 전달에 필요한 각 단위별 원가나 이익 등 투입과 산출물의 관계를 확인하게 되고 이를 평가할 수 있는 토대가 제공된다.
- 서비스 제공의 각 구성 요소들의 연결을 명확히 하게 되어 전략 수립에 도움이 되고 무형의 서비스가 유형화되는 효과가 생긴다.
- 접점의 서비스 제공자에게 필요한 서비스 교육 및 훈련 계획을 수립하게 된다.

Chapter 05 서비스 프로세스 개선

역동적으로 변화하는 서비스 기업의 내·외부 환경에서 서비스 프로세스는 끊임없이 변화되고 성장되어야 한다. 따라서 이상적인 서비스 프로세스가 설계되었다 하더라도 개선 과정을 거치지 않으면 경쟁력 확보에 문제가 발생된다. 서비스 프로세스 개선은 전체 서비스 품질의 지속적인 유지·향상에 필수적인 과정이라고 볼 수 있다.

1 서비스 프로세스 개선의 개요

1) 서비스 프로세스 개선의 의의

① 고객과 시장의 변화에 따른 대응

기술의 발전, 고객 니즈의 변화, 새로운 서비스 특성의 등장, 경쟁 상황 등 고객과 시장의 변화에 따라 서비스 프로세스도 이러한 변화를 반영하여야 한다.

② 서비스 실패에 대한 구조적 해결책으로서의 개선

아무리 완벽한 서비스 프로세스 설계 및 실행에도 서비스 실패는 존재하기 마련이다. 하지만 서비스 실패가 반복적으로 전개되고 부분적인 응대로 해소되지 않을 때는 서비스 프로세스에 대한 점검 및 개선이 요구된다.

③ 생산성과 수익의 향상

서비스 프로세스는 서비스 품질 향상은 물론 서비스 기업의 생산성과 효율, 수익성에 부합되도록 설계되어야 하므로 서비스 시간을 최소화하거나 생산성을 높이기 위한 목표가 설정될 때에도 프로세스를 재검토·개선하게 된다.

2) 서비스 프로세스 개선을 위한 준비

① 통합적 시각으로서의 개선

고객 관점	고객에 대한 정의, 고객 참여 정도, 고객 요구 등의 관점
기업과 제도 관점	서비스 기업의 조직, 교육 및 훈련, 각종 제도의 운영 및 표준화 등에 대한 관점
프로세스 관점	서비스 프로세스의 목적, 비전, 성과의 기준 및 측정과 평가 등을 이해하는 관점

② 조직 전반의 영향력 고려

조직 구성원 전반이 프로세스상에서 어떤 역할을 하는가를 균형 있게 고려하며, 동시에 단기적인 성과는 물론 장기적인 성과까지 고려하여 분석하여야 한다.

③ 서비스 프로세스 개선의 대상 선정

㉠ 고객에게 가장 중요한 서비스와 해당 서비스를 생산하는 프로세스

㉡ 고객이 가장 잘 인지하게 되는 프로세스

㉢ 고객이 설정한 서비스 품질 성과에 가장 영향을 많이 미치는 프로세스

㉣ 개선 가능성 혹은 개선에 따른 영향력에 대한 잠재적 가능성이 큰 프로세스

2) 서비스 프로세스의 개선과정

서비스 프로세스 개선과정은 다음과 같은 단계를 거쳐서 이루어지게 된다.

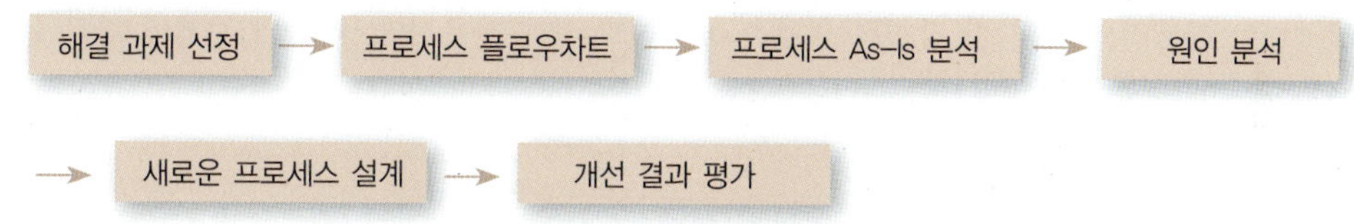

① 해결 과제 선정

현재의 서비스 프로세스상에서 발견된 다양한 서비스 현상들을 근거로 개선해야 할 문제점을 선정한다.

② 프로세스 플로우차트

개선할 과제의 전·후 단계의 연관성 등을 이해하기 위해 현재 서비스 프로세스에 대한 플로우차트(Flow Chart)를 작성한다.

③ 프로세스 As-Is 분석

플로우차트를 통해 프로세스상에서의 현 상황을 분석한다.

④ 원인 분석

근본적인 원인을 찾고 해당 원인과 문제점의 인과관계 정도를 분석하며, 주로 피쉬본(Fish Bone) 다이어그램을 활용한다.

⑤ 새로운 프로세스 설계(개선)

문제를 해결할 수 있는 새로운 서비스 프로세스를 설계한다.

⑥ 개선 결과 평가

개선된 서비스 프로세스를 실행하고 결과에 대해 평가한다. 원활한 성과 달성으로 평가되면 개선된 서비스 프로세스를 정형화하여 실행한다.

플러스 tip

서비스 프로세스 개선의 도구

- 플로우차트(Flow Chart)

  서비스 전달에 필요한 업무 처리를 순서와 흐름에 맞게 도식적으로 표현한 것으로, 서비스 청사진과 유사한 개념이다.

- 피쉬본(Fish Bone) 다이어그램

  주로 복잡한 문제나 이벤트의 상호관계를 시각적으로 이해하기 위한 도구로, 서비스 품질에서 발생하는 문제점의 원인 및 잠재적 원인을 도출하기 위해 사용된다. 하나의 주제에 각각 독립적인 주제별로 원인을 분석한다.

---

3) 서비스 프로세스 재설계 과정

서비스 프로세스 개선의 필요가 발생하여 개선 절차를 거치는 과정에서 프로세스 재설계의 과정은 보다 구체적인 서비스 활동의 조정을 필요로 하므로 다양한 방향으로 전개된다. 다음은 프로세스 재설계 방안의 대표적 유형이다.

① 가치 창출에 기여하지 않는 프로세스상의 단계 제거

　㉠ 서비스 과정을 간소화하는 방향의 재설계이다.

　㉡ 서비스 기업은 효율성, 생산성이 증대되고 간소화된 절차로 고객화 서비스에 여력이 발생하여 고객만족을 높일 수 있고, 이로써 고객은 신속하고 편리한 서비스를 제공받고 고객 맞춤형 서비스 등을 경험하게 된다.

ⓒ 서비스 접점의 종업원은 물론 고객에게도 간소화된 서비스 내용을 명확하게 이해시키는 교육적 과정이 필요하다.

② 셀프 서비스로의 전환

㉠ 고객 참여를 높이고 안정적인 기술 기반으로 서비스의 신속 정확한 전달체계를 갖추기 위해 셀프 서비스로 프로세스를 재설계하는 경우이다.

㉡ 안정적이고 효과적인 셀프 서비스로의 전환을 통해 기업은 비용이 감소하면서도 서비스 품질을 유지하고 고객에게 보다 빠른 속도로 서비스를 전달하거나 절약된 비용이 고객의 서비스 가격을 낮추는 효과로 적용될 수 있다. 고객은 보다 편리하고 신속하게 서비스에 접근하게 된다.

ⓒ 고객이 셀프 서비스를 제대로 이행할 수 있도록 충분한 준비 기간, 편리한 기술 등을 지원해야 하며, 고객과의 대면 기회가 줄어들어 서비스 피드백이 즉각 이루어지지 않는다는 점을 염두에 두어야 한다.

③ 서비스를 고객에게 직접 전달

㉠ 고객이 서비스 기업을 방문하는 프로세스에서 서비스 기업이 고객을 찾아가는 프로세스로 변경하는 경우이다.

㉡ 기업은 위치적 제약에 따른 고객 확보의 약점을 극복하고 고객 기반을 확장할 수 있으며, 동시에 점포 유지 등의 비용을 절감시킬 수 있고 고객은 편의성과 접근성이 증대된다.

ⓒ 물류비용 등에 대한 비용적 부분을 면밀히 검토해야 하고 서비스 전달에 대해 신뢰를 유지하기 위한 시스템 등을 구축해야 한다.

④ 패키지형 서비스

㉠ 다양한 서비스를 하나로 묶어 고객에게 전달하는 형태로 서비스 프로세스를 개선하는 경우이다.

㉡ 특정 고객 집단에게 맞춰진 서비스를 진행하여 거래 비용을 줄이고 신속하게 서비스를 진행할 수 있으며, 고객은 편리하고 차별화된 서비스를 제공받을 수 있다.

ⓒ 특정 고객 집단에 대한 면밀한 조사와 이해가 수반되어야 하며, 불필요한 서비스를 제공함으로써 서비스 품질향상 대비 비용이나 투입이 많아질 수 있는 소지를 확인해야 한다.

⑤ 물리적 측면의 재설계

㉠ 서비스 프로세스상에서의 물리적 측면을 개선하여 조정함으로써 고객 경험을 향상시키기 위한 프로세스 재설계 방안이다.

ⓒ 고객과 직원의 만족감을 동시에 향상시키고 생산성과 효율성을 증대시키는 방안이 되며, 고객은 서비스 전달 기능이 향상됨으로 인해 서비스에 대한 흥미, 기대감이 향상된다.

ⓔ 비용 증가와 고객의 기대 수준 증가에 대한 부담감 등을 고려해야 한다.

플러스 tip

프로세스 재설계에 필요한 사고의 전환

프로세스 재설계를 위해서는 프로세스상에서 역할을 수행하는 종업원이 서비스 전달 흐름 전반에 대한 프로세스적 관점을 가지는 것이 매우 중요하다.

① '나' 중심의 관점 → 고객 중심의 관점

② 개인적, 기능적 작업 관점 → 전체 성과와 업무 연결에 중심

③ 업무 분리, 부분적 절차 중심 → 서비스 프로세스 업무 전체의 연결과 흐름

④ 서비스를 순차적 발생으로 이해 → 서비스 전달을 동시적 발생으로 이해

⑤ 누구의 잘못인가 → 무엇이 잘못인가, 어떻게 개선할 것인가

⑥ 나의 작업, 원가, 시간을 최소화 → 전체 작업, 원가, 사건 등을 최소화

⑦ 내부적인 갈등에 초점 → 경쟁사와의 경쟁에 초점

⑧ 부분을 최적화 하는 관점 → 전체를 최적화 하는 관점

핵심 Key Word로 이해하기

- **서비스 품질 :** 서비스에 대한 고객 기대와 서비스에 대한 고객의 지각 차이에서 발생한다.

- **품질의 5가지 개념 :** 선험적 접근(경험), 상품 중심적 접근(상품의 내용물 혹은 속성), 사용자 중심적 접근(고객 개인의 선호), 제조 중심적 접근(결과물의 규격 일치 여부), 가치 중심적 접근(만족스러운 가격에 적합성을 제공하는 상품의 개념)

- **서비스 품질의 특성 :** 생산과 소비가 발생하는 현장 결정, 고객 인지, 현장 접점의 복합 요소, 지각의 과정, 이미지의 중요성, 지속적 변화, 보이지 않는 부분에 영향, 상호작용 영향

- **서비스 품질의 3박자 :** 서비스 품질 계획, 서비스 품질 통제, 서비스 품질 개선

- **서비스 품질 비용 모형 :** COQ(품질 유지에 필요한 가시적 비용), PQC(품질이 낮아질 때 발생되는 비용)

- **서비스 품질 측정이 어려운 이유 :** 서비스 품질의 주관적 특성, 서비스의 동시성, 데이터 수집의 어려움, 품질 측정의 객관성 문제, 고객의 서비스 프로세스상에서의 역할

- **서비스 품질 측정 모형 – 서브퀄 모형 :** 고객 인식 측정을 기준으로 측정
  품질 측정의 5가지 측정 차원과 10가지 결정 요인(유형성, 신뢰성, 응답성, 확신성(노력, 공손함, 신뢰성, 안정성), 공감성(접근성, 의사소통, 고객이해))

- **서비스 품질 측정 모형 – 그뢴루스 모형 :** 고객 기대 품질과 고객 체험 품질(결과 품질, 과정 품질, 이미지)의 비교를 통해 측정

- **서비스 품질 문제의 원천 :** 생산과 소비의 비분리성과 노동 집약성, 내부고객에 투자 및 중요성 간과, 고객과의 관계 설정

- **갭 모형의 구조 :** 시장 정보 갭, 서비스 기준 갭, 서비스 성과 갭, 내부 커뮤니케이션 갭, 고객 갭(최종적인 갭)

- **서비스 R&D 개념 :** 서비스 분야의 기초 및 응용 연구, 개발 활동을 의미하며, 현실적으로는 새로운 서비스 상품 및 서비스 전달체계의 개발을 의미한다.

- **서비스 혁신 :** 서비스 R&D 활동에 의한 결과로 기업에 하나 이상의 새로운 혹은 갱신된 서비스 기능을 가져오게 하고 시장에 제공된 서비스를 변화시킨다. 서비스 조직에 구조적으로 새로운 기술적, 인적, 조직적 능력을 요구하거나 변화된 서비스 콘셉트, 고객 인터페이스, 서비스 인도 시스템 및 기술적 대안의 역할을 수행한다.

- **서비스 R&D 방법론 :** 기술 개발, 비즈니스 모델 개발, 인문사회과학적 연구 개발

- **서비스 프로세스 :** 서비스가 전달되는 과정 전체에서 고객의 경험 발생. 프로세스 전반이 서비스 상품 그 자체이기도 하다.

- **서비스 프로세스 표준화와 개별화**
  - 표준화 – 정형 프로세스. 서비스 기업의 운영 합리화와 효율화를 위해 서비스를 대량 혹은 일관되고 표준화된 방식으로 진행하는 것
  - 개별화 – 비정형 프로세스. 서비스 전달 방식을 개별고객에 대해 맞춤형으로 진행. 기업의 효율성, 생산성보다 고객의 다양한 욕구를 중심으로 프로세스를 진행하는 것

- **서비스 프로세스 매트릭스 :** 서비스 팩토리, 서비스 숍, 대중 서비스, 전문 서비스

- **서비스 프로세스 모델 :** 보이지 않는 부분(시스템 지원, 경영 지원, 물리적 지원), 가시선, 보이는 부분(고객 상호작용/고객, 시스템과 운영자원, 접점 종업원, 물리적 자원과 장비)

- **서비스 프로세스 설계 방식 :** 생산 시스템적 접근법, 고객 참여와 역할 정도에 따른 설계

- **서비스 청사진 :** 핵심적인 서비스 프로세스를 단계별 특성이 잘 나타나도록 알아보기 쉬운 그림 형식으로 표현하여 신 서비스를 개발하거나 프로세스 개발, 개선 및 매뉴얼 작성에 활용

- **서비스 프로세스 개선 :** 변화 반영, 서비스 실패에 대한 해결, 생산성과 수익 향상

- **서비스 프로세스 재설계 유형 :** 가치 창출에 기여하지 않는 단계 제거, 셀프 서비스로의 전환, 서비스를 고객에게 직접 전달, 패키지형 서비스, 물리적 측면의 재설계

사례형, 통합형 문제
대비하기

- 서비스 품질을 측정하는 상황에서 측정에 필요한 요인들을 적용하며 이해도를 평가함

- 서비스 품질 문제가 발생하는 상황을 갭 모형의 구조에 맞추어 개선할 수 있는가를 통해 갭 모형의 이해도를 확인함

- 서비스 혁신이 필요한 상황과 서비스 R&D 모형 및 유형을 연결할 수 있는 질문

- 다양한 서비스 상황을 제시하고 서비스 프로세스 분류 매트릭스를 적용하여 판단할 수 있는가를 확인함

- 서비스 상황을 프로세스 모델로 이해하고 각 부분에서의 주요 사항을 연결할 수 있는가를 확인하고 이를 설계, 개선하기 위한 다양한 방식을 적용하고 이해하고 있는가를 평가함

» 실력 평가 문제

01~16 선다형

01 서비스 품질의 개념을 가장 잘 설명한 것은?

① 서비스 품질은 소비자가 지각하는 서비스 수준의 정도를 의미한다.

② 서비스 품질은 기업이 경쟁력을 갖추기 위해 제품이 지녀야 하는 일반적 속성이다.

③ 서비스 품질은 인도된 서비스 수준이 고객의 기대와 얼마나 잘 일치하는가의 척도이다.

④ 서비스 품질은 소비자가 자각한 서비스에 대한 절대적 평가의 결과로 서비스에 대한 기대와 분리된 개념이다.

⑤ 서비스 품질은 기술적 품질, 기능적 품질, 이미지 등의 변수와 영향을 받지 않는 고유의 성질이다.

(해설) 서비스 품질은 고객의 기대와 실제 고객이 자각하는 서비스 수준의 비교 평가 결과로 기술적 품질, 기능적 품질, 이미지 등의 변수와 함수관계가 있다. 일반적 속성이 아닌 기업의 성공을 좌우하는 경쟁적 우위 창출의 중요한 요소로 강조된다.

02 다음 중 서비스 품질 갭(gap)에 대한 설명으로 가장 적절한 것은? (기출)

① 기대한 서비스와 경험(인지)한 서비스의 차이는 경영자 인지 격차이다.

② 기대된 서비스와 고객기대에 대한 경영진의 인식 차이는 서비스 전달 격차이다.

③ 서비스 전달과 경영진 인지 품질명세화의 차이는 경영자 품질명세 격차이다.

④ 서비스 전달과 고객에 대한 외적 커뮤니케이션의 차이는 시장 커뮤니케이션 격차이다.

⑤ 경영자 인식의 품질명세화와 고객기대에 대한 경영진의 인식 차이는 경험한 서비스 격차이다.

(해설) ① 기대한 서비스와 경험(인지)한 서비스의 차이는 경험한 서비스 격차이다.
② 기대된 서비스와 고객기대에 대한 경영진의 인식 차이는 경영자 인지 격차이다.
③ 서비스 전달과 경영진 인지 품질명세화의 차이는 서비스 전달 격차이다.
⑤ 경영자 인식의 품질명세화와 고객기대에 대한 경영진의 인식 차이는 경영자 품질명세 격차이다.

03 서비스 품질의 특성이 아닌 것은?

① 생산과 소비가 발생되는 현장에서 결정된다.
② 고객의 인지와 관계가 깊어 주관적 개념인 인간적 품질로 이해된다.
③ 서비스 품질은 사용 시점에 강하게 인식되는 일회적 특징으로 결과적 품질로 볼 수 있다.
④ 서비스 품질은 고객의 기대와 성과의 비교이므로 지속적으로 변화된다.
⑤ 서비스 품질은 눈에 보이지 않는 부분의 품질에 의해서도 영향을 받는다.

해설 서비스 품질은 서비스 과정의 여러 순간에 의해 지각되거나 지각되는 과정이므로 과정 품질이 중요하다고 볼 수 있다.

04 서비스 품질의 3박자를 가장 잘 연결한 것은?

① 서비스 품질 계획, 서비스 품질 통제, 서비스 품질 개선
② 서비스 품질 측정, 서비스 품질 통제, 서비스 품질 개선
③ 서비스 품질 계획, 서비스 품질 측정, 서비스 품질 설계
④ 서비스 품질 측정, 서비스 품질 통제, 서비스 품질 설계
⑤ 서비스 품질 계획, 서비스 품질 통제, 서비스 품질 설계

해설 양질의 서비스 품질을 전달하기 위한 일련의 활동으로 각 활동의 유기적 조화를 통해 우수한 서비스 품질을 완성하게 된다.

05 다음이 설명하는 서비스 품질 측정 모형은 무엇인가?

> 서비스 품질을 기대된 서비스인 기대 품질과 지각된 서비스인 체험 품질의 비교로 이해하며, 체험 품질을 '결과 품질'과 '과정 품질'의 2가지로 구분하는 모형이다. 고객의 서비스 지각을 이 2가지를 통해 측정하여 서비스 품질을 측정, 평가한다.

① 서브퀄 모형
② 그뢴루스 모형
③ 카노의 동기–위생 이론
④ 쥬란의 품질 측정 모형
⑤ 국가고객만족도지수

해설 기대 품질과 체험 품질의 차이에서 발생하는 차이가 바로 지각된 서비스 품질이며 품질 차원에서의 결과, 과정, 이미지를 향상하는 6가시 기준을 제시한 그뢴루스 모형이다.

Answer 1. ③ 2. ④ 3. ③ 4. ① 5. ②

06 다음 중 서비스 품질 격차(gap) 모델에 대한 설명으로 가장 적절한 것은? (기출)

① 이 모델은 서비스 경험과 기대 사이에 발생 가능한 2가지 격차를 밝히는 것이다.

② 서비스 품질은 이 격차가 클수록 우수하다고 할 수 있다.

③ 경영자 인지 격차는 서비스 경쟁에 대한 경영자의 올바른 이해를 통해 해결할 수 있다.

④ 품질명세 격차는 서비스 품질명세가 고객기대와 불일치할 때 발생한다.

⑤ 품질명세 격차는 고객기대 수준을 조정함으로써 해결할 수 있다.

> **해설** ① 이 모델은 서비스 경험과 기대 사이에 발생 가능한 5가지 격차를 밝히는 것이다.
> ② 서비스 품질은 이 격차가 적을수록 우수하다고 할 수 있다.
> ④ 품질명세 격차는 서비스 품질명세가 경영자가 인지하는 고객기대와 불일치 할 때 발생한다.
> ⑤ 품질명세 격차는 고객기대를 정확하게 품질명세화 할 수 있는 계획과정의 확립이 전제되어야
> 해결할 수 있다.

07 서비스 품질 문제가 발생하는 본질적인 원인에 대해 설명한 것으로 거리가 먼 것은?

① 서비스는 생산과 동시에 소비되는 비분리성을 가지고 있으므로 서비스 제공자의 노동력에 의해 서비스 품질에 편차가 발생할 가능성이 높다.

② 서비스 기업이 내부고객인 직원에 대한 투자를 소홀히 하게 되어 이것이 결국 고객에 대한 부적절한 서비스로 이어지게 된다.

③ 단기적 이익 창출을 위한 비용 절감이 서비스 품질에 악영향을 미치게 될 수 있다.

④ 무형의 서비스를 표준화함으로써 다양한 고객에게 일정한 수준의 만족감을 요구하여 발생한다.

⑤ 과대광고 및 고객 요구를 제대로 이해하지 못하는 등 고객과의 커뮤니케이션상에서 발생하는 오류로 인해 서비스 품질문제가 발생할 수 있다.

> **해설** 서비스의 특성상 표준화가 어렵고 이에 따라 서비스의 편차가 발생하는 것이 서비스 품질 문제의
> 가장 기본적인 원인이다.

08 다음 중 서비스 R&D의 특성이 아닌 것은?

① 기업에 실제 적용하기 위한 실행 중심으로 이루어진다.

② 측정이 용이하며 첨단 과학 기술의 성격으로 분류되는 서비스 경영 활동이다.

③ 서비스 분야별로 성격이 다르고 국가별 상이한 기준을 가지고 정의하고 있다.

④ 서비스 기업이 서비스 R&D 활동 자체를 인식하지 못하는 경우가 많아 숨겨진 혁신으로도 통칭된다.

⑤ 제조업에서도 많은 종류의 서비스 R&D를 수행하고 있다.

> **해설** 측정이 어렵고 기초 과학적인 성격을 가지고 다학제적으로 수행된다.

09 다음이 설명하는 개념은 무엇인가?

> – 서비스 R&D 활동에 의해 발생하는 결과이다.
> – 새로운 서비스 상품을 개발하거나 기존의 서비스를 변화하고 추가시켜 새로운 서비스를 제공하거나 새로운 구조 조직과 관련한 활동이다.
> – 기업에 하나 이상의 새로운 또는 갱신된 서비스 기능을 가져오게 한다.
> – 서비스 조직에 구조적으로 새로운 기술적, 인적, 그리고 조직적 능력을 요구하거나 변화된 서비스 콘셉트, 고객 인터페이스, 서비스 인도 시스템, 기술적 대안의 역할을 수행한다.

① 서비스 혁신   ② 서비스 개선
③ 서비스 프로세스   ④ 서비스 품질
⑤ 서비스 청사진

(해설) 서비스 혁신에 대한 설명이다.

10 서비스 R&D 유형을 가장 잘 연결한 것은?

① 고객 확장 유형 – 신규 서비스를 통해 신규고객을 확보하는 유형이다.
② 서비스 창출 유형 – 기존 서비스에 추가 서비스를 더하여 기존 고객에게 추가 매출을 확보할 수 있는 유형이다.
③ 고객 세분화 유형 – 기존 서비스를 통해 신규고객을 더욱 확보할 수 있도록 연구하는 유형이다.
④ 서비스 개선 유형 – 기존의 서비스를 개선하여 서비스 품질을 높이는 유형이다.
⑤ 서비스 확장 유형 – 신규 서비스를 더욱 확장하여 신규고객을 확보하고자 하는 유형이다.

(해설) 서비스 혁신을 이끌기 위해 제공되는 서비스와 서비스 대상 고객을 기준으로 총 4가지 유형의 서비스 R&D가 실행된다.
기존 서비스 + 신규고객 = 고객 확장 / 신규 서비스 + 신규고객 = 서비스 창출
신규 서비스 + 기존 고객 = 서비스 확장

11 다음은 제조업의 프로세스와는 다른 서비스 프로세스의 특징이다. 거리가 먼 것은?

① 서비스에서는 고객에게 전달될 최종 서비스 성과물의 완성을 중시하여 프로세스가 전개된다.

② 서비스가 전달되는 과정에서 고객 경험이 발생하므로 프로세스 전반이 곧 서비스 상품이기도 하다.

③ 프로세스의 각 단계에서 서비스 제공자의 능력이 고객 경험으로 직접 확인되므로 프로세스의 각 단계가 곧 품질을 결정하는 역할을 하게 된다.

④ 서비스는 최종 구입 이후 만족 여부뿐 아니라 프로세스 단계가 구매 이후 고객 만족과 재구매 의사에 영향을 미친다.

⑤ 서비스 창출의 시작부터 최종적인 고객 전달 순간 모두에서 고객 관점이 반영되어야 하는 프로세스이다.

해설 제조업에서는 완제품이 생산되는 일련의 공정으로 기업 측면에서 고객에게 전달할 최종 물품의 완성에 그 의의를 두고 있지만 서비스에서는 과정 자체를 중시하게 된다.

12 서비스 프로세스의 표준화에 대한 설명이다. 거리가 먼 것은?

① 서비스를 구체적인 규칙과 기준으로 표준화하는 것을 의미한다.

② 기업의 운영 합리화와 효율화를 증진시킨다.

③ 서비스 제공자의 개별 역량과 판단에 많은 비중을 두어 고객화를 지향한다.

④ 서비스의 생산성을 증가시키는 목적에 부합되도록 서비스 제공방식, 전달방식 등을 명시화하고 일관되게 유지되도록 한다.

⑤ 대량 서비스 혹은 일관된 서비스를 지향하는 프로세스이다.

해설 설명은 서비스 프로세스의 개별화에 대한 것으로, 서비스 전달 방식을 개별고객에 대한 맞춤형으로 진행하고 고객의 다양한 욕구를 중심으로 진행하는 프로세스이다.

13 다음 중 서비스 프로세스의 재설계 과정에 해당되지 않는 것은 무엇인가? (기출)

① 편의성과 전달기능 향상을 위해 서비스 프로세스 중 물리적 요소를 재설계

② 고객별 서비스의 종류를 줄이고 다양성을 확보할 수 있도록 일관된 서비스를 제공

③ 서비스 속도를 증가시키고 접근성을 향상시킬 수 있는 방법으로 셀프서비스를 활용

④ 편의성과 접근성을 증가시킬 수 있도록 고객에게 서비스를 직접 전달하는 과정을 창출

⑤ 서비스의 효율성과 제공 속도를 높이기 위해 부가가치를 창출하지 않는 서비스 전달 단계를 제거

해설 ② 서비스 프로세스가 일관된 경우 각각의 고객들을 위해 서로 다른 서비스 제공 프로세스를 개발하여야 하므로 종류와 다양성이 증가하게 된다.

14 서비스 청사진을 통해 서비스 프로세스를 설계하고자 한다. 다음 중 가장 잘 설명된 것은 무엇인가?

① 서비스 프로세스를 생산 라인의 프로세스 기법을 활용하여 설계하는 방식이다.

② 서비스 과정상에서의 단계별 역할과 구체적인 흐름을 서비스 제공자, 고객, 기업의 측면에서 묘사하여 서비스 프로세스를 설계할 수 있도록 한다.

③ 고객이 서비스 활동에 직접적으로 참여하는 시스템과 장치들을 통해 고객 참여와 역할을 크게 할 수 있도록 한다.

④ 고객이 서비스 전달과정에 함께 참여하는 부분을 감안하여 고객 참여와 역할의 정도를 반영하는 것을 중요하게 생각한다.

⑤ 서비스 프로세스상 서비스 수행을 세분화하고 표준화하여 많은 부분을 자동화할 수 있도록 설계한다.

해설 ①,⑤는 생산 시스템에서의 프로세스 접근법에 대한 설명. ③은 셀프 서비스에 대한 설명, ④는 고객 참여와 역할의 정도에 따라 프로세스를 설계하는 내용이다.

15 서비스 프로세스 개선에 대한 설명 중 틀린 것은 무엇인가?

① 고객과 시장은 지속적으로 변화하므로 서비스 프로세스도 이러한 변화를 반영하여 개선되어야 한다.

② 아무리 완벽한 서비스 프로세스라 하더라도 서비스 실패는 존재하기 마련이지만 서비스 실패가 반복적으로 전개된다면 서비스 프로세스에 대한 점검 및 개선이 필요하다.

③ 서비스 프로세스는 서비스 품질 향상을 목표로 하므로 기업의 생산성이나 수익성과는 별개의 방향으로 개선되어야 서비스 프로세스 개선의 의의에 적합하다.

④ 서비스 프로세스 개선을 위해서는 고객 관점, 기업 관점, 제도적 관점, 프로세스 관점 등 통합적 시각으로 접근해야 한다.

⑤ 서비스 프로세스를 개선함에 있어 조직 전반의 영향력을 고려하여 진행해야 한다.

해설 서비스 프로세스는 품질 향상은 물론 기업의 생산성, 효율, 수익성에 부합되도록 설계해야하므로 개선에 있어서도 이러한 부분을 고려하여 진행해야 한다.

16 개선할 서비스 프로세스의 선정방법이 아닌 것을 고르시오. (기출)

① 어떤 서비스가 서비스 제공자가 설정한 성과기준에 가장 큰 영향을 미치는가?
② 어떤 서비스가 고객에게 가장 중요한가?
③ 어떤 프로세스가 고객의 눈에 가장 잘 띄는가?
④ 어떤 프로세스가 고객이 설정한 성과기준에 가장 큰 영향을 미치는가?
⑤ 서비스를 생산하는 프로세스는 어떤 것인가?

해설 서비스 프로세스 개선은 서비스 제공자의 입장이 아닌 고객의 입장에서 개선되어야 한다.

17~19 O/X형

17 갭 모형은 서비스 품질의 구조를 진단하는 대표적 모형으로 서비스 품질을 개선할 구체적 방안을 제시하여 갭을 줄이는 전략을 개발하는데 목적이 있다. (① O, ② X)

해설 고객의 기대와 서비스 성과와의 차이를 갭으로 정의하고 그 원인을 분석하는데 사용되는 모형이다.

18 슈매너의 서비스 프로세스 매트릭스 중 서비스 숍은 노동집약도의 정도가 낮고 상호작용과 고객화의 정도가 낮은 특성이 있다. (기출) (① O, ② X)

해설 서비스 숍은 상호작용과 고객화의 정도가 높다.

19 서비스 프로세스의 재설계를 위해서는 전체 성과와 업무의 연결보다는 각 단계별 기능적 작업의 수행 정도를 철저히 분석하고 보완하는 관점으로 전개되어야 한다. (① O, ② X)

해설 프로세스 재설계에서는 전체 성과와 업무 연결에 중점을 두고 프로세스의 서비스 전달 흐름 전반을 바라보는 관점이 중요하다.

20~22   연결형

※ 다음은 서비스 품질에 대한 5가지 개념이다. 각 개념에 대한 설명으로 알맞은 내용의 번호를 골라 넣으시오.

① 선험적 접근   ② 상품 중심적 접근   ③ 사용자 중심적 접근
④ 제조 중심적 접근   ⑤ 가치 중심적 접근

20 품질의 차이는 상품, 서비스의 내용물이나 속성의 차이에서 기인하는 것으로, 객관적인 측면에서 이해하고 정의하는 접근법이다. (   )

해설 상품 중심적 접근법은 품질을 측정 가능한 변수로 바라보며, 개별 특성의 총합에 의해 평가될 수 있는 것으로 이해함

21 품질은 경험에 의해 인지 가능한 것이므로 사전에 품질을 규정하기는 어렵다. 따라서 분석이 어려운 개념으로 이해하는 접근법이다.   (   )

해설 고객이 품질을 인지할 때 비로소 서비스의 품질을 알 수 있고, 품질은 경험에 의해서만 인지할 수 있다는 개념의 접근법

22 품질은 일종의 생산과정에서의 결과물이므로 사전에 설계된 규격과 얼마나 일치하는가가 매우 중요하며, 생산과 제조 시점의 통제에 의해 품질을 유지하는 개념이다. (   )

해설 사용자 중심의 접근법과 반대의 개념으로, 품질을 '요구에 대한 합치'의 개념으로 이해함으로써 설계와 규격이 결정되면 그 기준에 부합하게 결과를 만드는 것으로 품질을 평가하는 공급자 내부적 관점에 집중하는 접근법이다.

Answer   16. ①   17. ①   18. ②   19. ②   20. ②   21. ①   22. ④

23 다음의 고객 불만을 서비스 갭 모형으로 분석한 설명이다. 적절하지 않은 설명은?

> 저렴하면서도 정기적으로 세탁물 수거와 배달 서비스를 하는 회사가 생겼다고 해서 큰 기대를 가지고 서비스를 이용한 고객입니다. 그런데 막상 서비스를 받아보니 제가 원하는 요일과 시간대에 안정적으로 서비스를 받기에는 어려운 구조이더라구요. 가맹점에서 정해진 스케줄 안에서만 방문이 가능하다고 하니 저렴하긴 하지만 생각만큼 편리하지는 않네요. 광고에서 보고 기대한 것과는 달라서 괜히 정기 계약을 맺었나 싶어요. 실제 가맹점에서 약속한 시간에 정확하게 서비스는 이루어지고 있지만 편리하게 서비스를 이용하려면 제가 원하는 시간에 정기적으로 방문해 주셔야 되는 게 아닌가 싶어요.

① 기업이 고객과 시장의 기대를 잘 알지 못하고 정기적인 세탁 서비스라는 콘셉트를 정함으로써 시작된 시장 정보의 갭으로 인해 고객 불만이 야기된 것이다.

② 기업이 인지한 시장의 요구가 서비스 품질 기준이나 프로세스상에 제대로 반영되지 않아서 고객의 서비스 기대와 성과에 차이가 발생한 것으로, 서비스 기준에서 갭이 발생하였다.

③ 실제 서비스 기업이 정한 서비스 기준에 맞게 서비스가 전달되어 고객은 약속된 서비스에 대한 불만은 없지만 서비스 표준 자체에 불만을 제기하고 있는 것이다.

④ 서비스 기준에 대한 불만으로 인해 고객 커뮤니케이션상에서의 갭도 발생하게 되는 것으로, 실제 전달하는 서비스 기준과 고객이 기대한 서비스 기준이 달라 추가적인 갭이 발생하게 된 것이다.

⑤ 고객의 기대와 서비스 품질 간에 차이가 발생하였으므로 실제 시장의 요구를 서비스 기준에 반영하거나 현실적으로 실행 가능한 약속을 통해 고객 기대를 낮추면 갭을 일부 해소할 수 있다.

해설 해당 서비스 기업은 정기적인 세탁 수거 및 배달 서비스에 대한 시장의 요구는 잘 이해하여 적용하였다. 서비스의 기준을 설정함에 있어 경영자의 인식이 제대로 반영되지 않았다는 점(서비스 기준 갭)에서 최초 서비스 갭이 발생하게 되었다고 볼 수 있다.

24 다음은 커피 전문점 S사의 서비스 프로세스에 대한 사례이다. 사례에 관한 내용 중 가장 올바르지 않은 것은? (기출)

> 커피 전문점의 대표적인 S사는 일정한 가격으로 한정된 종류의 커피 등을 판매한다. 구매를 원하는 고객은 카운터에서 정해진 메뉴 내에서 직접 주문하고 계산한 후 주문한 커피 등이 나오면 이를 받아 자신이 원하는 자리에서 커피 등을 마시거나 테이크아웃 하여 나간다. 이러한 서비스 프로세스를 적용하기 위하여 종업원을 위한 매뉴얼 형태의 업무수행 방법이 존재한다.

① 사례에서 S사의 서비스 프로세스는 매우 표준화된 프로세스를 제공하고 있다.
② 사례와 같은 서비스 프로세스를 주로 적용하는 경우는 검증된 효율적인 방법이 존재할 가능성이 높다.
③ 사례의 S사와 같은 경우 이질적인 태도와 능력을 지닌 종업원들의 업무수행을 균질화시키기 위한 노력이 필요하다.
④ 고객의 요구가 다양하고 이질적인 경우에는 상당히 정형화된 사례와 같은 프로세스만을 제공할 경우 바람직하지 못한 성과로 나타날 수 있다.
⑤ S사와 같이 모든 고객에게 동일한 서비스 프로세스가 제공되는 경우는 많은 판단력이 요구되므로 서비스 제공자의 능력수준이 높아야 한다.

해설 ⑤ 많은 판단력과 유연성이 요구되어 서비스 제공자의 능력수준이 높아야 하는 것은 고객화된 서비스 프로세스의 경우이다.

※ 다음은 어느 블로거가 인터넷에 올린 대형 음식점 이용 후기이다.

친구와 식사를 하러 들어간 00음식점에서 있었던 일입니다. 친구는 식사를 했다기에 제 식사만 주문했지요. 양도 많고 맛있어서 자주 가는 식당이기에 친구한테도 한 숟가락 먹어보라고 권했습니다. 그러자 친구가 두어 숟가락 먹어보더니 맛있다며 좋아 하길래 제가 공기밥을 한 그릇 더 주문했죠. 그러자 공기밥을 가져다주며 "두 분이 오셔서 한 그릇 시키고 같이 드시면 추가 공기밥 가격이 달라집니다. 원래 가격은 1,500원인데 5,000원을 더 내셔야 돼요."라며 퉁명스레 이야기 했습니다. 어이가 없어서 웃고 말았는데 진짜 제 친구가 밥을 한 숟가락 뜨자마자 매니저라는 사람이 달려와서 "공기밥 5,000원 내셔야 됩니다."라고 이야기하더라구요. 여러분은 어떻게 생각하세요? 어이가 없어서 수저를 그냥 놓고 나와 버렸습니다. 매니저에게 따져 묻자 식당 규정이라고 합니다. 식당 규정은 식당 내부 어디에도 안내되어 있지 않았고 설사 그런 규정이 있다고 해도 여러분들이라면 이해할 수 있으신가요? 장사가 잘 되니 손님이 돈으로 보이는 가 봅니다. 다시는 가고 싶지 않을뿐더러 주변 사람들에게 그 식당에는 절대 가지 말라고 이야기 하고 다닙니다.

25 고객이 느끼는 서비스 품질에 대한 설명이다. 가장 절 설명한 것은?

① 서비스의 품질은 주관적이므로 고객의 주관적 판단이 많이 반영된 것으로 보인다.

② 서비스 품질을 좌우하는 종업원의 서비스 전달 능력 및 고객에 대한 배려 측면에서 모두 실패하였으며 실제 서비스 기준의 설계에 많은 문제점을 가지고 있다.

③ 서비스 제공자는 서비스 조직의 기준에 대해 전달하였으므로 서비스 접점에서의 전달에는 문제가 없었다고 볼 수 있다.

④ 서비스 제공자와 고객과의 커뮤니케이션에서 문제가 발생하였으므로 서비스 품질 향상을 위해서는 서비스 기준을 전달하는 방식의 개선이 필요하다.

⑤ 상기 고객은 이미지 부분을 제외한 결과 품질과 과정 품질에서 좋지 않은 서비스 체험 품질을 경험하게 되었다.

해설 서비스 기준, 고객과의 상호작용, 커뮤니케이션 모든 부문에서 품질 문제가 발생하였고, 서비스 체험 품질에서의 결과, 과정 품질은 물론 고객이 얻게 되는 서비스 이미지 또한 나빠지게 되는 결과로 이어지는 상황이다.

26 상기 식당의 서비스 개선을 위해 프로세스를 점검하고 재설계 하고자 한다. 적절하지 않은 것은?

① 서비스 갭 모형을 통해 고객의 서비스에 대한 이해의 차이를 극복하는 것부터 시작해서 서비스 기준, 서비스 전달 등의 모든 과정을 점검하고 개선 전략을 수립해야 한다.

② 재설정된 서비스 기준이 제대로 전달되어 서비스 성과를 만들 수 있도록 서비스 프로세스를 개선, 재설계해야 한다.

③ 기업의 운영 합리화와 수익성을 강화한다는 측면에서 서비스 프로세스를 정형화시켜 표준화된 서비스가 모든 고객에게 제공될 수 있도록 해야 한다.

④ 서비스 품질을 개선하기 위해 고객을 단순한 구매자로 인식하는 시각에서 벗어나 고객과의 관계를 새롭게 설정하여야 한다.

⑤ 서비스 실패로 인해 발생하게 된 서비스 품질 비용을 감안하여 향후 서비스 실패가 발생하면 즉각 대처하고 이를 프로세스 개선에 즉각 반영할 수 있도록 프로세스를 설계해야 한다.

해설 기업의 운영 합리화나 수익성 강화 측면을 강화하면서 발생한 서비스 실패이므로 고객과 시장에 대한 이해, 서비스 실패에 대한 구조적 해결책으로서의 개선 방향으로 서비스 프로세스를 설계해야 한다.

PART 03

서비스 공급 및 수요관리

기술 발전에 따른 서비스 신상품 도입 주기 단축, 유연한 서비스 시스템 도입에 따른 다양한 서비스 등장 및 서비스 시장 세계화에 따라 서비스 기업은 광범위한 도전에 직면해 있다. 심화된 경쟁환경 속에서 서비스 기업은 급속도로 변화하는 고객의 니즈에 빠르게 대응하여야 하며, 이를 위하여 신속한 서비스 계획 수립능력이 요구되고 있다.

이러한 환경 속에서 서비스 기업은 서비스 수요 예측, 공급관리 방안, 서비스 가격설정 전략 및 대기행렬 관리 방안 등에 대한 이해도를 높임으로써 급변하는 시장 환경 속에서 기업의 경쟁력을 높일 수 있을 것이다.

이번 Part에서	서비스 공급 및 수요관리에 대한 기본적인 개념과 핵심적인 요소에 대한 이해도를 높이며, 가격설정 전략 및 대기행렬 관리 등 실질적 전략 수립 방법을 학습한다.
학습목표	1. 서비스 수요 예측의 필요성 및 예측방법을 습득한다. 2. 서비스 수요관리의 기본 개념 및 세부적인 관리방법을 학습한다. 3. 서비스 공급관리 전략을 이해하고 효율적인 공급관리 방안을 학습한다. 4. 서비스 가격 전략의 개념을 확인하고 가격수립 방안을 이해하고 서비스 수율관리의 개념을 입체적으로 알게 된다. 5. 효율적인 대기행렬의 영향 요소와 주요 용어를 알고 대기행렬을 효과적으로 관리하기 위한 대기행렬 모형 및 관리 방안을 이해한다. 6. 고객의 서비스 기대 개념을 이해하고 기대관리의 주요 요소를 학습한다.
이번 Part를 학습하고 나면...	• 서비스 수요 예측 및 적절한 수요관리를 통하여 보다 효율적인 서비스 현장 운영이 가능해 진다. • 서비스 생산능력을 측정하고 효율적인 서비스 공급능력을 관리할 수 있다. • 서비스 가격설정의 구조를 이해하고 최적화된 가격정책을 수립하는 구조를 알고, 효과적인 수율관리를 통해 서비스 수익의 극대화를 모색할 수 있다. • 서비스 시스템 내에서 발생하는 대기행렬의 원인을 이해하게 되고 대기행렬의 효율적 관리를 통해 서비스 조직의 수익과 고객 만족을 향상시킬 수 있다. • 고객 만족에 가장 큰 영향을 미치는 고객 기대를 보다 심층적으로 이해하여 서비스 전략을 수립함에 있어 이를 적용할 수 있다.

Chapter 01 서비스 수요 예측

상품과 서비스를 공급하는 기업은 고객 만족이라는 가치에 그 목표를 두고 있지만 그에 못지않게 고객의 '필요'가 어느 정도일지를 예측하는 것도 매우 중요하다. 만약 고객이 구매를 원함에도 불구하고 공급이 부족한 경우, 그 반대로 필요 이상으로 많은 공급이 이루어지는 경우 모두 고객 만족과 기업 경영활동의 이익 창출에 있어 적신호가 될 수 있기 때문이다.

1 서비스 수요 예측

1) 서비스 수요의 특징

서비스 수요 예측은 다음과 같은 서비스 고유의 특성으로 인해 일반적 수요와는 다른 차별점을 가지게 된다.

ㄱ 무형성

- 서비스는 고객과 직원, 그리고 사용되는 제품 및 서비스 제공자의 시스템 간의 상호작용 속에서 고객의 문제를 해결하는 솔루션 형태로 제공된다.
- 따라서 일관되고 정형화된 형태로 제공되기 어려우며 서비스 간 호환이 쉽지 않게 된다.

ㄴ 동시소비성

- 서비스는 공급과 동시에 소비되는 특성을 지니고 있다.
- 공간 간에서의 이동이 불가능하고 특정 시간에 제공되어야 하므로 재고관리가 어렵다.

ㄷ 변동성

서비스의 수요는 일별, 주별, 월별로 특정 시점 및 특정 시간대에 따라 급격히 변동되는 특성이 있을 수 있다.

2) 수요 예측의 필요성

① 수요와 공급의 일치 여부에 따른 4가지 상황

㉠ 수요가 공급능력을 초과

- 수요가 서비스 기업의 최대 공급능력을 초과하는 상태이다.
- 고객이 원할 때 해당 서비스를 받을 수 없게 되어 고객만족도가 감소하고 고객 이탈 가능성이 상승한다.
- 매출 및 수익의 감소와 같은 기회비용이 발생한다.
- 📺 레스토랑을 방문하였는데 대기시간이 한 시간을 넘어 다른 곳에서 식사를 하게 되었다.

㉡ 수요가 적정 공급능력을 초과

- 수요가 기업의 최대 공급능력 범위 내에 있으나 적정 공급능력은 초과한 상태이다.
- 서비스의 수요가 기업의 공급능력으로 충당 가능한 수준이므로 수익 감소와 같은 기회비용이 발생하지는 않는다.
- 그러나 적정한 공급능력 수준을 넘어서는 공급을 지속할 경우, 업무 과중에 따라 기업이 보유하고 있는 인적·물적자원의 소모가 가속화되어 중·장기적으로 서비스의 품질 하락을 발생시킨다.
- 📺 주말 저녁에 방문한 레스토랑은 평소에 비해 손님이 많아 주문 후 대기시간이 길고 음식의 질도 조금 떨어지는 느낌이 들었다.

㉢ 수요와 공급이 적정 수준에서 균형

- 수요가 기업의 적정 공급능력 수준에서 유지되고 수요 예측에 따라 공급 수준도 관리되고 있는 상태이다.
- 기업은 높은 품질의 서비스를 지속적으로 공급할 수 있고 고객도 적정한 수준의 대기시간 및 일관된 수준의 서비스를 제공받아 만족도가 증대되게 된다.
- 📺 주말 저녁시간에 방문했음에도 불구하고 평상시와 동일한 높은 수준의 음식과 서비스를 제공받았다.

㉣ 공급초과에 따른 저활용

- 기업의 서비스 공급능력에 비하여 고객의 수요가 부족한 상태이다.
- 기업이 서비스 제공을 위하여 투자한 인적·물적자원이 수요 부족에 따라 유휴 상태로 유지됨에 따라 기업의 입장에서는 초과 투자된 공급능력 만큼의 손실이 발생하게 된다.

② 서비스 수요 예측의 목적

단기 측면	• 단기간의 서비스 수량, 제공 시간대 등을 예측하기 위한 3개월 이내의 수요를 예측 • 구체적인 서비스 제공 계획 수립을 위한 정확도 높은 기초 자료가 필요 • 월, 일별 또는 시간대별 예측이 이루어지며, 기존 고객의 이용 패턴 등을 고려한 추세 분석이나 계절성 등을 고려한 시계열 분석 등을 활용 예 오피스가에 있는 병원은 주로 점심시간 전·후 방문이 많은 것으로 파악되어 병원 내 서비스 제공자의 식사 시간을 조정하고 개별 계획 하에 배정한다.
중기 측면	• 경기 변동 등에 따른 중기간(3개월 ~ 1년 정도)의 서비스 수요 예측 • 중기적인 수요 변동에 따라 서비스 제공 투하 인력 및 능력 계획을 수립 • 상대적으로 높은 수준의 정확도를 유지해야 하므로, 인과관계를 이용한 수요 예측 기법이 주로 사용됨 예 방학 시즌에 고객 방문이 급격히 증가하는 연간 수요 변동에 맞추어 병원 내 서비스 제공자의 인력관리에 대비책을 세워둔다.
장기 측면	• 1년 이상의 장기 예측은 정확도가 떨어질 수 있어 개별 서비스 등 세부적인 항목보다는 전반적인 시장 상황 등에 대한 예측을 시행함 • 거시적인 관점에서 예상되는 시장 등의 상황 변화에 따라 서비스 형태 변경 및 추가 투자를 통한 시설 증가 계획 수립을 목적으로 예측 • 다양한 변수를 고려하여야 하므로 정량적 예측보다는 전문가의 의견 등을 활용한 주관적인 예측 기법을 주로 사용함 예 장기적으로 의료 서비스에 대한 수요가 더욱 늘어날 것으로 예상되어 병원의 시설 확장 및 의료기기 추가 도입 등을 검토하고 있다.

2 서비스 수요 예측 기법

1) 서비스 수요 예측 시 고려사항

① 서비스 수요의 변동성

제공되는 서비스의 형태와 그에 따른 서비스 수요의 변동성이 어떤 특성을 보이는가를 고려해야 한다.

추세 변동	고객 수요가 장기간에 걸쳐 상승 혹은 하락하는 등 한쪽 방향으로 지속적인 증가 혹은 감소 추세를 나타내는 형태를 의미 예 멀티플렉스 영화관의 수요는 지속적으로 증가하는 추세이다.
주기 변동	경기 변동 등의 영향으로 상기석으로 서비스 수요의 증기, 감소가 반복되는 형태를 의미 예 부동산 경매 서비스 시장은 금리 등의 영향으로 약 3~5년을 주기로 수요가 변하는 경우가 많다.

계절 변동	일정한 주기에 따른 반복적인 변동에서는 주기 변동과 유사하나 변동의 원인이 날씨 등의 계절적 요인 등에 의해 짧은 주기로 변동되는 점에서 다름. 계절의 변화는 물론 작게는 월별, 주별, 일별 변동 효과도 포함되는 개념 예 렌터카 서비스는 주로 여름 휴가 시즌과 겨울 스키 시즌에 수요가 대폭 증가하는 것이 보편적이다.
임의 변동	체계적인 예측이 현실적으로 불가능한 변동으로 전쟁, 천재지변 등 예상하거나 통제할 수 없는 사건으로 인해 서비스 수요가 단기간에 급격하게 변화되는 경우이다. 예 유행성 독감이 발생하여 대규모 행사 및 여행 관련 업종의 수요가 급격히 줄어 들게 되었다.

② 서비스 수요 변동 요인

내부적 요인	외부적 요인
서비스 기업 내부의 의사결정이 수요에 영향을 미치게 됨	서비스 기업 외부에서 발생한 원인으로 기업 관리자가 직접 통제할 수 없는 요인

2) 서비스 수요 예측 기법

① 정성적(주관적) 수요 예측

정량적 기법을 적용하기 위한 기초 데이터가 부족하거나 불확실한 요인이 많은 장기간 예측을 하기 위한 수요 예측 기법이다.

㉠ 델파이법(Delphi Method)

한 문제에 대하여 여러 전문가들의 의견을 우편 등의 방법으로 수집한 후, 해당 의견을 정리하여 의견을 보내 준 전문가들과 공유하여 최종 결론이 나올 때까지 상호간 의견 교환을 하게 하는 방법이다.

장점	객관적인 협의과정을 통하여 결과를 도출해 낼 수 있어 의사결정의 범위가 넓고 특히 장기적인 문제 해결에 유용하게 활용할 수 있음
단점	합의에 도달하게 될 때까지 많은 시간이 소요되어 신속한 결정이 요구될 경우 적합하지 않음

㉡ 명목집단기법(Nominal Grouping Technique)

- 10명 내외의 전문가가 모여 종이에 의견을 기록한 후 해당 의견을 익명으로 취합하여 공유하고, 해당 의견에 대해 자유 토론 및 투표 등을 통하여 의견을 조율하고 우선순위를 설정하는 방법으로 지명집단 기법이라고도 한다.
- 정성적 예측에 있어 그룹 내 특정한 영향력자를 중립화시키고 기업의 수요 예측에 관여된 각 부서의 담당자와 기업 외부의 전문가 및 고객 모두가 동등한 발언권을 지닐 수 있는 장점이 있다.

ⓒ 시장조사(Market Research)

- 서비스 수요에 대한 가설을 세우고, 기존고객 또는 잠재고객 대상 설문, 질의응답 등을 통한 자료 수집 및 시장동향 자료 분석을 통하여 가설을 검증하는 방법이다.
- 일반적으로 신규서비스 및 기존 제공서비스의 제공범위 확대와 같이 기존 이용고객에 대한 데이터가 없는 경우 유용한 방법이다.
- 시장 및 고객의 정보를 수요 예측에 직접 반영하기 때문에 비교적 정확도가 높은 방법이나 설문조사 및 시장 자료조사 등을 위하여 많은 비용을 필요로 한다.

ⓔ 기타

- 상호영향 분석(Cross Impact Analysis) : 미래의 사건이 이전에 발생한 사건의 영향에 따라 발생한다는 가정 하에 전문가들이 사건들 간 상관관계를 행렬의 형태로 연구하는 방법이다.
- 역사적 유추법(Historical Analogy) : 신규 서비스 도입에 따른 시장 및 고객의 반응이 기존에 출시되었던 유사한 서비스의 반응과 비슷한 패턴을 보일 것이라는 가정을 기반으로 수요를 예측하는 방법으로, 신규 서비스의 수요 예측 및 수명 주기(life cycle) 측정에 활용된다.

② 정량적 서비스 수요 예측

과거의 수요 형태가 미래에도 일정한 형태를 가지고 반영된다는 전제 하에 과거 데이터를 기반으로 미래 수요를 예측하는 방법으로 시계열 예측이라고도 한다. 주로 단기적인 예측에 활용되며 계산의 편의성 등으로 인해 수요 예측에 많이 활용되고 있다.

㉠ 이동평균법(Moving Average Method)

- 평균의 계산 기간을 순차로 이동시켜 가면서 기간별 평균을 계산하여 경향치를 구하는 방법이다.
- 이동평균을 구하는 기간을 짧게 하면 최근의 정보를 반영하게 되므로 예측치의 민감도가 올라가게 되며, 기간을 길게 할 경우 예측치의 안정성이 높아지게 된다.
- 이에 따라, 수요가 안정적일 것으로 예상되는 경우는 산출 기간을 길게 적용하고, 변화가 예상되는 경우에는 짧은 기간을 반영하는 것이 바람직하다.
- 이동평균법을 사용하는 경우 다음 기의 수요 예측치는 이번 기에 계산된 평균과 같다.

$$\text{평균} : A_t - \frac{D_t + D_{t-1} + D_{t-2} + \cdots + D_{t=N+1}}{N}$$

예측 : $F_t + 1 = A_t$

단, D_t = t기의 실제 수요
  N = 평균을 취하는 시간
  A_t = t기에 계산된 평균
  F_{t+1} = t+1기의 수치

ⓛ 지수평활법(Exponential Smoothing Method)

- 이동평균법이 일정 기간 내에서는 현재의 자료와 과거의 자료를 동일한 가중치를 두고 평균을 내는 방법임에 비하여, 지수평활법은 최근의 자료에 더 많은 가중치를 두고 수요를 예측하는 방법이다.
- 현재의 자료에 지수평활 가중치 α의 비중을 반영하고, 과거 자료에 $(1-\alpha)$의 비중을 두고 가중평균을 산출하여 차기 수요 예측치를 산출한다.

차기수요 예측치 = α × 당기실적치 + $(1-\alpha)$ × 당기예측치

**** α값 : 기업의 상황이나 서비스 수요의 특성 등에 따라 0보다 크고 1보다 작은 값으로 결정한다. 작은 값은 수요가 안정적이고 표준화된 서비스 수요를 예측하기에 적합하고, 큰 값은 수요의 변동이 심한 서비스 수요 예측에 적합하다.**

예를 들어, 당기의 수요를 11로 예측하였으나 실제 수요가 10이었던 경우이고, α값이 0.4라면 다음과 같이 계산된다.

차기의 수요 예측 = 0.4 × 10 + $(1-0.4)$ × 11 = 10.6

플러스 tip

추세 조정 지수평활법 & 계절 조정 지수평활법

① 추세 조정 지수평활법
- 수요가 단순 등락뿐 아니라 시간의 흐름에 따른 일정한 방향성을 보이는 경우 단순한 정량적방법의 오류를 조정하는 방법이다.
- 과거 평균값에 증가 추세가 있는 경우에는 추세의 차이만큼을 더하고 반대로 감소 추세의 경우에는 빼주는 것으로 수요를 예측한다. 평균값의 계산은 이동평균이나 지수평균을 통해 계산한다.
- 예 과거 판매량의 평균이 100이었으나 한 달에 10개씩 증가하는 추세가 있을 경우 차기 예측에서 평균값 100에 추세 값 10을 더하여 110으로 수요를 예측한다.

② 계절 조정 지수평활법
- 계절 변동이 있는 수요의 경우 과거의 단순 평균 값에다 해당되는 계절 변동에 대한 수준을 곱하는 형태로 수요를 예측한다.
- 평균값을 기준으로 수요가 올라가는 계절에서는 높은 수준만큼의 비율을 곱하고 내려가는 계절의 경우에는 낮은 수준만큼의 비율을 곱하는 방식이다.
- 계절 평균 수요가 1인 경우 평균보다 수요가 많은 계절에는 계절 지수를 1보다 큰 값으로, 적은 계절에는 1보다 작은 값으로 결정한다.
- 예 봄에는 25, 여름 50, 가을 12.5, 겨울 12.5의 수요를 나타내는 경우 1년간 각 계절별 평균 수요는 25이지만 계절 지수를 계산하면 봄은 계절 지수 1, 여름은 2, 가을과 겨울은 각각 0.5의 지수를 계산할 수 있다. 이를 차기의 수요를 예측할 때 반영하는 방식이다.

ⓒ 회귀분석

- 서비스 수요에 영향을 미치는 하나 또는 그 이상의 독립변수를 예측하여 그에 따른 종속변수인 서비스 수요 변화를 예측하는 기법이다.
- 시장 금리 인하에 따른 은행 예금고객의 변화나, 광고선전비 집행 금액에 따른 방문고객 수의 변화 등 변수 상호간에 인과관계가 어느 정도 입증된 경우 활용된다.
- 회귀 모형 : 종속변수(예 매출액, 시장점유율, 구매확률, 이익 등)에 영향을 미치는 독립변수들을 선정(예 날씨, 광고, 판촉활동비 등)하고 독립변수와 종속변수와의 관계를 구체화한 모형을 구축한 후 이를 일반적 통계 프로그램을 활용하여 회귀 모형을 추정한다.
- 추정된 모형을 이용하여 다음 기의 독립변수 값을 투입하여 예측치를 얻거나 여러 전략 대안들의 효과에 대한 결과를 비교해 볼 수 있다.
- 단, 독립변수의 값이 마케팅 관리자가 통제 가능하거나 종속변수의 값보다는 예측이 용이한 경우 유용하게 사용할 수 있다.
- 예 00호텔의 객실 수요예측 회귀모형 : 종속 변수(객실 총 매출액) = 기본 매출 100 + (이벤트 전개 변수 값 20) + (광고비 지출 10) + (연휴 일수 비율 10)

02 서비스 수요관리

제조업 등 전통적인 산업에서는 고객의 수요를 관리하는 개념이 크지 않지만 생산과 소비가 동시에 일어나는 서비스업에서는 고객의 수요를 보다 주도적으로 관리할 필요가 생긴다. 서비스 수요를 어떻게 바라보고 적극적으로 관리해야 하는가를 통해 효과적인 서비스 시스템을 운영하는 기초를 확립하게 된다.

1 기본 개념

1) 고객의 이해

서비스 수요관리를 위하여 선행되어야 하는 가장 명확한 과제는 고객이 누구이며, 무엇을 원하고, 어떻게 행동하는지를 파악하는 일이다. 고객에 관한 정보들(나이, 성별, 직업 등)과 고객의 생활패턴 및 요구사항과 같은 고객 특성에 관한 자료를 통해 서비스 기업은 고객이 누구인지 명확히 파악하여 어떤 종류의 서비스를 어떻게 공급해야 하는지 파악한다.

2) 수요관리 고려사항

① 서비스 기업은 고객뿐만 아니라 해당 서비스의 특성, 트렌드 등 수요에 영향을 미칠 수 있는 다양한 요인들을 함께 고려하여야 한다.

② 서비스 수요에 영향을 미치는 다양한 요인들 중 일부는 예측 가능하며 주기적으로 발생하지만 일부는 예측 불가능하다. 그러나 수요에 영향을 미치는 요인들을 최대한 발굴하여 서비스 수요관리 전략에 반영함으로써 효율적인 관리활동을 수행하도록 노력해야 한다.

2 수요분할 전략

1) 기본 개념

① 수요분할의 정의

수요의 다양한 범주를 이해하고 분리하여 서비스 수요가 보다 바람직하게 관리되도록 하는 것이다.

② 수요분할의 기준

㉠ 수요 주기 존재 : 주기의 성격 및 형태 파악

㉡ 주기적 변동 요인 : 계절 변화, 주말 등 요일 영향, 주위 회사/학교 등의 휴무 일정 등

㉢ 무작위 변동 요인 : 정형화된 패턴이 없어 예측이 불가능한 변수

2) 수요분할 전략

① 가격 인센티브 제공(가격차별화)

- 다양한 수요관리 전략 중 가장 직관적이며 흔히 사용되는 전략으로, 대부분의 경우 가격 할인은 수요증대를 수반한다.
- 서비스 수요의 피크 시점에는 고가격 정책으로 수익 극대화를 추구하며, 상대적 유휴기에는 가격 할인을 통하여 수요를 증가시킨다.
- 차별화된 가격 정책은 성수기의 수요를 평준화시키기 보다는 비수기의 수요를 보완하는 경향이 강하다.

예 조조 및 심야영화 관람요금 할인 / 휴양지 호텔 등 숙박업소의 비수기 요금 할인

② 비수기(off-season) 수요의 촉진

- 서비스 기업은 대부분 높은 고정비와 낮은 변동비의 구조를 지니고 있으므로, 비수기 중 수요 창출은 효율적인 서비스 기업 경영을 위한 필수 과제이다.
- 비수기 수요의 촉진전략은 다른 시기 서비스 수요의 부하 억제를 위해서도 유용하다.

예 휴양지 호텔 등을 비수기에 기업 연수지로 활용

③ 보완적 서비스 개발

㉠ 대기고객 대상 서비스

대기고객들을 사로잡기 위한 보완적 서비스를 개발·제공함으로써 고객만족도 및 수익 증대를 추구할 수 있다.

예 영화관 주위에 게임숍, 식당, 커피숍 배치

ⓛ 신규 서비스 개발

- 기존의 수요 주기와 상반되는 수요 주기를 가지고 있는 서비스를 개발함으로써 자연스러운 시장 확대를 추구한다.
- 새로운 서비스 수요가 기존의 수요와 상반되는 수요 주기를 가지고 있어서 보다 균일한 총괄 수요를 창출하게 되는 것이 이상적인 보완 서비스 개발의 사례이다.

  예 난방기(보일러) 관리 서비스 업체는 에어컨 관리 서비스를 병행 / 스키장 중심 리조트 내 워터파크 서비스 개발

3 수요관리 전략

1) 기본 개념

① 수요관리의 정의

- 수요관리란 서비스의 모든 수요를 인지하고 관리하여 생산, 운영계획 시 이를 미리 파악할 수 있도록 하는 과정을 의미한다.
- 수요의 시간대와 수량에 영향을 주고 수요패턴의 바람직하지 않은 효과에 대응해 가는 과정을 말한다.

② 수요관리의 목적

단기 수요관리	대상기간이 수개월 이내로써 상품의 믹스 변화를 판단하여 인력관리용으로 활용한다.
중기 수요관리	보통 1년 이내를 의미하며 인력, 장비 재고 등의 결정에 활용한다.
장기 수요관리	빌딩이나 장비 등의 대규모 투자, 신상품 개발, 상품 교체 및 신기술 도입 등 거시적 의사결정에 활용한다.

2) 서비스 수요관리 전략

① 예약시스템(Reservation System)

ⓐ 미래의 서비스 능력을 판매하여 수요의 불확실성을 줄이는 가장 일반적인 전략이다.

ⓑ 예약이 이루어지면 초과 수요는 동일한 설비의 다른 시간대로 옮겨지거나 동일한 조직 내의 다른 설비로 이동하게 된다.

     ⓒ 기대효과

- 서비스를 일반 제조업체의 제품 재고처럼 관리할 수 있어 수요 분할의 효과가 발생한다.

- 고객이 대기하면서 소비해야 하는 시간을 감소시켜 고객만족도를 증대시키고 고객 이탈 감소에 기여한다.

- 예약이 많이 몰리는 시간에 가격을 할증하고 한가한 시간에 가격을 할인하는 등 서비스 기업의 수익 증대에도 효과를 준다.

② 초과 예약(Over Booking)

     ㉠ 예약 후 나타나지 않은 고객(no show)으로 인해 발생되는 서비스 기업의 손실을 예방하기 위해 해당 기업이 보유한 서비스 공급능력보다 더 많은 예약을 받음으로써 미래에 발생될 손실을 예방할 수 있다.

     ㉡ 효율적 초과예약 운영

- 초과예약 전략은 정상적인 예약 고객에 대한 신용을 지키지 못하게 될 가능성이 상존하므로 문제 발생 시에 대한 대응방안을 미리 준비해야 한다.

예 호텔의 경우 성수기에 초과 예약되어 예약된 손님이 이용하지 못하게 되는 경우 근처의 동급 호텔로 안내하고 프런트데스크 담당 직원에 대한 효과적인 안내방법을 사전 교육한다.

- 가장 효율적인 초과 예약 전략은 유휴 서비스 능력의 기회비용과 초과 예약에 따른 비용을 최소화 하는 방향으로 운영되어야 한다.

플러스 tip

초과 예약 수준의 결정방법

① 과거 데이터의 평균

과거 노쇼우(no show)의 평균값을 통해 초과 예약의 숫자를 결정함

② 전자 계산지 분석

가능한 모든 시나리오에 대한 기대 비용(노쇼우로 인한 손상액과 초과 예약에 따른 서비스 손실 등)을 사전에 계산하고 이를 노쇼우 발생 확률과 함께 고려하여 결정

③ 한계 비용 접근법

기대되는 수익이 마지막 초과 예약으로 발생하는 기대 손실보다 적거나 같게 될 때까지 초과 예약을 받으려 하는 집근법. 수익의 극대화 관점으로 결정

Chapter 03 서비스 공급관리

서비스 수요를 관리하는 것과 동시에 고객의 니즈를 충족시켜 서비스를 제공하는 서비스 역량을 어떻게 준비할 것인가도 매우 중요하다. 전통적 기업에서의 공급관리에 비해 관리 실패 시 리스크가 더 크기 때문에 서비스 능력을 예측하고 효과적으로 관리하는 기초를 확립해야 한다.

1 기본 개념

서비스 공급관리란 서비스 기업의 최대 산출량인 공급능력을 관리하는 것이다. 해당 기업은 서비스 공급에 관한 능력을 충분히 파악한 후 공급관리 전략을 수립하여 운영하고, 그 후에 세부 서비스 품목 등을 결정하는 전략을 세워야 한다.

1) 서비스 능력

① 서비스 능력

일반적으로 해당 서비스 기업이나 조직이 최대로 산출할 수 있는 산출량으로 정의되나, 서비스의 특성상 다양한 종류가 존재하며 규격화되지 못하므로 명확히 정의하기 어렵다.

② 서비스 능력

인적 자원	종업원의 수, 기술의 수준 등을 의미한다. 성과보상제도 및 승진제도와 같이 효율적인 제도를 운영한다면 동기부여를 통하여 생산성이 증대된다.
설비	서비스 제공을 위하여 필요로 하는 장비들을 의미한다. 다수의 서비스 기업들은 고객을 유치하기 위해 서비스 제공에 필요한 설비까지 함께 제공하기도 한다.
시간	서비스 일정을 변경하거나, 다른 시기에 한 가지 일을 처리함으로써 서비스 능력 유지 및 변경을 가능하게 하는 의미이다. 또는 작업시간을 확대함으로써 성수기 등 특정 시점의 서비스 공급능력을 증가시킨다.
고객 참여	서비스 기업이 서비스를 제공함에 있어 서비스 이용 고객의 노동력을 활용함으로써 원가 절감을 통한 가격 경쟁력 강화나 고객 편의성을 증대시킬 수 있다. 예 패스트푸드 음식점의 셀프서비스 및 은행에 설치된 현금 자동출납기(ATM)
대안	• 내부적 대안 : 유휴 설비나 종업원의 초과시간 근무, 교대근무 등을 통한 산출량 조정이 가능하도록 준비하는 것이다. • 외부적 대안 : 가능한 한 서비스 자원을 외부에서 임대함으로써 서비스 공급능력을 증대시키기 위한 방안의 하나로 볼 수 있다.

③ 서비스 생산능력의 측정

　㉠ 서비스 생산능력

　　– 생산능력은 산출단위나 투입단위로 측정되는데, 서비스는 규격화되기 어려운 무형의 상품이기 때문에 투입단위로 생산능력을 측정하는 것이 일반적이다.

　　– 서비스를 생산하여 고객에게 전달하는 프로세스 전 과정을 하나의 상품처럼 인식하여 측정하며, 생산과 동시에 소비되어 버리는 서비스업의 특성을 반영한 결과이다.

　㉡ 생산능력 이용률

　　– 서비스 기업이 생산한 가용능력과 실제 이용된 능력량의 비율을 나타내는 지표로, 서비스 기업의 영업 효율성을 측정하는 것에 주로 활용된다.

　　예 항공사의 생산능력 이용률 : 운행 중인 비행기에서 고객에게 실제 판매되어 이용한 좌석수를 판매 가능한 총 좌석수인 가용능력으로 나눈 수치가 이용률이 된다.

2) 서비스 능력관리 방법

서비스 이용고객의 신뢰를 상실하게 하는 서비스 능력의 부족 상황과 유휴시설에 따른 기회비용을 발생시켜 기업의 수익을 감소시키는 공급능력 과잉 상황을 동시에 예방하기 위해 효율적인 서비스 능력관리 방법을 지속적으로 모색하고 강구하여야만 한다.

① 최적 서비스 능력 수준의 설정

　– 최적의 서비스 공급능력 설정 기준은 서비스가 제공하는 평균단위 비용을 최소화시키는 것이다. 지속적인 데이터 수집을 통한 비용 변화의 모니터링을 통해 일정한 범위 내의 능력 수준을 산출할 수 있게 된다.

　– 최적 공급능력을 산정함에 따라 서비스 공급량의 과대 또는 과소에 의한 비효율을 제거함으로써 효율적인 서비스 기업 운영이 가능해 진다.

② 규모의 경제(Economy of Scale)

- 서비스 제공 규모를 키워 고정비를 분산시킴으로써 서비스 제공 단위당 평균 원가를 낮추는 방안은 매우 중요한 전략 가운데 하나이다.
- 서비스의 이용률을 일정 수준 이상 확보하지 못할 경우 서비스 제공 원가에서 고정비가 차지하는 비중이 높아짐에 따라 평균 원가의 상승과 동시에 가격경쟁력의 하락을 유발하게 된다.
- 규모의 경제를 추구함에 있어, 지나치게 효율성에 중점을 둘 경우 이용률 증가에 따른 원가절감보다 운영의 복잡성 심화 등에 따른 집중도 분산에 의한 규모의 비경제 효과가 발생할 수 있으므로 주의가 필요하다.

③ 범위의 경제(Economy of Scope)

- 규모의 경제는 보통 단수의 상품 또는 서비스를 대량생산 및 제공함으로써 얻어지는 효과를 의미하나, 범위의 경제는 다양한 종류의 서비스를 낮은 가격에 신속하게 제공함으로써 얻을 수 있는 원가 절감 및 다양성 획득방법이다.
- 과거 생산중심의 경제 시대에는 낮은 가격의 상품 및 서비스를 대량생산하는 것이 중요한 영역이었으나, 최근에는 고객의 니즈가 다양하며 빠른 속도로 변화함에 따라 이에 대응하기 위하여 범위의 경제가 중요시 되고 있다.
- 서비스의 다양성을 확보하면서 동시에 원가 절감을 추구하기 위해서는 과거처럼 이용률과 효율성만을 강조해서는 안 되며, 서비스 인력과 설비의 유연성을 확보해야 한다. 이를 위하여 종업원 교육을 통하여 전반적인 서비스 프로세스에 대한 숙련도 및 이해도를 높이고 다양한 분야에서 활동할 수 있는 능력을 배양해야 하며, 설비 도입 시에도 수요의 변화에 유연하게 대체할 수 있는 시스템을 확보하여야 한다.

2 공급관리 전략

1) 자체 공급 모형(기본 전략)

공급관리 전략의 가장 기본적인 모형으로 수요의 변동 및 예측 방법 등에 따라 대응하는 전략이다.

① 공급 평준화 전략(Level Strategy)

- 수요가 안정적이거나 예측 가능한 경우에는 평준화 전략을 활용한다. 예측 기간 내 수요의 평균을 기반으로 해당 수준의 서비스를 공급한다.

– 일정 수준의 서비스를 지속적으로 공급함에 따라, 임의 변동에 의한 수요 변동 시 서비스 공급량이 유휴상태가 되거나 부족하게 될 가능성이 상존한다.

　🔲 지난 분기 고객들의 평균 서비스 이용이 100이었으므로 이번 분기 제공할 서비스 공급량(설비 및 인적자원)을 100에 맞추어 준비한다.

② 수요 추구형 적응 전략(Chase Strategy)

– 수요 예측이 불가능하거나 변동이 심할 경우의 전략으로 수요 추구형 전략이라고도 한다.

– 서비스 산업의 특성상 수요에 대한 의존도가 매우 높은 편이므로, 서비스 기업에서는 주로 이 전략을 이용한다.

– 특정 시기 및 특정 프로젝트 시행 등 수요 증대에 따른 추가 인력의 필요에 의해 계약직 형태의 고용을 진행하는 형태로 서비스 공급능력을 관리하게 된다.

③ 혼합 전략(Mixed Strategy)

평준화 전략과 적응 전략의 장·단점 및 비용의 크기를 기준으로, 총 발생 비용을 고려하여 혼합하여 적용한다.

2) 주문 공급 모형

주문을 통해 공급량을 조절하는 전략으로 자체적인 공급능력을 보유하지 않았거나 서비스 자체 수요의 일부만 공급하거나 서비스 제공에 필요한 재료나 장비를 공급하는 경우이다.

① 고정 주문량 모형

– 주문량은 고정되어 있고 주문 간격을 신축적으로 바꾸는 전략으로, 수요의 변화와 공급량의 재고를 모니터링 하는 상시통제 시스템을 통해 적절한 주문시점을 결정한다.

– 주문량의 결정 : 경제적 주문량(economic order quantity : EOQ모형)과 재주문 시점의 결정(reorderpoint : ROP모형)

② 고정 주문 간격 모형

– 주문 간격은 고정되어 있고 대신 주문량을 신축적으로 바꾸는 전략이다.

– 재고량에 대한 검사를 주기적으로 하고, 필요한 만큼 주문을 하는 주기적 통제 시스템을 사용한다.

– 주기적 주문량의 결정 : POQ 모형(periodic order quantity)

③ 일회 주문 모형

– 유통 기한이 있는 서비스의 주문량을 결정하기 위한 전략으로 한계 비용 분석에 의해 서비스 공급량을 결정한다.

- 한계 비용 설정

한계 부족 비용	한 단위만큼의 공급 부족으로 인해 실현되지 못한 이익
한계 초과 비용	한 단위만큼의 공급 초과로 인해 실제로 발생한 손실

- 한계 분석(marginal analysis) : 서비스 제공에 따른 이익은 기대 한계 이익과 기대 한계 손실이 같을 때 최대치로써 주문량을 결정하는 기준으로 활용할 수 있다.

3) 서비스 공급관리 전략의 실행 방안

① 작업 일정 조정

- 종업원의 높은 숙련도가 필요한 서비스의 경우 활용하게 되는 전략이다. 일시적인 대체인력의 투입이나 수요 분할 전략의 적용이 어려운 경우 숙련된 종업원의 근무시간을 연장함으로써 서비스 공급능력을 증대시킬 수 있다.
- 단기적인 대응은 가능하나 초과 근무에 따른 비용 증가가 수반되며, 장기화 될 경우 종업원의 집중력 저하 등에 따른 서비스 품질 하락을 초래하게 된다.

② 1일 교대근무 일정

- 대부분 서비스의 경우 수요 분할 등의 전략을 시행한다하여도 원하는 만큼 고른 수요 분포를 만들어 낼 수는 없다. 이러한 경우 종업원 등 작업자의 교대 일정을 정교하게 수립함으로써 서비스 공급능력을 수요와 유사하게 배치할 수 있다.
- 교대근무 일정은 전화상담원, 병원 등 주기적인 수요를 지닌 서비스업에서 활용할 수 있다. 전화상담원의 경우 과거 고객의 이용 패턴 등을 기반으로 30분 정도의 단위로 수요 예측치를 산출하며, 이에 따라 필요한 전화상담원 수를 산출한다.
- 다양한 교대의 형태(시작 및 종료시간)를 수립함으로써, 해당 시간의 수요에 적절하게 일치시킨다.

③ 고객 참여 증대

일반적으로 패스트푸드 음식점에서 사용되고 있는 셀프서비스 등이 고객참여의 대표적인 예로써, 이를 활용할 경우 필요 종업원 수의 감소에 따른 비용 절감뿐만 아니라 고객이 공동 생산자의 역할을 하게 됨으로써 수요가 증대되는 시기에 서비스 생산능력이 증가되는 선순환 구조를 지니게 된다. 다만, 고객은 서비스 기업에 소속된 직원이 아니므로 의도대로 행동하지 않을 경우를 대비하여야 한다.

④ 서비스 능력 조절

서비스 제공 프로세스를 유연하게 설계함으로써, 서비스 제공능력을 필요에 따라 조절하게 만들 수 있다. 항공사의 경우 1등석과 일반석 분리대를 이동 가능하도록 설계함으로써, 예측되는 수요에 따라 유연한 서비스 공급능력을 확보하게 할 수 있다.

⑤ 서비스 능력 공유

서비스 산업은 많은 고정 투자를 필요로 하나, 이것을 모두 단일 기업이 부담하지 않아도 된다. 일반적으로 많은 소규모 항공사의 경우 승강구와 램프, 육상근무자 등을 공동으로 사용하거나 비수기에 해당 기업의 항공기를 타 기업에 임대해 줌으로써 성수기의 서비스 공급능력을 증대시킬 수 있도록 운영하고 있다.

⑥ 종업원 교차 훈련

서비스업은 특성상 다양한 작업이 모여 하나의 서비스를 완성한다. 이때, 특정 작업에서는 업무에 과부하가 생기나 다른 작업에서는 여유가 생기는 경우가 종종 발생하게 된다. 이러한 경우에 대비하기 위하여 종업원 교육을 통하여 다양한 작업을 수행할 수 있도록 교육한다면, 유휴 작업 인력을 과부하된 작업에 추가 투입함으로써 서비스 생산능력을 증대시킬 수 있다.

⑦ 임시 인력 투입

서비스 수요가 공급능력을 초과하는 경우, 외부 인력의 고용(시간제, 임시직) 및 비번 근무자 등 유휴인력 투입을 통하여 생산능력을 증가시킬 수 있다. 그러나 이러한 경우에는 전문 인력 대비 낮은 숙련도 등을 보이므로 주요 업무를 제외한 지원 업무 중심으로 투입하며 숙련 인력의 관리 통제를 병행하는 것이 서비스 품질 유지에 바람직하다.

⑧ 자동화

일반적인 제조업에 있어서는 생산 라인의 자동화를 통하여 생산능력 극대화가 일반화되어 있으나, 서비스업에서는 상대적으로 도입 수준이 낮은 편이다. 서비스업에서의 자동화는 제조업만큼 도입 영역이 넓지 않으나, 일정 부분은 자동화가 가능하여 이에 따라 서비스 공급능력 증대 및 일정한 수준의 품질 유지 및 공급속도 증대를 기대할 수 있다.

Chapter 04 서비스 가격과 수율관리

무형의 가치가 제공하는 비중이 높은 서비스 산업에서는 수요-공급에 따른 가격 책정 및 변동 범위를 넘어서는 개념에서의 가격 전략과 고려사항이 존재한다. 이는 동시에 서비스 산업의 수익과 깊은 관련이 있으므로 곧 수율관리의 개념에서 함께 고려되어야 하는 문제이다.

1 서비스 가격관리

1) 가격의 이해

① 서비스 가격의 개념

㉠ 가격 정의 : 소비자가 서비스를 이용함으로써 얻게 되는 혜택(benefit)에 대한 대가이다.

㉡ 가격 산정 시 고려사항

- 서비스는 소멸성이 있어 수요와 공급의 일치가 중요하며, 가격은 수요관리 측면에서 매우 중요한 요소가 된다.
- 가격 상승 시에는 잠재고객 상실 및 기존고객 이탈 등이 발생하며, 가격 하락 시에는 적정 이윤의 상실이 수반되게 된다.
- 가격(price)은 혜택(benefit)의 교환 대가로 지불하는 것이므로, 고객은 언제나 가격과 혜택을 비교하여 혜택이 가격보다 높은 경우에만 서비스를 이용하게 된다.

㉢ 서비스 가격의 중요성

- 서비스 기업은 서비스 가격 조정을 통하여 서비스 수요 변동을 관리할 수 있다.
- 서비스 구성 요소 중 가장 쉽게 변화 시킬 수 있으며, 변화에 따른 고객의 반응 속도도 가장 빠르다.

② 가격관리의 주요 고려사항

㉠ 서비스 가격에 따른 고객의 반응

- 고객별 준거가격(소비자가 서비스의 가격을 평가하기 위하여 기준으로 삼는 가격)에 대한 차이가 존재하기 때문에 고객들은 동일한 가격에 대해서도 상이한 반응을 나타낸다.

- 고객의 준거가격은 공정가격, 기존에 지불했던 가격, 최근 지불했던 가격 등을 기반으로 평가하게 되나 이는 서비스의 다양성, 성수기/비수기의 가격 격차, 고객별로 다양한 니즈의 존재 및 정보 탐색의 어려움 등에 따라 다양하게 나타나게 된다.

ⓛ 서비스 질의 대표성에 대한 판단

- 고가의 서비스가 높은 서비스의 품질을 보장할 것이라는 일반적인 고객들의 선입견이 존재한다.
- 하지만 서비스 정보에 대한 공유가 활발하게 일어나 서비스의 질을 사전에 예측하거나 평가하는 기준으로써 가격의 영향력이 과거에 비해 줄어들고 있음을 유의해야 한다.

ⓒ 서비스의 비금전적 요소에 대한 원가

- 고객이 서비스에 지불하는 대가에는 금전적 요소 외에도 비금전적 요소를 포함하고 있다. 비금전적 요소는 시간, 물리적 노력, 감각적 원가, 심리적 비용 등을 포함하며, 이는 서비스 구매에 주요한 역할을 담당하게 된다.
- 비금전적 요소에는 대기시간 감소, 정보 탐색을 위한 노력 절감, 깨끗하고 안락한 환경 등 감각적 원가 등을 의미하며, 고객은 시간과 다른 원가들을 감소시킴으로써 더 많은 가격을 지불할 용의를 가지고 있다.

2) 가격 결정방법

① 서비스 가격 결정의 특성

- 서비스는 최종 생산물을 기준으로 하는 것이 아니라 투입되는 것을 기준으로 판매되며, 서비스 제공에 기여하는 주요 구성 요소가 종업원의 투입량과 시간이며, 고객에게 제공되는 가치를 정확하게 반영하기도 어렵다.
- 가격 결정의 출발점인 원가는 '직접비 + 간접비 + 이윤'의 형태로 구성되나, 서비스업의 경우 원가 추정이 상대적으로 어렵다.

② 서비스 가격 결정의 요인

ⓐ 고정원가 및 변동원가

고정 원가	• 서비스를 제공하지 않더라도 일정하게 발생하는 비용 • 건물 임대료, 종업원 급여 등을 의미
변동 원가	• 서비스 공급량에 비례하여 증감하게 되는 원가 • 추가적인 인테리어 비용, 원료비, 아르바이트 인건비 등을 의미

ⓒ 경쟁

유사한 서비스를 제공하는 경쟁 기업의 가격을 의미하며, 기업 간 서비스 표준화가
이루어진 경우 경쟁이 가격 결정에 매우 중요한 요소가 된다.

ⓒ 가격과 가치에 대한 고객 인지

고객 인지	가격 전략
가치란 저렴한 가격	• 고객이 포기하는 것에 초점을 둔 것 • 가격차별화 전략, 가격 할인 전략
가치란 서비스에서 소비자가 얻고자 하는 모든 것	위신가격 설정
가치는 소비자가 지불한 가격에 대해 얻은 품질	• 가격과 품질 사이의 Tradeoff 파악 • 고객 세분화에 따른 차별적 가격
가치는 소비자가 준 것에 대해 받는 것	• 고객의 비금전적 지불 요소까지 고려 • 묶음 가격의 형태로 제시

ⓔ 탄력성

가격 탄력성	가격 변화에 따른 서비스 수요의 변화 및 서비스 기업 수익 변동성
소득 탄력성	개인 소득 변화율에 대한 서비스 수요의 변화율
교차 가격 탄력성	다른 서비스 가격의 변화에 대한 서비스 수요의 변화율

신규 서비스 상품의 가격 결정 전략

① 상층 흡수 가격 전략

- 고가격이 정당하게 받아들여지며, 가격탄력성이 낮고, 서비스가 법적 또는 기술적 이유로
  경쟁사의 시장진입에 어려움이 있거나 대량생산이 불가능한 경우 채택할 수 있다.
- 높은 마진으로 인하여 초기 투자비용의 빠른 회수가 가능하나 경쟁자의 참여를 자극할 수
  있다.

② 시장침투 가격 전략

- 시장 내 고객의 가격탄력성이 높으며, 규모의 경제 효과가 존재하고 해당 기업이 기술력 확
  보 등을 통하여 원가경쟁력을 보유한 경우 시행 가능하다.
- 저렴한 가격으로 시장에 진입하여 시장점유율 확대를 추구할 수 있으며, 브랜드에 대한 고
  객의 충성도를 높일 수 있다.

③ 경쟁제거 가격 전략

단기적으로 원가 이하의 초저가 가격을 책정하여 경쟁자의 시장진입 차단 등을 추구하는 전
략이다.

3) 서비스 가격 전략

① 가격 차별화 전략

  ㉠ 정의 : 세분시장의 성격에 따라 각기 가격을 달리 정하는 전략

  ㉡ 수요가 많을 경우 수요 분할을 추구하거나 수요가 적을 때 낮은 가격을 통하여 수요를 자극하기 위한 방법이다.

  ㉢ 고려사항

    - 세분화된 고객군 사이에 가격에 대한 반응이 다르게 나타나야 한다.

    - 서비스 이용고객은 특성에 따라 세분화되어 분리될 수 있어야 하며, 세분화된 고객군은 차별화된 가격을 적용할 수 있을 정도로 충분한 규모를 보유해야 한다.

    - 해당 서비스 등을 구매한 고객이 한 시장에서 구매한 후 다른 시장에서 판매할 수 없어야 한다.

    - 차별적 가격 설정을 위하여 투하되는 비용이 그로 인하여 얻어지는 수익보다 작아야 한다.

    - 서비스 이용 고객이 차별화된 가격에 대하여 혼란을 느끼거나 과도한 불만을 가져서는 안 되며, 법률적 위규사항이 없어야 한다.

  ㉣ 가격 차별화 종류

구분	가격 차별화	예시
시간별	• 이용 시간별 가격 차별 • 구매 시간별 가격 차별	• 심야전화 할인 • 항공권 조기구매 할인
구매자별	소득/교육/소속 집단별 차별	단골고객/쿠폰고객 할인
서비스 가치별	서비스 등급별 차별	일반석/비즈니스석/일등석
판매단위별	개인/단체 가격 차별	단체 입장권 할인

② 비선형 가격 전략

  ㉠ 정의 : 구매량에 따라 가격을 달리하는 전략

  ㉡ 고객이 가격에 따라서 서비스 구매량을 결정하는 상황에서 사용하는 가격 전략이다.

  ㉢ 가격차별화를 위한 고객 세분화 등의 필요성이 없어지며, 일시 방문고객의 단골고객화 유도 효과를 기대할 수 있으며, 동시에 법률적 문제발생 가능성이 낮다.

③ 묶음가격 전략

  ㉠ Pure Bundling

    서비스를 패키지 형태로만 구입할 수 있게 하는 전략이며, 여행사의 패키지 여행상품 및 숙박/강습/식사 등이 포함된 스키캠프 등이 이에 해당된다.

ⓛ Mixed Bundling

- 하나 혹은 그 이상의 서비스를 개별적으로 또는 패키지로 구입할 수 있도록 가격을 책정하는 방법으로, 혼합리더 전략과 혼합결합 전략으로 구분된다.
- 혼합리더 전략이란 "갑" 서비스를 구매한 고객에게 "을" 서비스에 대한 할인 혜택을 제공하는 것으로, "갑"과 "을" 서비스가 상호 보완재인 경우 효과가 극대화 된다. 혼합결합 전략은 둘 이상의 서비스를 고정된 가격에 제공하는 것으로 높은 마진의 서비스와 낮은 마진의 서비스를 결합해서 제공할 경우 서비스 기업의 수익 극대화를 추구할 수 있다.

④ **준거가격 전략**

㉠ 고객은 특정 상품이나 서비스를 구매할 때 마음속에 가지고 있으며 참고로 하는 준거가격을 가지고 있으므로, 서비스 기업은 서비스 가격을 책정할 때 고객의 준거가격에 영향력을 행사하거나 준거가격을 이용할 수 있다.

㉡ 고가 서비스와 비교하고 주력 서비스를 제시하여 상호 유사한 서비스라는 이미지를 제시하거나 "서울 유명 백화점에서는 ○○원에 판매되는 상품입니다."와 같은 사실을 주지시키는 방법이 있다.

⑤ **심리적 가격 전략**

㉠ 단수가격 결정(Odd Pricing)

- 심리적으로 낮은 가격을 설정함으로써 경제적 이미지를 제공하여 구매를 자극하는 전략이다.
- 숫자 꼬리의 상징적, 시각적 특성을 활용하는 것으로 9,900원 / 19,900원 같은 가격을 제시한다.

㉡ 가격 계열화(Pricing Lining)

서비스를 등급별로 차등화한 후 각 서비스 계열에 몇 종류의 가격대를 설정한다.

㉢ 위신가격 설정(Prestige Pricing)

'가격이 높으면 서비스의 품질이 좋을 것이다'라고 생각하는 고객의 가격-품질 연상 심리를 이용한 고가전략으로, 고객이 서비스의 질에 대한 객관적 평가나 유사 서비스와 비교가 어려운 경우 활용한다.

㉣ 유도가격(Leader Pricing)

특정 서비스에 대하여 정책적으로 낮은 가격을 설정하여 고객을 유도하는 가격전략이다. 주로 미끼상품(loss leaser), 특별 세일 등을 통하여 시행되며 고객유인가격, 특별행사가격(special event pricing), 현금반환(cash rebates) 제공, 수량할인, 계절할인 등이 이용된다.

> **플러스 tip**
>
> **심리적 가격결정 전략의 기대이론(Prospect Theory)**
>
> - 혜택은 분리해서 제시하라
> - 이득이 크다면 이득과 손실은 합하여라
> - 손실은 합쳐서 제시하라
> - 손실이 아주 크면, 이득과 손실은 나누어라

2 서비스 수율관리

1) 서비스 수율관리의 개념

① 전통적 수율관리

㉠ 제조업에서의 수율이란 원자재 투입에 대비해서 산출되는 생산량을 비교하기 위한 것으로 '수율= 산출량 / 투입량'으로 표현된다.

㉡ 공정의 각 단계에서 양품이 생산될 수 있도록 관리하는 것이 수율관리로, 각 공정의 문제를 개선하고 궁극적으로 기업의 수익을 개선하기 위한 방법이다.

② 서비스 수율관리

㉠ 서비스는 제조업과 달리 투입량과 생산량이 즉시에 결정되고 재고를 관리할 수 없는 등 생산과정상에서의 수율로 이해하기에는 한계가 있다.

㉡ 공급능력이 제한되어 있는 서비스에서 수율관리란, 서비스의 수요와 공급을 관리하여 서비스 수익을 최대화하기 위한 종합적인 관리 시스템으로 이해할 수 있다.

㉢ 서비스에서의 수율은 '실제 수익 / 잠재 수익'이며, 실제 수익은 '실제 사용량 × 실제 서비스 가격', 잠재 수익은 '전체 서비스 가능 용량 × 최대 가격'이다.

㉣ 따라서 서비스 수율관리는 수요관리, 공급관리, 가격관리 전체를 입체적으로 바라보고 적용하는 것이라고 할 수 있다.

㉤ 서비스 수율관리의 목적은 기업의 수익을 위하여 적정한 가격으로 적정한 고객에게 적정한 형태의 서비스 능력을 할당하는 것이라고 할 수 있다.

③ 서비스 수율관리의 적합성

서비스 수율관리가 의미 있게 활용될 수 있는 서비스 분야는 다음과 같은 조건에 부합하는 경우이다.

시장 세분화 가능성	고객의 욕구나 지불 가능 가격 범위 등에 의해 시장 세분화가 가능한 경우
사전 판매 가능성	서비스 이용 전에 고객이 구매를 결정할 수 있는 경우
수요의 변동성	서비스 수요의 변동성이 높은 경우

재고의 소멸성	판매가 이루어지지 않는 경우 서비스의 가용능력이 소멸되는 경우
높은 한계 서비스 능력 변동비용	가용할 수 있는 서비스 제공능력을 상회하는 서비스 수요가 발생할 경우 이를 위해 지불해야 할 비용이 매우 높아 수요를 포기해야 하는 경우
낮은 한계 판매비용	추가로 서비스를 판매하는 데에 필요한 비용이 낮은 경우

2) 서비스 수율관리 기법

① 서비스 수율관리의 기본 방향

ㄱ 제공

- 충분한 서비스 능력을 확보한다.
- 설비 및 노동력 확보 등에 따른 과다비용 및 유휴시간 증대 등에 대한 현실적 문제로 고품질 서비스 전략처럼 부분적으로 채택할 수밖에 없다.

ㄴ 일치

- 수요의 변동에 따라 서비스 공급능력을 변화시킨다(수요가 많을 때 서비스 인력을 파트타임 형식으로 추가 투입함).
- 서비스 품질과 비용 사이의 균형을 맞출 수 있으며, 보편적으로 중저가 수준의 서비스 분야에서 가장 많이 활용하는 방법이다.

ㄷ 영향력의 행사

- 수요의 패턴을 서비스 능력에 맞게 변화시킨다.
- 가격 정책, 마케팅, 예약 시스템 등을 활용하여 수요를 조정하는 것으로 주로 항공, 호텔 및 전문직 서비스(의료, 법률) 등에서 사용되는 방법이다.

ㄹ 통제

- 서비스 현장을 강력하게 통제하여 서비스 능력의 활용을 최대화하는 방법이다.
- 서비스 제공자인 종업원들의 업무 시간을 치밀하게 관리하는 경영방식으로 주로 공공 부문이나 낮은 마진의 서비스에서 활용하며, 서비스 기능의 효율화를 위해 고객의 이탈을 감수하는 경우 채택된다.

② 서비스 수율관리 시스템의 주요 요소

가격 결정	시장을 세분화하여 차별적인 가격을 부과하는 것
고객 그룹별 서비스 능력 배분	고객 그룹별로 서비스 기업이 제공할 서비스 능력을 배분하는 것
예약 시스템 설계	고객의 수요를 사전에 예측하여 서비스 제공 능력을 준비할 수 있음
초과 예약	예약 후 실제 사용하지 않는 노쇼우(no-show)를 대비하기 위해 서비스 공급능력을 초과하여 예약을 받아 노쇼우에 대한 서비스 소멸 및 기회비용 손실을 막을 수 있음

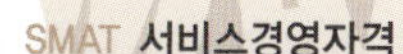

Chapter 05 대기행렬 관리

서비스 산업은 고객의 수요를 예측하고 공급을 관리한다 하더라도 일정 수준의 고객 대기 상황이 발생하기 마련이다. 거의 모든 서비스 산업에서 존재하는 고객 대기행렬을 보다 구체적으로 이해하고 서비스 기업의 시스템을 보다 효과적으로 운영하여 고객 만족의 수준을 높이고 동시에 기업의 수익과 연동하여 바라볼 수 있어야 한다.

1 대기행렬의 이해

1) 개요

① 대기행렬의 문제점

- ㉠ 서비스업의 특성상 변동적인 수요로 인하여 정확한 수요 예측은 불가능에 가까우며, 이에 따라 서비스 이용 고객의 대기는 필연적으로 발생하게 된다.
- ㉡ 효율적으로 운영되는 시스템 내에서도 대기행렬은 발생하게 된다.
- ㉢ 대기행렬로 인하여 고객 이탈이 발생하는 경우 서비스 만족도가 감소하게 되며, 반복될 경우 경쟁 서비스 기업으로의 이탈을 유발하여 영구적인 고객 및 수익 감소를 초래하게 된다.

② 대기행렬 관리 목적

- ㉠ 대기행렬 문제는 기업이 제공해야 하는 서비스 수준을 결정하는데 초점이 맞추어져 있다. 대형마트 등에서 고객이 장기간 기다리지 않고 계산을 마칠 수 있도록 하기 위한 계산대의 숫자 등이 그 예시이다.
- ㉡ 다수의 종업원을 고용하여 서버(sever)의 수를 늘리게 되면 고객의 기다림을 위한 시간은 최소화되어 고객만족도는 증가하게 되나, 급여 증가 등으로 인한 기업의 비용은 증가하게 된다. 반대로 서버의 수를 줄이면 비용은 감소하나 고객의 불만족은 증가하게 된다.
- ㉢ 이러한 상반되는 조건 속에서 서비스 제공 비용과 고객 불만족에 따른 비용의 균형을 유지하는 최적의 서비스 수준을 찾는 것이 대기행렬 관리의 최종적인 목적이 된다.

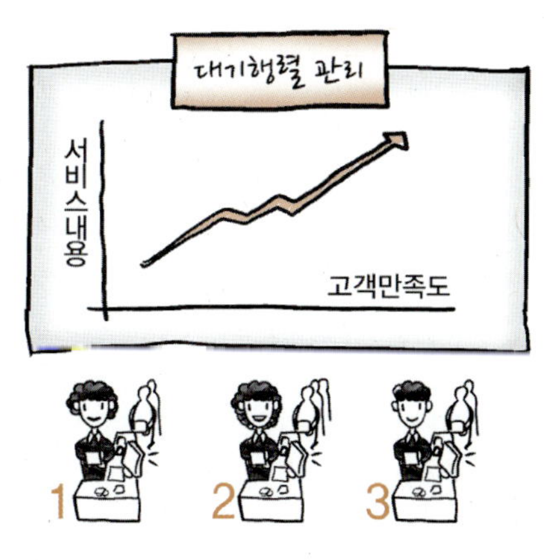

③ 대기행렬에 대한 비용 및 대처방안

    ㉠ 기다림의 경제적 비용

내부고객	종업원 등 내부고객이 대기하는 비용은 비생산적인 임금으로 측정된다.
외부고객	고객의 대기비용은 대기시간 동안 할 수 있었던 다른 일에 대한 기회비용이며, 동시에 지루함 등 정신적 스트레스를 유발함으로써 추가 비용을 발생시킨다.

    ㉡ 대처방안

- 대기시간 증대에 따른 서비스 신뢰도 하락 → 대기시간 최소화 방안 추구
- 명확하지 않은 대기시간에 따른 고객 불만족 증대 → 예상 대기시간 고객안내
- 대기하면서까지 받고 싶은 서비스인가에 대한 고객의 판단 → 서비스 품질 증대를 통하여 고객이 대기할만한 가치를 지닌 서비스 제공
- 대기고객의 이탈을 방지하기 위해서는 대기 중인 수요관리 및 대기행렬의 환경, 서비스 품질 개선이 필요하다.

2) 대기행렬 시스템

① 정의

    ㉠ 대기행렬(queue)이란 하나 혹은 그 이상의 서비스 제공자에게 서비스를 요구하며 기다리는 고객의 줄을 의미한다.

    ㉡ 과거에는 말 그대로 "줄"을 의미하였으나, 최근에는 기술의 발전에 따라 전화통화 대기 및 컴퓨터 서버상에서의 대기까지 확장되어 있다.

② 고객 대기관리를 위한 전략

    ㉠ 데이비드 마이스터의 서비스 법칙(Laws of Service)

- 첫 번째 법칙 : 만일 고객이 기대한 것보다 더 나은 서비스를 받으면 고객은 만족하게 되고 그 서비스는 하향침투 효과를 발생시킨다(하향침투 : 만족한 고객이 친구에게 그 좋은 서비스에 대해 말하는 것). 또한 불만족한 경우에는 같은 방식으로 악평을 퍼뜨릴 수도 있다
- 두 번째 법칙 : 첫인상이 나머지 서비스에 영향을 미친다. 따라서 최소한 대기하는 시간이 견딜만하고 더 나아가 즐겁고 생산적으로 만들기 위해 노력해야 한다.

    ㉡ 공허한 감정 제거

- 고객은 공허한 시간에 무기력 및 불만을 느끼게 된다.
- 대기시간을 만족스럽게 만들어 공허한 감정이 생기지 않도록 하는 것이다. 엘리베이터에 거울을 설치하여 이동시간에 옷차림을 점검할 수 있도록 하거나 대기 공간에 TV 등을 설치하여 지루하지 않게 하는 것이 주요 사례이다.

ⓒ 서비스의 시작 알리기

- 고객에게 서비스의 시작을 인지시킴으로써, 실제로는 기다리고 있지만 기다리고 있다는 느낌이 들지 않게 한다.
- 식사 대기고객에게 메뉴판을 주거나 진료 대기환자에게 진찰 기록지 등을 보여주는 것으로 서비스의 시작을 알림으로써 대기시간의 불만을 감소시킬 수 있다

ⓔ 대기시간/순서 안내

- 서비스 제공 시간에 대한 명확한 안내를 통하여 대기시간에 대한 고객의 걱정을 감소시켜야 한다. 불명확한 대기시간은 고객의 불안을 가중시켜 서비스 만족도 하락을 초래한다.
- 명확한 대기시간 안내가 불가능할 경우 대기순서 안내를 통하여 고객의 분노를 감소시킬 수 있으며, 공정한 대기행렬이 유지되고 있다는 이미지를 각인시킬 수 있다.

플러스 tip

서비스 대기관리의 기본 원칙

① 아무 일도 하지 않고 있는 시간이 뭔가를 하고 있을 때보다 더 길게 느껴진다.
　→ 견딜만하거나 즐겁고 생산적인 시간으로 여기게 함. 예 요리과정 구경
② 구매 전 대기가 구매 중 대기보다 더 길게 느껴진다.
　→ 대기 중에 미리 식사 메뉴판을 건네어 줌
③ 근심은 대기시간을 더 길게 느껴지게 한다.
　→ 대기 손님에게 관심을 가지고 있음을 표현
④ 무턱대고 기다릴 때가 얼마나 기다려야 하는지를 알고 기다리는 것보다 더 지루함
　→ 대기시간을 알려줌
⑤ 원인이 설명되지 않은 대기시간이 더 길게 느껴진다.
　→ 이유를 설명함
⑥ 불공정한 대기시간이 더 길게 느껴진다.
　→ 공정하게 대기가 관리되도록 함
⑦ 서비스가 더 가치 있을수록 사람들은 더 오랫동안 기다릴 것이다.
⑧ 혼자 기다리는 것이 더 길게 느껴진다.

---

③ **대기행렬 시스템의 기본 요소**

㉠ 고객 모집단

- 서비스 받기를 원하는 잠재고객이 고객 모집단으로 정의된다. 서비스의 종류 및 특성에 따라 몇몇의 하위 집단으로 구분된다.
- 각 고객군은 서로 다른 서비스를 요구하기도 하며, 대기시간에 대한 기대치 및 불만족도에서 상이한 결과치가 나타날 수 있다.

예 병원의 경우 고객 모집단은 외래진료환자, 입원환자, 응급환자 등이 있으며, 각 고객군별로 필요로 하는 서비스의 요구사항이 달라 대기시간에 대한 불만족의 수준도 다르다.

ⓛ 고객 도착 프로세스

- 서비스 이용을 희망하는 고객이 서비스 현장에 도착하는 분포의 문제이다.

- 이는 고객 서비스 수요의 변동성을 의미하게 되며, 서비스를 제공할 수 있는 능력 요건에도 영향을 미치게 된다.

- 즉, 고객의 도착 시간과 서비스 제공 시간이라는 변동성은 확률 분포의 형태로 정리하여 과학적으로 대응·대처하도록 한다.

플러스 tip

대기행렬 이론에서 사용되는 분포

포아송 분포	단위 시간 동안 어떤 이벤트가 일어나는 수. 즉, 서비스 제공 횟수, 고객 도착 수 등을 표현 **예** 한 시간 동안 방문한 고객 숫자는 30명이다. (도착률)
지수 분포	특정한 이벤트가 일어나는 시간의 간격. 즉, 서비스 시스템이 한 고객을 처리하는데 걸리는 시간, 고객이 도착하는 시간 간격 등을 표현 **예** 새로운 고객이 방문하는 시간의 간격은 2분이다. (도착 시간, 간격)

ⓒ 서비스채널

- 서비스 제공을 위한 시설이나 인력 구성 등을 의미한다.

- 고객의 요구를 처리하는 서비스 시스템의 용량은 서비스채널 혹은 서버의 숫자에 따라 변동되는 함수로 표현된다. 즉, 하나의 서비스채널이 한 번에 한 명의 고객 요구를 처리한다고 할 때 채널의 수가 많아지면 서비스 시스템의 처리 용량이 늘어나는 개념이다.

- 서비스채널의 구성에 따른 구분

분류	단일 단계 서비스 시스템	다중 단계 서비스 시스템
단일채널	고객 - 대기 - 서비스	고객 - 대기 - 서비스1 - 대기 - 서비스 2
다중채널	고객 - 대기 - 서비스 　　　　 - 서비스	고객 - 대기 - 서비스1 - 대기 - 서비스 2 　　　　 - 서비스1 - 대기 - 서비스 2

예 은행의 상담 창구 : 보편적으로 복수의 서비스채널을 보유하고 1회 서비스로 종료되므로 단일 단계 다중채널 서비스

예 대학병원의 서비스채널 구성 : 접수, 진료, 수납에 이르는 다중 단계 서비스이며, 보편적으로 접수·수납의 경우 복수의 서비스채널을 운영하므로 다중 단계 다중채널 서비스

㉣ 대기행렬의 우선순위 규칙

- 대기행렬 규칙은 서비스를 제공받는 순서를 결정하는 규칙이다.

정적규칙	선착순(FCFS : First Come, First Service) 규칙	먼저 온 고객이 먼저 서비스를 받는 규칙으로 가장 평등하다고 인식되는 일반적 규칙
	최단 작업시간(SPT : Shortest Processing Time) 규칙	• 짧은 처리시간이 소요되는 서비스를 먼저 처리함으로써 서비스 처리의 평균 시간을 최소화, 효율성을 높임 • 긴 처리시간을 갖는 작업이 지속적으로 뒤로 밀리게 되어 공정성이 저해되는 단점이 있음
동적규칙	우선권 부여규칙 (Preemptive Priority)	우선순위가 높은 고객 도착 시 먼저 서비스를 제공하는 것으로 서비스 시스템마다 어떤 것에 우선순위를 둘 것인가에 따라 달라짐. 예 위중한 환자의 우선 진료
	긴급률(Critical Ratio)	대기 중의 서비스 중 얼마나 급한 서비스인가, 혹은 서비스를 마무리해야 하는 마감 시한이 얼마나 남았는가에 따른 긴급률에 의해 우선순위를 부여하는 방법이다. ※ 긴급률=정적유휴시간/잔여처리시간=(만기시간−현재시점)/잔여처리시간

- 선착순(FCFS : First Come, First Service) 규칙 : 먼저 온 고객이 먼저 서비스를 받는 평등한 접근방식으로 일반적으로 활용된다.

- 최단 작업시간(SPT : Shortest Processing Time) 규칙 : 짧은 처리시간이 소요되는 서비스를 먼저 처리함으로써 서비스 처리의 평균 시간을 최소화하여 효율성을 높일 순 있으나, 긴 처리시간을 갖는 작업은 지속적으로 뒤로 밀리게 되어 공정성이 저해되는 단점이 있다.

- 우선권 부여규칙(Preemptive Priority) : 현재 어떤 서비스가 제공 중이라도 우선순위가 높은 고객이 도착 시 먼저 서비스를 제공하는 것으로, 서비스 시스템마다 어떤 것에 우선순위를 둘 것인가에 따라 달라진다.

예 병원에서 우선순위 부여 : 환자 질환의 위중 여부, 응급상황 등에 따른 서비스 제공

- 긴급률(Critical Ratio) : 대기 중의 서비스 중 얼마나 급한 서비스인가, 혹은 서비스를 마무리해야 하는 마감 시한이 얼마나 남았는가에 따른 긴급률에 의해 우선순위를 부여하는 방법이다.

ⓑ 대기행렬의 형성

- 대기행렬 형성은 대기행렬의 수, 위치, 필요 장소, 고객의 형태에 대한 영향 등을 지칭한다.
- 대기행렬의 수에 따라 복수 대기행렬, 단기 대기행렬, 고객순번 대기 이용 등으로 구분할 수 있다.

복수 대기행렬	• 제공되는 서비스를 대기행렬별 차별화 가능 • 제공되는 서비스 특성에 따른 효율적 인력 배치 가능 • 고객 선호에 따른 선택 가능
단기 대기행렬	• 오는 순서대로 서비스를 받는 FCFS 규칙을 모든 고객에게 적용 • 고객이 선택할 필요가 없어지며 고객의 포기 가능성이 적어짐
순번 대기 이용	• 번호표를 이용함으로써 고객이 줄을 설 필요성을 제거함 • 대기시간을 좀 더 자유롭게 활용 가능 • 순서를 놓치게 됨으로써 다른 불만을 야기할 가능성이 있음

2 대기행렬 모형

1) 기본 정의

① 대기행렬 모형 용어

ㄱ 대기행렬의 특성을 나타내는 기본 용어 (A/B/C : D/E/F로 표현함)

A	도착간격 시간 분포
B	서비스 시간 분포
C	서버(서비스채널)의 수
D	서비스 운영 규칙
E	서비스 시스템 내에서의 최대 허용 고객 수(서비스를 받고 있는 고객 + 대기고객)
F	고객 모집단의 총 크기

ㄴ 분포를 나타내는 A, B에 사용되는 기호

M	도착시간 간격(interarrival time)에서는 포아송, 서비스 시간 분포에서는 지수 분포를 의미
D	일정한 도착시간 간격 또는 서비스 시간으로 확정적인 경우

Ek	모수가 k인 Erlang 분포(k=1이면 지수분포, k=무한대이면 확정적 모형)
G	도착 분포나 서비스 시간 분포가 기타의 일반 분포인 경우

ⓒ 서비스 규칙을 나타내는 기호 D의 표시

FCFS	선입선출(first come first service)
LCFS	후입선출(last come first service)
SIRO	무작위 순서(service in random order)
GD	일반적 규칙(general discipline)
PRP	우선순위 규칙(priority rule)

– 여기서 FCFS, LCFS, SIRO는 일반적 규칙(GD)으로 포괄하여 나타내기도 함

플러스 tip

용어로 이해하는 대기행렬 모형 예시

예를 들어, (M/M/2) : (GD/N/∞)으로 표기된 대기행렬 모형은 다음과 같이 해석한다.
(A,B,C) : (D,E,F)로 이해함
– 도착빈도 분포 : 포아송분포 값
– 서비스 시간 분포 : 지수분포 값
– 서버의 수 : 서비스채널 2
– 서비스 순서 : 서비스 규칙은 일반적 규칙을 따름
– 시스템 내 고객의 수 : N명으로 제한
– 고객집단 : 무한

---

② **일시상태(Transient State)와 안정상태(Steady State)**

어떠한 서비스이던지 운영 초기에는 불안정한 일시상태가 되지만 시간이 흐름에 따라 점차 안정상태에 이르게 된다.

2) 분석적 대기행렬 모형

① **용어 정의 및 특성 관계**

㉠ 대기행렬 모형에 필요한 기호와 개념

α = 시스템 내 고객의 수

λ = [lamda] 평균 도착률(예 시간당 도착하는 고객 수)

μ = [mu] 서버당 평균 서비스율 λ μ

ρ = [rho] 가동률(λ/μ)

N = 시스템이 허용하는 최대 고객 수

c = 서버의 수

Pn = 시스템에 n명의 고객이 있을 확률

Ls = 시스템 내 평균 고객 수

Lq = 대기행렬 내 평균 고객 수

Lb = 혼잡시스템 상태의 대기행렬 내 평균 고객 수

Ws = 시스템에서 고객이 보내는 평균 시간

Wq = 대기행렬에서 고객이 보내는 평균 시간

Wb = 혼잡시스템 상태의 대기행렬에서 고객이 보내는 평균 시간

ⓛ 시스템 특성 사이의 다양한 관계

- 시스템 내 고객 수 : 시스템 내 기대고객 수는 대기행렬에 있는 고객 수에 서비스를 받는 고객 수를 더한 것과 같다. (Ls=Lq+ρ)

- 시스템에서 고객이 보내는 평균 시간 : 시스템에서 고객이 보내는 기대시간은 대기행렬에서 고객이 보내는 평균 시간에 서비스를 받는데 소요되는 기대시간을 더한 것과 같다. (Ws=Wq+1/μ(서비스율의 역수))

- 리틀의 법칙(Little's Law) : 시스템에 존재하는 고객의 수와 고객이 시스템 안에 머무르는 시간과의 관계를 보여주는 수식으로 "L = λW"의 형태로 대표되며, 서비스 시스템이 안정상태에 이르면 서비스 시스템에 존재하는 고객의 평균값은 서비스 시스템에 도착하는 고객의 평균값에 고객이 서비스 시스템에 머무르는 평균 시간을 곱한 값이 된다. (Ws=1/λ X Ls)

- 리틀의 법칙을 활용하면 대기행렬에서 고객이 보내는 평균 시간도 다음의 수식을 활용하여 산출이 가능하다. (Wq=1/λ X Lq)

② **무한고객 모형**

㉠ 단일채널 – 지수 분포를 따르는 서비스 시간의 대기행렬 모형

- 모형의 용어 표기 (M/M/1) : (FCFS/∞/∞)

- 고객의 도착은 포아송 분포, 서비스 시간은 지수 분포이며, 서버 또는 서비스 시설의 숫자는 하나, 서비스 규칙은 선착순으로 대기행렬의 허용 길이와 고객 집단이 무한하다.

– 대기 모형의 가장 일반적인 모형이다.

– 안정상태에서의 성과 분석

- 서비스율(이용률) : $\rho = \left(\dfrac{\lambda}{\mu} \right)$

- 시스템 내에 n고객이 있을 확률 : $P(n) = 1 - \left(\dfrac{\lambda}{\mu} \right) \left(\dfrac{\lambda}{\mu} \right)^n$, $n = 0, 1, 2 \cdots$

- 시스템 내의 평균 고객 수 : $L_s = \dfrac{\lambda}{(\mu - \lambda)}$

- 대기행렬 내의 평균 고객 수 : $L_q = \dfrac{\lambda^2}{[\mu(\mu - \lambda)]}$

- 시스템 내에서의 평균 소요시간 : $W_s = \dfrac{1}{(\mu - \lambda)}$

- 대기행렬 내에서의 평균 대기시간 : $W_q = \dfrac{\lambda^2}{[\mu(\mu - \lambda)]}$

ⓛ 다중채널 – 지수 분포를 따르는 서비스 시간의 대기행렬 모형

- 모형의 용어 표기 : (M/M/s) : (FCFS/∞/∞)로 서비스채널의 수가 단수가 아닌 복수 S로 표기된다.

- 다수의 서비스채널들이 모두 동일한 서비스 능력을 가지고 있다고 가정한 안정상태에서의 시스템 성과척도

$$\cdot P(0) = \dfrac{1}{\displaystyle\sum_{n=0}^{s-1} \dfrac{(\lambda/\mu)^n}{n!} + \dfrac{(\lambda/\mu)^s}{s!} \left(1 - \dfrac{\lambda}{s\mu} \right)^{-1}}$$

$$\cdot P(n) = \dfrac{(\lambda/\mu)^n}{n!} P(0), \quad 0 \leq n \leq s$$

$$= \dfrac{(\lambda/\mu)^n}{s!\, s^{n-s}} P(0), \quad n \geq s$$

$$\cdot L_q = P(0) \left(\dfrac{\lambda}{\mu} \right)^s \dfrac{\rho}{s!\,(1-p)^2} \qquad\qquad \cdot W_q = L_q/\lambda$$

$$\cdot W_s = W_q + \left(\dfrac{1}{\mu} \right) \qquad\qquad\qquad \cdot L_s = L_q + \left(\dfrac{\lambda}{\mu} \right)$$

ⓒ 단일채널이면서 서비스 시간이 일정한 경우의 대기행렬 모형

- 모형의 용어 표기 : (M/G/1) : (FCFS/∞/∞)로 서비스 시간이 일정하다.

- 서비스 시간이 일정하면 불확실성과 변동성이 줄어 대기관리가 보다 효율적으로 가능하다.

- 이런 경우 보편적으로 지수 분포의 서비스 시간을 보유한 모형에 비해 대기행렬에서 기다리는 고객의 평균 수와 시간을 절반으로 줄어드는 것으로 알려져 있다.

- 즉, 상기 단일채널 – 지수 분포 모형에서 서비스 시간에 적용한 Lq를 2로 나누어서 구할 수 있다.

$$\cdot P(0) = 1-p \qquad \cdot L_q = \frac{\lambda^2 \sigma^2 + p^2}{[2\,(1-p)]} \qquad \cdot L_s = p + L_q$$

$$\cdot W_q = \frac{L_q}{\lambda} \qquad \cdot W_s = W_q + \left(\frac{1}{\mu}\right)$$

ⓓ 시스템 내에 존재할 수 있는 고객의 수가 한정되어 있는 경우의 대기행렬 모형

- 모형의 용어 표기 (M/M/1) : (FCFS/N/∞) 모형

- 대기시스템 내에 존재할 수 있는 고객수가 N으로 제한되고 서비스채널의 수가 1이므로 대기행렬의 최대 허용길이는 N-1

- 시스템이 비어있을 확률

$$\cdot P(0) = \frac{1-\left(\frac{\lambda}{\mu}\right)}{1-\left(\frac{\lambda}{\mu}\right)^{n+1}}$$

- 시스템의 성과 척도

$$\cdot P(n) = P(0)\left(\frac{\lambda}{\mu}\right)^n, \quad n = 0, 1, \cdots\cdots, N$$

$$\cdot L_s = \frac{\left(\frac{\lambda}{\mu}\right)}{1-\left(\frac{\lambda}{\mu}\right)} - \frac{(N+1)\left(\frac{\lambda}{\mu}\right)^{n+1}}{1-\left(\frac{\lambda}{\mu}\right)^{n+1}}$$

$$\cdot L_q = L_s + P(0) - 1 \qquad \cdot W_q = \frac{L_q}{\lambda\,[1-P(N)]} \qquad \cdot W_s = W_q + \left(\frac{1}{\mu}\right)$$

– 만약 $\lambda = \mu$ 라면,

$$\cdot P(n) = \frac{1}{(N+1)}$$

③ 유한고객 모형

– 서비스를 받을 고객 대상이 한정되어 있는 경우로 이때 대기열의 길이는 고객 도착률과 종속적인 관계에 있게 된다. 즉, 이미 도착한 고객의 수가 많다거나 대기열이 길다는 의미는 앞으로 서비스를 받을 고객 수가 줄어든다는 것을 의미하기 때문이다.

– 다중채널의 경우 대기행렬 모델의 표기 : (M/M/s) : (FCFS/N/N)으로 표시

– 이 경우 시스템 성과 척도는

$$\cdot P(0) = \frac{1}{\left[\sum_{n=0}^{s-1} \frac{N!}{(N-n)!\,n!} \left(\frac{\lambda}{\mu} \right)^{n} + \sum_{n=s}^{N} \frac{N!}{(N-n)!\,s!\;s^{n-s}} \left(\frac{\lambda}{\mu} \right)^{n} \right]}$$

$$\cdot P(n) = \begin{cases} P(0)\dfrac{N!}{(N-n)!\,n!}\left(\dfrac{\lambda}{\mu} \right)^{n}, & 0 \leq n \leq s \\[2ex] P(0)\dfrac{N!}{(N-n)!\,s!\;s^{n-s}}\left(\dfrac{\lambda}{\mu} \right)^{n}, & s \leq n \leq N \\[2ex] 0, & n \leq N \end{cases}$$

$$\cdot L_s = \sum_{n=1}^{N} nP(n) \qquad\qquad \cdot W_s = \frac{L_s}{\lambda_e}\ , \ 여기서, \ 유효도착률 \ \lambda_e = \lambda(N - L_s)$$

$$\cdot W_q = W_s - \left(\frac{1}{\mu} \right) \qquad\qquad \cdot L_q = \lambda_e W_q$$

④ 대기행렬 모형 분석의 목적

ㄱ 가장 경제적인 서비스 시스템을 설계하기 위한 것이 궁극적인 목적이다.

ㄴ 채널의 수를 늘려 고객의 대기행렬을 줄이고 만족도를 높임과 동시에 더 많은 서비스를 공급할 수 있으나 그에 따른 투자비용 및 추가적인 인건비 등을 고려해야 하기 때문에 행렬 모형의 분석을 통해 가장 효과적인 방법을 찾아볼 수 있다.

ㄷ 결국 서비스 시스템 내에서 필요한 최적의 서비스 용량, 즉 서비스채널의 수를 찾아낼 수 있다.

보완적 대기관리 기법

① 예약을 활용하라.

고객이 예약하여 서비스를 이용한다면 대기에 대한 문제를 많이 줄일 수 있다.

② 커뮤니케이션을 활용하라.

고객과의 커뮤니케이션을 통해 다양한 대기관리 방법을 시행할 수 있다.

- 비수기에 인센티브를 제공할 수도 있다.
- 대기시간을 활용하거나 지루함을 줄이는 보완적 서비스를 개발할 수도 있다.
- 게시판 등을 통해 고객에게 현재 서비스 대기상태 및 서비스 수요상황을 미리 알려주어 고객들이 자연스럽게 혼잡성 등을 회피할 수 있도록 할 수 있다.
- 구체적인 예상 대기시간 등을 통보하여 대기시간의 지루함을 줄일 수도 있다.

③ 공정한 대기시스템을 구축하라.

대기에 대한 불만을 감소시키고 서비스에 대한 긍정적 기대감을 높이기 위해 대기시간을 받아들일 수 있도록 공정한 대기시스템이 필요하다.

Chapter 06 서비스 기대관리

서비스 기업이 제공하는 최상의 서비스 수준을 어떻게 결정할 것인가의 기준이 바로 고객의 서비스에 대한 기대이다. 이 기대가 높으면 서비스 구매가 활발할 수 있지만 기대를 충족하지 못한다면 고객 불만족의 원인이 될 것이다. 따라서 고객 기대를 체계적으로 이해하고 이를 주도적으로 관리하는 전략은 서비스 기업과 고객의 상호 만족을 위해 필요한 영역이 될 것이다.

1 서비스 기대에 대한 이해

1) 서비스 기대의 기본 개념

고객이 서비스를 평가하는 기준이 되는 것으로, 특정 서비스 성과에 대하여 소비자가 사전에 가지고 있는 인식을 의미한다.

2) 서비스 기대의 종류

① 기대의 종류

불분명한 기대	문제 해결에 대한 니즈를 가지고 있으나 문제의 원인에 대한 명확한 인식이 없는 막연한 기대
명시적 기대	고객이 명시적으로 확연히 드러내는 기대
암묵적 기대	외부로 표출하진 않으나 고객은 당연히 얻을 것으로 생각하고 있는 기대

② 서비스 기대 수준

  ㉠ 희망 서비스

    - 이상적 서비스와 유사한 개념으로 고객이 원하는 바람직한 서비스 수준을 의미한다.

    - 고객의 희망 수준은 일반적으로 큰 변동 없이 유지된다.

    - 영향 요소 : 서비스에 대한 고객의 개인적인 욕구와 지속적인 서비스 증강 인자

  ㉡ 적정 서비스

    - 고객의 기대에 100% 부합하지는 않으나, 불만 없이 받아들일 수 있는 수준으로 고객이 받아들일 수 있는 최하 수준의 서비스를 말한다.

    - 적정 서비스 기대수준은 동일 고객도 개인 및 사회환경 등에 따라 쉽게 변화된다.

    - 영향 요소 : 지각된 서비스 대안, 고객이 지각하는 서비스 역할, 상황요인, 예상 서비스, 일시적인 서비스 증강 인자 등 본질적으로 단기적인 특성을 지니므로 변화되기 쉽다.

  ㉢ 허용 영역

    - 고객의 바람을 충족시키는 최고 수준의 희망 서비스 수준과 고객이 수용할 수 있는 최하 수준의 서비스인 적정 서비스 사이의 영역을 의미한다.

    - 제공 서비스 수준이 적정 수준 이하에서 고객의 불만이 발생하며, 희망 서비스 수준 이상이라면 고객의 만족이 매우 커지게 된다.

    - 고객의 희망 수준은 고정적이나 적정 서비스 수준은 변동이 있어, 허용 영역은 가변적이다.

    - 고객이 서비스의 관여도가 높고, 서비스 실패 후 재서비스를 제공받거나 고객이 해당 서비스 관련 지식수준이 높을 경우 고객의 적정 서비스 기대 수준이 상향되어 허용 영역은 좁아지게 된다.

2. 서비스 기대 변동 요인

1) 고객 기대의 영향 요인

개인적 욕구	의식주의 생리적인 욕구부터 타인에게 인정받고자 하는 심리적 욕구, 사회에서 존경받고자 하는 자기존경의 욕구
경험	제공받게 될 서비스 혹은 비슷한 서비스 경험에 대한 기억
서비스 집단	혼자보다 타인과 함께 있는 경우 서비스에 대한 기대 수준이 상승하게 된다. 이는 타인으로부터 인정받고 싶어하는 기본적 욕구의 영향

소문	서비스 구매 전 타인의 의견 등으로 기대수준을 형성하게 됨. 특히 친구, 가족 등 신뢰할 수 있는 집단에게 전달받은 서비스 수준은 영향력이 큼
기타	서비스 구매 시 기분, 환경, 시간의 제약 등에 따라 기대수준이 변화한다.

2) 기업 요인

대안	해당 서비스에 대하여 다양한 대안이 존재할 경우, 경쟁적 대안에 대한 대조효과를 통하여 서비스 기대에 영향을 미치게 된다. 경쟁 또는 유사 서비스로부터 일정 수준의 서비스를 제공받을 수 있는 경우, 고객은 해당 서비스에 대하여 동급 또는 그 이상의 수준을 기대하게 된다.
프로모션	광고, 마케팅 등을 통하여 서비스 기업은 잠재고객에게 특정 수준의 서비스 제공을 홍보하게 되며, 노출고객은 일정 수준의 서비스를 기대하게 된다.
이미지	호감 가는 기업 이미지를 보유한 서비스 기업의 경우, 해당 서비스를 이용하는 고객의 기대 수준은 증가하게 된다. 매우 좋은 이미지를 보유한 기업의 서비스를 이용하는 고객은 희망 서비스 수준의 서비스를 기대하게 된다.
대기시간	기본적으로 서비스 이용고객은 긴 대기시간에 대한 보상으로 높은 수준의 서비스를 기대하게 된다.

3 　서비스 기대관리

1) 기대수준 관리 필요성

높은 기대수준은 초기 구매를 촉진하나 구매 후 불만족을 야기하게 되며, 낮은 기대수준은 경쟁기업으로의 이탈을 초래하게 된다. 따라서 서비스에 대한 고객의 기대수준을 높일 것인지 낮출 것인지는 서비스 기업에서 중요한 요소이다.

2) 통제 가능 여부에 따른 기대관리

고객의 서비스에 대한 기대는 통제 가능 여부에 따라 다음과 같이 관리할 수 있다.

① 통제 가능 항목

고객의 서비스 기대수준에 영향을 끼치는 사항이 통제 가능한 부분인 경우, 내부적인 조정을 통하여 관리할 수 있다.

명시적 약속	추상적인 내용보다는 제공되는 서비스 내용에 대하여 명확하게 명시하고, 서비스 보증제 등을 통하여 약속을 공식화 하는 것이 필요하다.
암시적 약속	서비스를 제공하는 건물의 외형이나 내부 인테리어, 서비스 제공 종업원의 복장 등으로 통하여 고객에게 제공받을 서비스에 대한 내용을 묵시적으로 전달할 수 있다.

② 통제 불가능 항목

경쟁사의 가격, 고객의 취향 등은 통제가 불가능한 항목이므로 해당 항목들을 이해하여 기대 관리에 반영하는 것이 필요하다.

지속적인 서비스 증가 항목 및 고객의 경험	고객의 기대수준 파악을 위한 시장조사를 실시하여 서비스 이용 고객의 정보를 조사하고 서비스 설계에 반영한다.
개인적 요구	서비스 기업에서 제공하는 서비스가 고객의 욕구를 반영할 수 있는 방향으로 서비스 이용 고객을 교육하는 것이 필요하다.
서비스 대안	서비스 기업에서 제공 중인 서비스에 관련하여 고객이 이용할 수 있는 대안을 파악하고 대응할 수 있는 방안에 대한 모색이 필요하다.
Word of Mouth	오피니언 리더를 파악하고 그들을 적극 활용할 수 있는 마케팅 방안을 수립한다.
예상 서비스	현재 제공된 서비스가 고객의 기대수준보다 높을 경우, 그 원인에 대하여 고객에게 인지시킴으로써 고객이 미래에 제공받게 될 서비스에 대한 기대수준이 과도하게 높아지지 않도록 충분한 설명을 한다.

3) 고객 기대의 특징별 기대관리

① 비현실적인 기대수준 보유 시

서비스 기업은 제공하는 서비스에 대한 현황을 상세하게 고객에게 설명하거나 경쟁사에서 제공하는 유사 서비스에 대한 설명을 함으로써 과도한 기대를 갖는 고객의 기대수준을 관리할 수 있다.

② 고객의 기대수준을 능가하기 위한 방법

고객의 기대수준 이상의 서비스를 제공하기 위하여 고객의 서비스 이용내역 등을 관리하고 분석함으로써 고객이 말하기 전에 먼저 해당 서비스를 제공하는 등의 방법이 필요하다.

③ 경쟁사 존재 시

압도적 기술력이나 특허권 등에 의하여 보호받는 경우가 아니라면, 서비스 기업은 고객 만족 증대 및 경쟁력 강화를 위하여 지속적으로 고객의 기대수준을 충족시키기 위하여 노력해야 한다.

④ 고객의 기대수준이 서비스 제공 수준과 상이할 경우

고객의 기대수준이 서비스 기업이 제공하는 서비스 수준보다 높거나 낮을 경우, 고객의 기대수준을 조정하는 것이 필요하다. 이때는 고객에게 서비스 제공 수준을 선택할 수 있는 선택권을 주거나 제공하는 서비스를 서비스 수준에 따라 단계별로 제공할 수 있다.

핵심 Key Word로 이해하기

- **서비스 수요의 특징** : 무형성, 동시소비성, 변동성

- **서비스 수요 예측의 의의** : 수요가 공급능력을 초과하면 서비스 품질이 저하되고, 공급이 수요를 초과하면 손실이 발생하게 된다.

- **서비스 수요 예측의 목적** : 단기간의 서비스 수량 및 제공 시간대 예측, 중기적 수요 변동 측면에서는 서비스 제공 인력 및 능력 계획을 수립, 장기적으로는 서비스 형태의 변경 및 추가 투자 여부 등을 계획하는 목적

- **정성적(주관적) 수요 예측** : 데이터가 부족하거나 불확실한 요인이 많은 장기간 예측을 위한 수요 예측 기법(델파이법, 명목집단기법, 시장조사, 상호영향 분석, 역사적 유추법)

- **정량적 서비스 수요 예측** : 과거 데이터를 기반으로 미래 수요를 예측하는 시계열 예측. 주로 단기적 예측에 활용되며 계산이 편리하다는 장점(이동평균법, 지수평활법, 회귀분석)

- **이동평균법** : 기간별 평균을 계산하여 경향치를 구하며 계산하는 기간의 길이에 따라 예측치의 민감도가 변경됨(짧으면 최신 정보 예측 민감도가 올라감. 길면 반대)

- **지수평활법** : 이동평균법과 달리 최근 자료에 더 많은 가중치를 두고 수요를 예측한다.

- **수요 분할 전략** : 가격 인센티브 제공, 비수기 수요의 촉진, 보완적 서비스 개발

- **초과 예약 전략** : 예약 후 나타나지 않는 고객(no show)으로 인해 발생되는 기업의 손실을 예방하기 위해 서비스 공급능력보다 더 많은 예약을 받는 서비스 수요관리 전략

- **서비스 능력** : 서비스 기업의 최대 산출량. 인적자원, 설비, 시간, 고객 참여, 대안 등으로 구성

- **서비스 능력관리 방법** : 최적 서비스 능력 수준의 설정, 규모의 경제, 범위의 경제

- **공급관리 기본 전략** : 평준화 전략(수요가 안정적이거나 예측 가능한 경우), 적응전략(수요 예측이 어렵거나 변동이 심한 경우. 수요 추구형 전략. 수요 증대에 따라 유연하게 공급능력을 관리), 혼합전략(평준화와 적응전략을 혼용)

- **공급관리 전략 실행 :** 작업 일정 조정, 1일 교대 근무 일정, 고객 참여 증대, 서비스 능력 조절, 서비스 능력 공유, 종업원 교차 훈련, 임시 인력 투입, 자동화

- **가격관리 고려사항 :** 서비스 가격에 따른 고객 반응, 서비스 질에 대한 대표성 판단, 서비스의 비금전적 요소에 대한 원가

- **가격 차별화 전략 :** 세분시장의 성격에 따라 가격을 달리 정하는 전략으로 시간별, 구매자별, 서비스 가치별, 판매 단위별로 가격 차별화를 시행할 수 있다.

- **서비스 수율관리의 적합성 :** 시장 세분화 가능성, 사전 판매 가능성, 수요의 변동성, 재고의 소멸성, 높은 한계 서비스 능력 변동비용, 낮은 한계 판매비용

- **서비스 수율관리 기본 방향 :** 제공, 일치, 영향력의 행사, 통제

- **서비스 수율관리 시스템 주요 요소 :** 가격 결정, 고객별 서비스 능력 배분, 초과 예약

- **고객 대기관리 전략 :** 데이비드 마이스터의 서비스 법칙, 공허한 감정 제거, 서비스 시작 알리기, 대기시간과 순서 안내

- **대기행렬 시스템의 기본 요소 :** 고객 모집단, 고객 도착 프로세스, 서비스채널, 대기행렬의 우선순위 규칙, 대기행렬의 형성

- **서비스 기대 수준 :** 희망 서비스, 적정 서비스, 허용 영역

- **서비스 기대관리 :** 통제 가능한 경우 명시적, 암시적 약속으로 관리. 통제 불가능한 항목에서는 서비스 증가 항목과 고객 경험, 개인적 욕구, 서비스 대안, 오피니언 리더, 예상 서비스 등을 반영하여 관리한다.

사례형, 통합형 문제 대비하기

- 서비스 수요와 공급의 특성을 이해하고 수요를 예측하고 서비스 생산 능력을 측정하기 위해 고려해야 하는 주요 사항들을 확인하는 질문

- 특정한 서비스 상황에서 서비스 수요 및 공급을 관리하기 위한 적절한 전략을 판단할 수 있는가를 질문하며 동시에 제시된 다양한 전략의 개념 이해 정도를 평가함

- 서비스 상황에서의 서비스 가격 결정 방법 및 전략을 제시하고 서비스 현장에 어떤 영향을 미치는지 이해하고 있는가를 질문

- 서비스 현장에서의 고객 대기 상황을 제시하고 적절한 대기관리 방법을 질문하거나 대기 시스템을 구성하는 주요 요인들을 이해하고 있는가를 확인함

- 서비스 상황에서 고객의 기대에 영향을 미치고 있는 요인들을 확인하는 질문

- 다양한 상황에서 고객의 기대를 관리할 수 있는 다양한 방법들을 제시하고 적절성 여부를 판단할 수 있는가에 대한 질문

≫ 실력 평가 문제

01~24 선다형

01 다음은 서비스 수요의 특징 중 어떤 면을 표현한 것인가?

> – 하나의 상품이 아닌 하나 또는 복합된 행위들로 구성되어 있다.
> – 고객과 직원, 그리고 사용되는 제품 및 서비스 제공자 시스템 간의 상호작용 속에서 고객의 문제를 해결하는 솔루션 형태로 제공된다.

① 무형성　　　　　　　　　② 동시소비성
③ 탄력성　　　　　　　　　④ 과잉공급
⑤ 가격 계열화

02 다음은 서비스 수요의 특징 중 어떤 면을 표현한 것인가?

> 서비스는 공급과 동시에 소비되는 특성을 지니고 있다.

① 무형성　　　　　　　　　② 동시소비성
③ 탄력성　　　　　　　　　④ 과잉공급
⑤ 가격 계열화

03 장·단기 서비스 수요 예측의 목적 및 특징을 설명하고 있다. 잘못된 것은?

① 장기 측면 수요 예측은 1년 이상의 장기 예측을 의미한다.
② 장기 예측은 정확도가 떨어짐에 따라 개별 서비스 등 세부적인 항목 예측에 적합하다.
③ 중기 예측은 경기변동 등에 따라 중기간(3개월~1년)의 수요 변동 예측을 목적으로 한다.
④ 중기 예측은 상대적으로 높은 수준의 정확도를 유지해야 하므로, 인과관계를 이용한 수요예측 기법이 주로 활용된다.
⑤ 단기 예측은 3개월 이내의 수요를 예측하는 것으로 추세분석이나 계절성 등을 고려한 시계열 분석 등을 활용한다.

해설 ② 장기 예측은 정확도가 떨어짐에 따라 개별 서비스나 세부 항목보다는 전반적인 시장상황 등에 대한 거시적인 예측에 주로 활용한다.

04 다음 중 서비스 수요를 예측하거나 관리하는 것에 대한 설명 중 올바른 것은? (기출)

① 시간 경과에 대한 기준을 이용하여 서비스 수요를 파악하는 것이 좋다.

② 가급적 넓은 범위의 시장규모를 단위로 활용하여 수요를 확인하는 것이 좋다.

③ 날씨와 환경 등은 제품 수요에 비해 서비스 수요에는 영향을 미치지 않는다.

④ 동일 시간을 기준으로 할 때 서비스 수요는 제품 수요에 비해 변화의 폭이 적다.

⑤ 고객의 나이에 따른 특성은 거의 모든 시장에서 서비스 수요 예측을 위한 중요 변수가 된다.

해설 서비스는 시간단위에 따른 변화가 크게 발생하기 때문에 가급적 시간 경과의 세분화된 단위에 따라 수요를 예측하고 관리하는 것이 좋다.

05 시계열 서비스 수요 예측 방법 중 잘못 설명한 것은?

① 과거의 수요 형태가 미래에도 일정한 형태를 가지고 반영된다는 전제 하에 과거 데이터를 기반으로 미래 수요를 예측하는 방법이다.

② 시계열 수요 예측은 과거 수요 데이터에 기반하기 때문에 중 · 장기적 예측에 활용된다.

③ 이동평균법은 평균의 계산기간을 순차로 한 개 항씩 이동시켜 가면서 기간별 평균을 계산하여 경향치를 구하는 방법이다.

④ 이동평균을 구하는 기간을 짧게 하면 최근의 정보를 반영하게 되므로 예측치의 민감도가 증가된다.

⑤ 지수평활법이란 최근의 자료에 더 많은 가중치를 두고 수요를 예측하는 방법이다.

해설 시계열 수요 예측은 과거 데이터를 기반으로 단기적 수요 예측에 적합하며, 계산의 편의성 등에 따라 수요 예측에 많이 활용되고 있다.

06 다음은 어떤 수요 분할전략을 의미하는가?

> 대기고객을 대상으로 하는 서비스를 개발하거나 기존의 수요 주기와 상반되는 수요 주기를 가지고 있는 서비스를 개발하여 시장 확대를 추구하는 전략이다.

① 보완적 서비스 개발 전략　　　　② 비수기 수요 촉진 전략

③ 초과 예약 전략　　　　　　　　④ 가격 인센티브 제공 전략

⑤ 묶음 판매 전략

해설 대기고객 대상 서비스 혹은 신규 서비스 개발을 통해 서비스의 새로운 수요를 창출함으로써 수요를 분할하는 전략이다.

Answer　　1. ①　　2. ②　　3. ②　　4. ①　　5. ②　　6. ①

07 서비스 수요 변동의 특징 중 잘못 설명한 것은?

① 서비스 수요 변동은 기업 내부의 의사결정 요인과는 무관하며 기업의 외부적 요인에서 발생하게 된다고 볼 수 있다.

② 추세변동은 장기간에 걸쳐 상승하거나 하락하는 등 한쪽 방향으로 지속적인 추세를 나타내는 것을 의미한다.

③ 주기변동이란 경기변동 등의 영향에 따라 장기적으로 서비스 수요의 증가와 감소가 반복되는 형태이다.

④ 계절변동이란 일정한 주기에 따라 서비스 수요의 증가와 감소되는 것은 주기변동과 유사하나, 변동의 원인이 날씨 등 계절적 요인 등에 의하여 짧은 주기로 변동되는 것을 의미한다.

⑤ 임의변동은 전쟁이나 천재지변 등에 의하여 발생하는 수요 변동으로 미리 예상하거나 통제할 수 없는 사건으로 단기간에 급격히 변화하는 수요 변동이다.

해설 수요 변동은 서비스 기업 내부의 의사결정이 영향을 미쳐 발생하기도 한다.

08 서비스 공급관리 전략 중 잘못 설명된 것은?

① 수요가 안정적이거나 예측 가능한 경우 수요의 평균을 기반으로 해당 서비스의 공급량을 결정하는 것이 평준화 전략이다.

② 수요의 예측이 불가능하거나 변동이 심할 경우 수요에 의존하여 공급량을 결정하는 적응전략을 활용한다.

③ 서비스의 수요를 예측하는 것은 매우 어려우므로 서비스 기업에서는 대부분 평준화 전략을 활용한다.

④ 서비스 수요가 공급능력을 초과할 경우 시간제, 임시직 등 임시 외부인력 및 유휴인력을 투입하여 생산능력을 증가시킬 수 있다.

⑤ 서비스 기업은 많은 고정 투자를 필요로 하나, 항공사 등에서 승강구나 육상근무자를 공유하는 것처럼 서비스 능력을 공유함으로써 효율을 증대시킬 수 있다.

해설 서비스 산업 특성상 수요에 대한 의존도가 매우 높은 편이므로 대부분 적응전략을 활용한다.

09 다음은 서비스 능력관리 중 무엇에 관한 설명인가?

> 다양한 종류의 서비스를 낮은 가격에 신속하게 제공함으로써 얻을 수 있는 원가절감 및 다양성의 획득방법

① 규모의 경제
② 범위의 경제
③ 최적 서비스 능력 수준
④ 서비스 생산능력
⑤ 생산능력 이용률

해설 ① 규모의 경제 : 고정비를 분산시킴으로써 평균 원가를 낮추는 전략
③ 최적 서비스 능력 수준 : 서비스가 제공하는 평균 단위 비용을 최소화시키는 공급능력 수준
④ 서비스 생산능력 : 해당 서비스를 생산하는 능력치로 일반적으로 투입단위로 측정
⑤ 생산능력 이용률 : 서비스 가용능력과 실제 이용된 공급량의 비율

10 수율관리의 적합성에 대한 설명으로 가장 적합하지 않은 것은? (기출)

① 서비스 공급이 제한되어 일정 수준 이상의 서비스 수요가 발생되면, 공급량 이상의 수요에 대해서는 포기해야 하는 상황에서 수율관리 적합성은 낮아진다.
② 고객의 서비스 수요에 대한 변동성이 높아서 성수기와 비수기의 구분이 명확하고 계절적인 수요가 발생하는 상황에서 수율관리의 적합성은 높아진다.
③ 사전판매 혹은 선불판매를 할 수 있는 상황에서 수율관리의 적합성은 높아지게 된다.
④ 가용능력 변경 비용은 높고 한계 판매비용은 낮은 상황에서 수율관리 적합성은 높아진다.
⑤ 서비스판매가 이루어지지 못하면 서비스 가용능력이 소멸되는 경우에 수율관리가 더 적합하다.

해설 서비스에서 수율(yield)관리는 가용능력이 제한된 서비스에서 수요-공급의 관리를 통해 수익을 극대화 하는 것을 말한다.
① 가용능력 변경 비용은 높고 한계 판매비용은 낮은 상황. 서비스 가용능력을 변경하는 비용이 높아서 수요의 변동에 맞추어 서비스공급 능력을 쉽게 조절할 수 없는 경우, 즉 서비스 공급이 제한되어 일정 수준 이상의 서비스 수요가 발생되면 공급량 이상의 수요에 대해서는 포기해야 하는 상황에서 수율관리의 적합성은 높아진다.

Answer　7. ①　8. ③　9. ②　10. ①

11 다음 중 서비스 가격의 결정 요인이 아닌 것은?

① 서비스 생산량 ② 경쟁기업의 가격

③ 가격 및 가치에 대한 고객의 인지 ④ 가격 탄력성

⑤ 소득 탄력성

해설 서비스 가격은 최종 생산물을 기준으로 하는 것이 아니라 투입되는 것을 기준으로 정해지며, 원가의 추정이 상대적으로 어려워 다양한 요인이 복합적으로 작용된다.

12 서비스 가격에 대한 설명 중 잘못된 것은?

① 소비자가 서비스를 이용함으로써 얻게 되는 혜택에 대한 대가가 가격이다.

② 서비스 기업은 서비스 가격 조정을 통하여 서비스 수요를 조정할 수 있으나, 관리가 어렵고 고객 반응 속도가 늦은 편이므로 신중한 접근이 요구된다.

③ 준거가격이란 고객이 서비스 가격 판단 시 기준으로 삼는 가격으로 공정가격, 최근 지불가격 등이 있다.

④ 고객은 일반적으로 고가의 서비스가 높은 서비스 품질을 나타낸다고 생각하는 경향이 있으나 과거에 비해서는 가격의 영향력이 줄어들고 있다.

⑤ 서비스의 비금전적 요소에는 시간, 물리적 노력, 감각적 원가 등을 포함하며, 이는 서비스 구매에 주요한 역할을 담당하게 된다.

해설 서비스 가격은 가장 쉽게 변화시킬 수 있으며, 변화에 따른 고객의 반응속도도 가장 빠른 편이다.

13 서비스 기대 수준을 관리하기 위한 방법이다. 거리가 먼 것은?

① 서비스 기업은 제공되는 서비스 내용을 명확하게 명시하고 서비스 보증제 등을 통해 약속을 공식화함으로써 서비스 기대를 관리할 수 있다.

② 서비스를 제공하는 건물 외형, 인테리어 등을 통해서도 고객에게 제공할 서비스 내용을 묵시적으로 전달하여 서비스 기대를 관리할 수 있다.

③ 고객의 취향을 통제하는 것은 불가능하지만 시장조사 등을 통해 고객의 기대 수준을 파악하여 이를 서비스에 반영하거나 제공되는 서비스가 고객의 욕구를 반영하고 있음을 꾸준히 알리는 것은 가능하다.

④ 실제 제공되는 서비스보다 고객 기대가 높을 경우에는 그 원인을 고객에게 인지시켜 기대 수준이 높아지지 않도록 충분히 설명하여 고객 기대를 관리할 수도 있다.

⑤ 기대 수준이 낮으면 경쟁 기업으로의 이탈이 발생할 수 있으므로 고객 기대 수준을 높여 초기 구매를 촉진하는 것이 가장 효과적인 서비스 기대 수준 관리방법이다.

해설 높은 기대 수준은 초기 구매를 촉진하지만 구매 후 불만족을 야기하므로 서비스에 대한 고객의 기대 수준을 높일지 낮출 것인지는 서비스 기업의 중요한 판단 요소이다.

14 고객 대기관리를 위한 전략으로 가장 옳지 않은 것은?

① 최소한 대기하는 시간이 견딜만하고 즐겁거나 생산적인 과정으로 만들어야 한다.

② 고객의 공허한 감정이 생기지 않도록 대기시간을 만족스럽게 만들어야 한다.

③ 고객에게 서비스의 시작을 알림으로써 실제로는 서비스를 기다리고 있어도 서비스가 시작되었다고 느끼게 하는 것으로 고객의 불만을 감소시킬 수 있다.

④ 서비스 제공 시간에 대한 안내를 명확히 하여 고객의 걱정을 감소시킨다.

⑤ 명확한 대기시간 안내가 불가능할 경우 고객의 분노나 걱정을 감소시키기 위해 곧 서비스가 제공될 수 있다고 안내하여 안심시킨다.

해설 무턱대고 기다리거나 설명되지 않는 대기시간은 더 길게 느껴지므로 공정한 대기행렬이 유지되고 있으며, 고객의 서비스 제공순서를 안내함으로써 고객 불만을 감소시킨다.

15 서비스 대기행렬 이론과 관련된 설명으로 가장 옳지 않은 것은? (기출)

① 대기는 '고객이 도착하는 간격'과 '서비스에 걸리는 시간'이 불확실한 것에 의해서도 발생될 수 있다.

② 대기시스템에서 발생하는 총비용을 최소화하는 서비스 용량의 수준을 찾는 것이 대기행렬이론의 목적이다.

③ 대기행렬이론에서는 서비스 시스템이 한 고객을 처리하는데 걸리는 서비스 시간은 포아송 분포를 따른다고 가정한다.

④ 고객 대기 비용(간접 비용)은 서비스를 받기 위해 대기하는 장소 등의 관리비도 포함된다.

⑤ 서비스를 처리하는 우선순위 규칙 중 FCFS의 장점은 단순성과 공정성에 있다.

해설 ③ 대기행렬이론에서는 서비스 시스템이 한 고객을 처리하는데 걸리는 서비스 시간은 지수 분포를 따른다고 가정한다.

16 서비스 수요 예측이 부정확 할 경우, 단기적으로 시설 및 인력에 대한 투자비용에서 손해가 발생하며, 장기적으로 고객만족도 하락 및 잠재 유입가능 고객의 유치 실패에 따른 수익 감소가 발생한다. (① O, ② X)

> **해설** 부정확한 수요 예측 시, 단기적으로 고객만족도 하락 및 잠재고객 유출이 발생하며, 장기적으로 시설 및 인력 투자비용에서 손해가 발생하게 된다.

17 서비스 수요와 공급의 불일치 조절을 위하여 파트타임 종업원을 추가로 고용하는 것은 성수기 공급증대 전략에 해당한다. (① O, ② X) (기출)

> **해설** 성수기, 비수기에 수요, 공급조정 전략 중 파트타임 종업원 추가 고용은 성수기 공급증대 전략에 해당한다.

18 대기행렬 모형 분석의 목적은 서비스 시스템 내에서 필요한 최적의 서비스 용량, 즉 서비스채널의 수를 찾아 궁극적으로는 가장 경제적인 서비스 시스템을 설계하기 위해서이다. (① O, ② X)

> **해설** 고객 대기를 줄이기 위해 채널의 수를 늘릴 것인가를 판단하기 위해 모형의 분석으로 가장 효과적인 방법을 찾을 수 있다.

※ 다음의 용어를 잘 설명하고 있는 내용과 연결하라.

① 준거가격 전략	② 가격 계열화	③ 비선형 가격 전략
④ 묶음가격 전략	⑤ 가격 차별화	

19 서비스를 등급별로 차등화 하여 각 서비스 계열에 여러 종류의 가격대를 설정하는 전략으로 심리적 가격 전략에 해당한다. (　　　)

> **해설** 심리적 가격 전략으로, 그 밖에 단수가격 결정, 위신가격 설정, 유도가격 등이 있다.

20 구매량에 따라 가격을 달리하여 고객이 가격에 따라 서비스 구매량을 결정하는 상황에서 사용하는 가격전략이다. (　　　)

해설 일시 방문고객을 단골고객으로 유도할 수 있는 효과가 있으며, 구매량이 가격을 결정하게 하는 전략이다.

21 고가 서비스 옆에 주력 서비스를 제시하는 등 고객이 참고로 하는 기준이 되는 가격을 통해 가격에 대한 이미지를 제시하는 전략이다. (　　　)

해설 특정 서비스를 구매할 때 마음속에 가지고 있는 참고가 되는 준거가격을 이용하는 전략이다.

22~23 　사례형

22 다음은 신문 기사 중 일부이다. 다음 기사에 관한 내용 중 가장 옳지 못한 것은? (기출)

> 〈2014년 3월 P신문 기사 중 일부〉
>
> 항공권은 같은 날 같은 비행기에 나란히 앉아 같은 목적지에 가더라도 옆자리에 앉은 사람과 가격 차이가 날 수 있다. 어떤 조건의 항공권을, 언제 예매했느냐에 따라 요금이 달라지는 것이다. 항공권 예약을 일찍할수록 요금은 더 저렴해진다. 항공사들은 선 구매를 조건으로 항공권을 할인해주는 '조기 발권(Early Bird)' 서비스를 상시화하고 있다.

① 기사 내용과 같은 항공사의 정책은 성수기, 비수기 등의 수요의 변동성이 높은 경우에 보다 적합성이 있다.

② 항공사들은 기사 내용의 정책 등을 통하여 가용능력이 제한된 서비스에서 관리를 통하여 수익의 극대화를 추구한다.

③ 수요에 따라 항공기의 좌석을 바로 늘릴 수 없는 특징은 기사 내용의 항공사 정책의 적합성을 낮추는 요인이 된다.

④ 기사와 같은 항공사의 정책이 가능한 것은 고객의 욕구, 가격 지불 의도 등에 따라 몇 개의 세분시장으로 구분 가능성이 있기 때문이다.

⑤ 매번 항공기 좌석을 100% 채워서 운행할 수는 없는데, 이러한 빈 좌석은 소멸된다는 특성이 기사 내용의 항공사 정책의 적합성을 높인다.

해설 기사의 내용은 항공사의 정책 중 수율관리에 관한 내용에 해당한다.
⑤ 가용능력 변경비용은 높고, 한계 판매비용은 낮은 상황의 경우, 즉 서비스 공급이 제한되어 일정 수준 이상의 서비스 수요가 발생되면 공급량 이상의 수요에 대해서는 포기해야 하는 상황에서 수율관리의 적합성은 높아진다.

Answer　16. ②　17. ①　18. ①　19. ②　20. ③　21. ①　22. ⑤

23 다음은 신규 서비스 수요 예측과 관련하여 A회사에서 적용한 방법이다. 이 수요 예측 기법은 무엇에 해당하는가? (기출)

> A회사는 신규로 고객들에게 제공할 IT서비스와 관련하여 수요를 예측하기 위해 다음과 같은 방법을 사용하였다.
> 먼저, 해당 IT서비스와 관련된 교수, 마케팅 전문가 등 위원들을 선정하여 그들에게 설문조사를 통하여 의견을 제시하도록 하였다. 이후, 각자의 설문지에 나타난 개인 응답내용을 전체적으로 수집, 요약하여 통계적으로 분석 후 이를 다시 기존 위원들에게 반송하고, 위원들은 자신의 의견과 평균치를 비교하여 수정하거나 자신의 의견을 고수한 채로 설문지를 다시 제출하였다. 이러한 절차를 몇 번 반복하여 어느 정도의 일치된 의견으로 수렴한 결과를 사용하였다.

① 지명집단 기법　　　　　　　　　② 이동평균법
③ 시장조사법　　　　　　　　　　④ 델파이 기법
⑤ 지수평활법

해설 A회사가 적용한 기법은 델파이 기법에 해당한다.

24~25 **통합형**

※ 시내의 유명 쇼핑센터 내에 위치한 푸드코트 매장에서 일어나는 광경이다.

> 쇼핑센터 내 마땅한 식당이 많지 않고 주변 상가도 활성화되지 않아 인기가 많은 푸드코트이다. 가장 붐비는 시간은 주말이며 특히 점심, 저녁 시간이 가장 고객이 많이 몰리지만 그 외 시간에도 빈자리가 많지 않을 정도로 인기가 있다. 평일에도 주변 직장인들의 식사시간에는 대기시간이 생길 정도이다.
> 대기시간이 길어 주문을 해야 하는 곳과 식사를 제공받는 곳 앞에는 항상 긴 줄이 생기고 그래서 주변에서 식사하는 손님들은 더 좁은 공간에서 식사를 하는 불편을 겪기도 한다.
> 푸드코트 주변에는 야외 테이블이 있어 손님이 많을 때는 야외 테이블에서 식사하는 손님이 있지만 그릇을 가지고 나가는 것을 꺼리는 손님들은 내부에서 빈자리가 날 때까지 기다리는 경우가 많다.
> 주변 상권이 활성화되기 전까지는 당분간 이 푸드코트가 붐비는 것은 어쩔 수 없을 것으로 보인다.

24 상기 푸드코트의 서비스 수요, 공급의 상황을 설명한 것 중 거리가 먼 것은?

① 서비스 수요가 적정 공급을 초과하는 것으로 보여 현재 고객 이탈이 즉각 일어나지는 않지만 서비스 품질 하락이 야기될 가능성이 높다.

② 고객 대기행렬 관리에 대한 특별한 조치가 이루어지지 않고 있다.

③ 서비스 수요의 변동 주기를 예측하기 쉬운 상태로, 변동 주기별 적절한 서비스 공급 계획을 수립할 수 있을 것으로 보인다.

④ 주변 상권의 활성화는 서비스 제공 능력을 확대하기 위한 투자를 주저하게 만드는 요인일 것이다.

⑤ 서비스 수요를 관리하기 위한 다양한 전략을 구사함과 동시에 서비스 공급관리 전략을 실행하고 있는 것으로 보인다.

(해설) 수요가 적정 공급 수준을 초과하고 있으며, 이에 대한 적절한 전략 구사가 필요한 상태로 이해할 수 있다.

25 상기 푸드코트의 서비스 품질 및 수익 향상을 위한 전략 중 적절치 않은 것은?

① 서비스 수요를 분할하기 위해 평일 점심시간 이전, 이후 약 30분 시간대 방문고객에게 음료수 무료 제공 서비스를 실시한다.

② 서비스 수요를 분할하기 위해 전체 서비스 제공 시간을 늘려 개점 및 폐점 시간을 늘린다.

③ 서비스 능력을 유연하게 확대하기 위해 야외 테이블을 이용하는 고객을 위해 식사 제공을 간단한 포장용기로 선택할 수 있도록 한다.

④ 대기행렬을 관리하기 위해 순번 표시제를 실시하고 대기 환경을 보다 쾌적하게 재설계 한다.

⑤ 테이크아웃 고객을 위한 평일 예약제도를 실시하여 바쁜 시간대의 서비스 공급 능력을 효과적으로 운영할 수 있도록 한다.

(해설) 서비스 공급관리 측면에서 서비스 시간을 늘리는 것을 선택할 수 있으나 상기 상황에서는 점심, 저녁 식사 시간대의 혼잡과 고객 대기 상황이므로 적절치 않다.

Answer   23. ④   24. ⑤   25. ②

대부분의 비즈니스 현장에서는 인적자원이 매우 중요하다. 창의적인 제품 개발, 고객접점, 내부적인 시너지 창출에 대한 부분도 모두 '사람'의 힘으로 구성되기 때문이다. 특히 과거처럼 한명의 리더 역량으로는 비즈니스 조직의 성과를 기대하기 어렵다. 보다 다양하고 유연한 역량이 필요하기 때문이다. 게다가 서비스 영역은 그 무형성과 상호작용성의 특성으로 인해 인적자원의 중요성이 더욱 크다고 할 수 있다.

기업조직과 소비자와의 접점(接點)에 위치한 서비스 현장에서 인적자원을 어떻게 관리하는 가에 대한 메커니즘과 구조를 이해하는 것은 서비스조직을 운영하는데 필수적이고 중요한 역량이다.

이번 Part에서	서비스 조직을 운영함에 있어 인적자원의 중요성을 인지하고 채용, 선발, 인사관리 전반의 다양한 방법을 이해함으로써 효과적인 인적자원을 관리할 수 있다.
학습목표	1. 인적자원 관리의 개념을 이해한다. 2. 서비스 인력 선발의 올바른 구조와 다양한 방법을 학습한다. 3. 다양한 서비스 직무가 조직 전체의 성과에 어떠한 역할을 하는가를 체계적으로 분석할 수 있는 방법을 익힌다. 4. 서비스 조직에서의 노사관계 개념과 다양한 용어들을 익힌다. 5. 서비스 인력의 생산성 향상을 위해 조직을 보다 깊이 있게 이해하기 위한 인간관계 관리 및 구성원의 만족도 향상 방법, 개념을 학습한다.
이번 Part를 학습하고 나면...	• 서비스 조직에서 인적자원의 중요성을 보다 구체적으로 이해한다. • 서비스 인력 선발의 효과적인 방법을 발견하고 서비스 조직에 적용할 수 있다. • 공정하고 객관적인 직무 분석과 평가 등을 통해 보다 안정적인 서비스 조직 내의 인사관리 체계를 수립할 수 있다. • 노사관계의 기본적인 개념을 통해 서비스 조직에 노사관계 방안을 수립할 수 있다. • 서비스 조직의 구성원을 통해 생산성을 향상할 수 있는 다양한 아이디어와 효과적인 문화 형성 방법과 전략을 설정할 수 있다.

Chapter 01 인적자원 관리의 이해

서비스 현장은 인적자원 관리의 중요성이 그 어느 산업분야 보다도 크게 부각되는 분야이며, 조직의 구성원들을 어떻게 관리하는 가에 따라 조직의 성패가 좌우된다. 이를 보다 체계적인 개념에서 접근하는 것이 인적자원 관리이다.

1 인적자원 관리의 개념 이해

1) 인적자원 관리(Human Resource Management)의 정의와 개념

① 조직의 목표달성을 위해 미래 인적자원 수요 예측을 바탕으로 인적자원을 확보, 개발, 배치, 평가하는 일련의 업무를 의미한다. 구성원들이 조직의 목적과 그들의 능력에 맞게 활용되고 그에 걸맞은 물리적·심리적 보상을 제공하고 조직 구성원들의 발탁, 개발 그리고 활용의 문제뿐만 아니라 구성원들의 조직과의 관계 및 능률을 다루기도 한다.

② 조직의 경영목적 달성을 위해 필요한 인력을 확보, 개발, 유지, 활용하고 조직원들이 스스로 조직의 목적달성에 기여하도록 동기를 부여하여 능력을 표출하도록 하는 일련의 과정 및 과학적 기법을 말한다.

③ 조직의 혁신과 발전은 물론 구성원 개개인의 발전과 안정도 달성케 하는 것으로 사람을 대상으로 한 철학과 제도 및 체계를 총칭하는 개념이다.

2) 인적자원 관리 개념의 변화와 발전

① 배경

  ㉠ 전통적인 인사관리 개념 : 개인과 조직의 목표가 달성될 수 있도록 인력 확보부터 이직까지의 과정을 계획하고 조직, 지휘, 조정, 통제하는 관리의 과정이다.

  ㉡ 인적자원 관리 개념 : 전통적인 인사관리 개념에서의 기능적 관점에서 벗어나 선발, 훈련, 보상 등의 하위 직능들이 조화를 이루고 상호 조성, 통합해 가는 입체적인 제도로써의 개념을 가지게 되었다.

  ㉢ 비용적 측면에서만 노동력을 이해하여 개인의 욕구를 무시하고 인적자원들의 순응을 강조하였던 개념에서 개인의 욕구와 개성을 중시하고 조직 내 구성원을 인적 자산 혹은 자본으로 인식하게 되었다.

② 인적자원의 특성

능동성	성과는 기업의 경영관리에 대한 반응으로 형성된 인적자원의 욕구와 동기, 태도와 행위 그리고 만족감 등에 따라 결정된다.
개발 가능성	인적자원은 자연적인 성장은 물론 장기간에 걸쳐 개발 가능한 잠재적 능력과 자질을 보유하고 있다.
전략적 요소	인적자원은 조직의 성과와 가잘 밀접한 전략적 요소이다.
소진성	인적자원의 가치가 발휘될 수 있는 조직 기반이 없으면 아무리 좋은 인적자원이라도 소진되어 버린다.
존엄성	인적자원이 기업의 중요한 자산이자 자본이라 할지라도 인간으로서의 존엄성을 지켜야 하며 조직의 효율을 위한 도구로 전락되어서는 안 된다.

③ 인적자원 관리의 변화 방향

개념	전통적 인사관리	인적자원 관리	전략적 인적자원 관리
관점	생산 중심의 관점	인적자원을 통한 경쟁력 향상의 필요성 인식	기업의 전략과 인적자원을 통합하는 관점
인적자원 관리 방향	• 기업의 주요한 생산 요소이자 비용으로 인식 • 종속적 관계	• 기업의 자산으로 인식함 • 경영자의 리더십을 통해 기업의 경영철학을 조직운영에 반영함 • 훈련개발, 커뮤니케이션, 동기부여 등 강조	• 조직의 유효성 증진에 공헌하는 대상 • 기업의 목표와 개인의 목표를 동시에 조화를 추구하여 양쪽 모두 만족하여야 함 • 자율과 몰입을 통한 잠재력 확대

2 조직 내 인적자원 관리의 의의

1) 인적자원 관리의 중요성

① 조직 경쟁력의 근원은 조직의 구성원이며 조직의 핵심 자산은 결국 인적자산이다.

② 과거에 비해 빠른 속도로 변화하는 고객욕구를 이해하고 이를 통해 조직의 전략적 방향 및 최적의 적응상태를 유지할 수 있는 조직 역량이 요구된다.

③ 인적자원의 경쟁력으로 이루어진 조직 역량은 단기간에 걸쳐 완성되기보다는 장기간에 걸쳐 이루어지므로 이는 경쟁 기업과 차별화되는 조직문화로 승화될 수 있으며, 기업의 무형자산으로써 지속 성장의 밑거름이 될 수 있다.

기업 경영계획과 인적자원 관리

경영계획이란 기업의 경영이념과 경영방침을 구체적으로 표현한 '미래의 거울'로써 기업의 목표를 달성하기 위한 구체적인 방안이 담겨져 있다. 경영활동에는 인적자원 관리, 마케팅 관리, 재무관리, 생산관리 등과 같이 다양한 하위기능이 포함되어 있는 것처럼, 경영계획에도 다양한 하위계획이 존재하고 하위계획에서 설정한 목표를 달성하여 기업의 전체적인 목표를 달성하게 되는 것이다.

Peters는 그의 저서 『In search of Excellence』에서 사람을 통한 생산성 향상을 일관되게 주장하면서 인적자원의 중요성을 강조했었다. 오늘날 기업이 처한 전례 없는 불확실성과 노동환경 변화 등 도전적인 환경을 극복하기 위하여 기업들은 인적자원의 중요성에 대한 새로운 인식과 인적자원의 개발을 강조하고 있다.

2) 인적자원 관리의 구성

① 인적자원 관리의 개요

인적자원 관리는 인적자원 계획(HRP; Human Resource Planning), 인적자원 개발(HRD; Human Resource Development), 인적자원 활용(HRU; Human Resource Utilization)이라는 3가지 측면으로 구성되어 있으며 최근에는 조직설계, 역량개발, 노경관계까지를 포괄하여 종래의 인사관리 틀을 넘어선 보다 포괄적인 개념으로 이해되고 있다. 또한 현대의 인적자원 관리는 구성원 존중과 조직발전이 조직의 목표달성과 동시에 이루어질 수 있도록 초점을 두고 접근하는 경향이 있다.

② 인적자원 관리의 세부 내용

선발	최적의 직원을 채용하는 과정으로 직무 분석을 통한 합리적인 직원 채용 기준에 의거하여 인적자원을 선발, 확보한다.
교육 및 개발 프로그램	구성원의 가치 향상, 직무 만족도 증가, 성장욕구 충족 등 구성원의 만족도를 높이면서 사회적 효율성을 증대시키며 궁극적으로 보다 높은 성과를 달성하기 위하여 진행된다.
보상	구성원을 인정하고 동기를 부여하는 과정으로 금전적, 비금전적 보상프로그램 등을 운영함으로써 과거의 성과를 보상하고 미래의 능률을 향상시키고자 하는 과정이다.
경력 개발관리	개인별 경력목표를 설정하고 이를 달성하기 위한 경력계획을 수립하여 조직의 욕구와 개인의 욕구가 합치될 수 있도록 경력을 개발하는 활동이다.
평가	구성원이 직무수행 능력을 객관적으로 평가하여 이를 근거로 구성원의 역량을 유지, 개선, 발전시키고자 하고 동시에 보상 및 교육 개발 등의 과정에 접목하도록 한다.
복리후생	구성원들이 급여 이외에 기업에 소속감을 느끼고 개인 삶의 질을 개선시킬 수 있도록 구성된 일종의 부가 급여의 개념으로 동기부여와 만족감을 증대시킨다.
이직관리	구성원들이 안정적으로 근무할 수 있도록 급여, 복리후생 등의 제도와 장기적 비전의 제시 등을 통해 이직을 방지하고 기업에 대한 긍정적인 감정을 보유하게 한다.

Chapter 02 서비스 인력 선발

서비스 인력의 모집 및 선발은 인적자원 관리의 첫 단계이자 출발점이다. 유능한 인재 선발은 이후 조직의 활성화를 담보할 수 있기 때문에 모든 서비스 기업의 바람이기도 하다. 하지만 효과적인 선발과정이 진행되어야만 유능한 인재를 선별할 수 있으므로 서비스 조직의 운영자는 인재 선발에 있어서도 체계적인 과정을 수립하여야 한다.

1 효과적인 인력 선발의 구조

1) 모집 활동 및 관리

① 개념 및 의의

㉠ 인적자원의 계획화 : 조직에 필요한 인적자원을 예측하여 그에 따른 모집 목표를 설정하고 전략을 세워 실행 및 평가하는 과정으로 이해할 수 있다.

㉡ 모집 활동 : 인적자원의 계획과정에 있어 인적자원의 수요가 발생하면 자격을 갖춘 사람을 선발할 수 있도록 잠재적 후보자를 발견하는 과정이다.

② 모집방법

구분	내부 모집	외부 모집
방법	• 조직 내부에서 적격자를 찾는 방법 • 승진, 전직, 직무 순환, 추천, 사내 공개모집 등의 제도를 활용	• 외부 인력을 대상으로 모집하는 방법 • 공채, 특채, 수시채용, 인턴사원제, 채용박람회 등의 다양한 방법 활용
장점	• 홍보가 수월하고 비용이 낮음 • 신뢰도가 높은 내부 정보를 통해 검증된 인력 모집이 가능 • 직원들의 사기에 긍정적 영향	• 급성장기의 빠른 인력 수요를 충족 • 새로운 아이디어와 견해 유입 • 경력자 충원 시 해당 직무에 대한 훈련비용 절감
단점	• 조직 내부 이동으로 인한 연쇄효과로 혼란이 야기될 수 있음 • 인적자원의 한계 • 조직 경직화 우려	• 시간 및 충원에 따른 비용 소요 • 입사 후 성과에 대한 리스크 존재 • 재직자들의 사기 저하 우려

③ 모집 유형

- ㉠ 정규 직원 : 사용자와 종업원 간에 기간을 정하지 않은 고용계약을 통해 고용관계가 성립되며, 주로 전일제 근무를 하고 승진, 경력개발, 훈련, 복리후생 등의 기업 내부 제도를 예외 없이 적용받는 근로자이다.
- ㉡ 비정규 직원 : 오늘날 많은 기업이 여러 가지 이유에서 모집 범위를 넓혀 가고 있는 유형으로 단기간의 고용계약을 통해 관계가 성립되고 기업의 기존 인사 제도의 일부만을 예외적으로 적용받고 인적자원 투자 등은 개인적인 영역에서 해결한다.

2) 선발 활동 및 관리

① 개념 및 의의

- ㉠ 선발 활동 : 모집(응모)한 사람 가운데 설정된 선발 기준에 맞추어 조직의 업무를 수행할 수 있는 가장 적합한 사람을 선발하는 프로세스이다.
- ㉡ 조직의 인적자원 수요가 발생하는 해당 직무에 대한 적성 및 조건 등에 따른 선발 기준을 통해 선발함으로써 인적자원의 능력에 대한 정보를 비교, 검토할 수 있게 된다.

② 선발 절차

기업의 모집 활동 이후 본격적인 선발 프로세스는 다음과 같이 구분할 수 있다. 각 프로세스의 과정은 인적자원 수요의 규모, 종류 등에 따라 생략되거나 강화될 수 있다.

예비면접	본격적인 선발과정에 앞서 초기에 미리 무자격자를 탈락시켜 선발과정의 효과를 높이는 절차
지원서 검토	응모자들의 응모 지원서를 통해 일차적으로 선발과정을 거침
선발시험	업무능력에 대한 필기시험, 심리 및 적성검사, 인성검사 등의 지필 고사
면접	다양한 면접방식으로 응모자들을 판단하는 과정
경력 및 사실조사	신원조회 및 경력사항 등에 대한 사실조사 과정
신체검사	입사 전 건강상태 확인 과정
최종면접	인적자원의 수요처인 조직에서 최종적인 적합성을 판단

③ 선발 도구

구분	내용	효과
신뢰성	얻어진 결과치가 언제 누가 측정하더라도 동일하게 나타나는 일관성	조직이 요구하는 선발 기준에 적합한 인적자원을 선발하도록 함

타당성	측정하는 내용과 결과가 해당 직무와의 관련성이 높은 가의 여부. 기준 관련 타당성, 내용 타당성, 구성 타당성 등	타당성 높은 선발 도구를 통해 조직이 기대하는 역량에 부합하는 인적자원 선발이 가능
선발 비율	전체 응모자 수에 대한 선발예정 인원 수의 비율	0에 가까우면 기업에 바람직하고 1에 가까우면 기업에 불리

선발기준과 선발시험

① 선발기준 : 해당 업종 및 직무에 필요한 수준에 맞는 기준을 선정한다.
  – 교육 수준
  – 직무에 관한 직·간접적 경험
  – 신체적 특징
  – 기타 : 연령, 성별, 개인적 적성, 결혼 여부 등
② 선발시험 : 보다 적합한 인적자원을 선발하기 위해 객관적 지표가 될 수 있는 시험 및 검사방법을 활용할 수 있다.
  – 필기시험 : 각종 이론, 학습 수준 등을 검증하기 위한 시험(영어, 전문지식, 상식 등)
  – 적성검사 : 잠재적인 능력과 기질 등을 측정하여 해당 업무에의 적합성 여부를 기초적으로 확인하는 검사
  – 기타 : 인성검사, 지능검사, 흥미도 검사 등

2 서비스 인력면접과 배치

1) 서비스 인력면접

① 면접의 목적

　㉠ 서류 및 각종 시험과 검사에서 알기 어려운 응모자의 보다 입체적이고 종합적인 역량과 적합성 등을 평가하기 위해서이다.

　㉡ 응모자가 기업과 조직 및 해당 업무에 대해 어떻게 생각하고 판단하고 있는지를 이해하고 평가하여 해당 업무에 실질적으로 투입되었을 때의 행동과 업무성과를 체계적으로 예측하기 위해 실시된다.

　㉢ 각종 시험과 검사에서 제외되었던 상식과 견해, 전문성 등에 대해 평가할 수 있다.

② 면접 유형

구분	내용	비고
계획적 면접	성공이나 실패의 잠재 가능성을 찾기 위함	행동면접, 심층면접
정형적 면접	질문 내용을 사전 목록으로 준비	구조적 면접, 지시적 면접
비지시적 면접	지원자에게 의사표현 자유 부여	질문기법과 훈련이 필요
스트레스 면접	공격적 질문으로 피면접자의 전문지식과 식견, 감정의 안정성과 인내성, 인성 등 확인	압박감이 많은 직무적성 평가
패널면접	다수가 피면접자 1명을 면접	광범위한 평가

3) 인력 배치

① 개념

㉠ 선발된 인적자원에게 일정한 직무를 담당하게 하는 활동이다.

㉡ 적정 배치의 원칙 : 인적자원을 적재적소주의에 입각하여 배치하는 것을 목표로 함으로써 인적자원이 잠재능력을 최대한 발휘하고 의욕적으로 직무에 매진하게 하여 개인과 조직의 발전에 기여하게 한다.

② 인력 배치 원칙

구분	내용	비고
실력주의	실력을 발휘할 영역을 제공, 직무에 대한 정확한 평가	만족할만한 대우 보장
적재적소주의	능력과 성격에 맞게 배치	능력 발휘 기대
균형주의	구성원 전체와 개인의 조화 고려	조직 전체 실력 증진, 사기 제고
인재육성주의	경력의 자각과 자기관리를 연계	인력을 성장시키며 활용

서비스 직무 간의 상대적 가치를 시스템에 의해 체계적으로 정리하고 결정하는 것은 조직원 개개인에게 활력을 불어 넣을 뿐만 아니라 조직 전체의 성과를 제고하여 기업의 경쟁력을 확보할 수 있기 때문에 관심을 기울여야 한다. 따라서 서비스 직무를 분석하고 평가하는 과정을 이해하는 것이 중요하다.

1 | 직무 분석

1) 직무 분석의 이해

① 개념

조직이 요구하는 일의 내용들을 정리하고 분석하는 과정으로 직무의 성격과 내용에 연관되는 여러 가지 정보를 수집, 분석, 종합하는 일련의 활동을 말한다.

② 직무 분석에 관련한 주요 요소

㉠ 과업(Task) : 직무 분석에서의 최소 단위를 말하며, 조직에서 독립된 목적으로 수행되는 하나의 명확한 작업을 의미한다.

㉡ 직위(Position) : 특정 개인에게 부여된 모든 과업의 집단을 의미하며, 특정 시점에서 특정 조직의 한 개인이 수행하는 하나 또는 그 이상의 의무로 구성된다.

㉢ 직무(Job) : 작업의 종류 및 수준이 비슷한 직위들의 집단이며, 유사한 직위가 없기 때문에 한 직위만으로 이루어지기도 한다.

ㄹ 직군(Job Family) : 비슷한 구성원들의 특성을 요구하거나 비슷한 과업을 포함하고 있는 2가지 이상 직무의 집단을 말하며, 유사한 직무들의 집합이다.

2) 직무 분석의 절차와 방법

① 직무 분석 절차

㉠ 배경정보 수집 : 예비조사 단계이며 기업이 보유하고 있는 조직도, 업무분장표 등과 같은 사용 가능한 배경정보를 수집하는 활동으로 행정적 준비과정이다.

㉡ 직무 분석 설계(대표 직위자 선정) : 직무 분석 방향을 설정하고 구체적으로 계획하는 단계로, 보편적으로 비용이나 시간 등의 문제로 인해 대표직위를 선정해서 중점적으로 분석하는 경우가 많다.

㉢ 직무 정보 획득 : 직무 정보의 획득단계이며, 각 직무의 성격이나 직무 수행에 있어 필요한 각 종업원들의 행동 및 인적자원 등의 정보를 수집하고 이를 분석하는 단계이다.

㉣ 직무기술서 작성 : 획득한 정보를 기초로 직무기술서를 만드는 단계이다.

㉤ 직무명세서 작성 : 구성원들에 대해 직무수행에 요구되는 인적 자질, 특성 및 지능, 경험 등을 기록한 문서를 말한다.

㉥ 분석 결과 제공 : 관련 부서에 직무 분석 결과를 제공하고 이후 시간 경과 후 변화 발생 시 직무기술서나 명세서에 반영하여 수정한다.

플러스 tip

직무 분석 예시 (00통신사 고객 인바운드 콜센터 인적자원 직무 분석)

과업	고객응대, 예약접수, 고객안내, 민원접수, 전화응대
직위	고객센터 상담사원
직무	전화상담원
직군	상담직
직무기술서	전화상담 직무에서 요구되는 과업의 종류와 내용, 고객응대에 필요한 지식, 권한과 책임, 필요한 인적자원의 숫자 및 관리에 필요한 규모 등을 기재
직무명세서	전화상담 업무에 필요한 구체적인 상담원들의 행동, 역량, 지식 등을 정리한 일종의 매뉴얼

② **직무 분석 방법**

해당 조직의 특성과 실행 가능성 등을 판단하여 가장 적절한 방법으로 직무 분석을 실시한다.

방법	내용	장점	단점
관찰법	직무를 수행하는 직원들의 행동을 관찰한 정보를 토대로 함	간단한 방법	• 정신 집중을 요하는 직무 관찰에 부적합 • 관찰을 의식하는 경우 왜곡 발생 가능성
면접법	구성원들을 직접 대면하여 정보를 취득함	적용 직무에 제한이 없음	• 면접 스킬 필요 • 피면접자가 정보 제공을 기피할 우려
질문지법	질문지를 통해 구성원들의 직무 정보를 취득함	• 적용에 제한 없음 • 시간 및 비용 절감	효과적인 질문 작성이 어렵고 무성의한 답변의 가능성
중요 사건 서술법	직무수행 중 중요하거나 가치 있는 부분에 대한 정보를 수집	직무수행과 성과 간의 관계 파악에 용이	• 시간과 노력이 소요됨 • 해당 직무에 대한 전반적 정보 획득에 어려움
워크샘플링법	관찰법을 개선한 것으로 직무수행 과정이 진행되는 동안 무작위로 관찰을 함	직무성과가 외형적일 때 용이	관찰법과 마찬가지로 정신적 집중을 요하는 경우 관찰이 어려움

3) 직무기술서와 직무명세서

① **직무기술서(Job Description)**

㉠ 직무 분석 결과를 토대로 직무수행과 관련된 각종 과업 및 직무행동 등을 일정한 양식에 따라 기술한 문서를 말한다.

㉡ 직무에 대한 명칭, 활동과 절차, 필요로 하는 각종 원재료 및 기계, 공식적인 상호작용, 감독의 범위와 성격, 종업원들의 직무환경, 고용조건, 조직에서의 직무 위치, 승진이나 이동의 기회 등이 포함된다.

㉢ 직무기술서 작성 시 주의사항 : 내용과 표현이 간단명료해야 하며, 직무 정의에 앞서 수행해야 할 일의 성격 및 범위는 물론 감독책임을 명시해야만 한다.

② **직무명세서(Job Specification)**

직무 분석의 결과를 기초로 특정한 목적의 관리절차를 구체화하는데 있어 편리하도록 정리하는 것이며, 종업원들의 행동이나 기능능력 지식 등을 일정한 양식에 기록한 문서이며 직무명세서는 인적요건에 초점을 둔다.

2 직무 평가

1) 직무 평가의 개념과 목적

① 조직 내 다양한 직무들의 상대적인 가치를 비교, 분석하는 공식적이고 체계적인 과정이다.

② 기술된 직무기술서 및 직무명세서 등 직무 분석에 의한 객관적 결과를 통해 평가하며, 이는 직무의 상대적 유용성을 결정하여 임금 결정 및 관리 등에 대한 기초 자료로 활용된다.

> 예 동일 시간에 근무를 하더라도 직무가치가 높은 직무를 수행하는 근로자는 상대적으로 높은 임금 및 보상을 받는 것이 공정하다.

③ 조직 내에서 직무별 상대적인 중요도를 평가하는 것이므로 같은 직무를 수행한다 하더라도 소속 조직에 따라 직무 평가의 결과가 달라질 수 있다.

④ 객관적이고 공정한 방법의 직무 평가는 구성원들의 근무 만족도를 높이며, 노사관리에 있어 정확한 근거와 기준으로써 인적자원 관리 전반에 긍정적인 영향을 준다.

⑤ 동일 가치에 대한 동일 임금이라는 내용을 법적 근거로 하여 조직 내 각 직무의 상대적 가치를 통해 임금을 결정할 수 있게 된다.

⑥ 각 직무의 중요성, 난이도 등의 직무가치와 개별 인적자원의 능력을 고려하여 인력 배치에 활용할 수 있다.

2) 직무 평가 방법

① 직무 평가 단계

직무 평가는 직무 분석과 보상의 결정단계 내에서 존재하게 된다.

1. 직무 분석	2. 보상 요소 선정	3. 직무 평가	4. 직무 평가 후 보상결정
직무 분석방법을 통해 직무명세서를 완성	직무 평가의 기준을 선정	구체적인 직무 평가방법을 적용하는 단계	객관적 평가를 통해 임금 및 보상을 결정, 관리함

② 직무의 보상가치 평가 요소

㉠ 직무 평가에 있어 조직 관점에서의 기여도를 경제적 대가로 보상할 직무 요소를 의미한다.

㉡ 일반적인 직무 평가의 보상 요소 : 숙련도, 노력(정신적/육체적), 책임, 직무 조건

㉢ 보상 요소에는 조직의 보상전략 및 구성원들의 보편적 가치 및 의사를 반영하고 가중치를 부여하여 현실적인 평가가 가능할 수 있도록 한다.

③ 직무 평가의 방법 적용

구분		내용
비량적 방법	서열법 (Ranking Method)	• 직무 평가 방법 중 가장 간편한 방법으로 각 직무의 상대적 가치들을 전체적이면서도 포괄적으로 파악한 후에 순위를 정하는 방법으로 간단하고 신속하게 평가 가능하다. • 반면 특별한 기준 없이 평가자의 주관적 판단에 의해 단순 비교하게 되고 각 서열별 직무 가치의 차이 정도를 확인할 수 없다.
	분류법 (Job Classification Method)	• 서열법을 발전시킨 것으로 등급법이라고도 하며, 미리 규정된 등급이나 분류에 각 직무들을 배정하는 형식의 평가방법 • 분류의 정확성을 보장할 수 없고 직무의 수가 많거나 복잡하면 사용하기 어렵다.
양적방법	점수법 (Point Rating Method)	• 각 직무를 숙련, 책임, 노력, 작업조건 등의 요소에 따라 점수화하고 요소별 점수를 합산하여 개별 직무의 가치를 평가하는 방법 • 직무에 대한 평가 요소와 가중치 등을 선정하여 가치를 평가하므로 평가 척도의 신뢰성을 높이고 합리적으로 각 직무의 차이를 이해할 수 있음 • 평가 요소 및 비중의 선정, 점수 배분 등에 있어 전문성이 뒷받침되어야 하며, 이에 따른 시간과 비용이 소요된다.
	요소비교법 (Factor Comparison Method)	• 서열법의 과정에 점수법을 응용한 형태의 평가방법으로 기준이 되는 직무를 선정하여 기준 직무의 평가 요소를 점수화하여 평가한 후 나머지 직무들을 기준 직무들의 평가 요소와 비교하여 상대적 가치를 결정하는 순서로 진행한다. • 직위의 상대적 수준을 현재의 임금액과 연관시켜 평가하므로 금액가중치 방식이라고도 하며, 대표 직위의 보수액을 평가 요소별로 배분해 제시한 후 이러한 보수액의 차이를 직무의 상대적 가치를 나타내는 등급으로 해서 결정하는 기법이다.

④ 직무 평가의 신뢰성

　㉠ 보편적으로 숙련도와 작업조건 등에 대한 신뢰도는 높으나 리더십, 관리행동 등의 추상적인 평가 요소에 대해서는 낮은 신뢰도를 보일 수 있다.

　㉡ 직무 평가의 신뢰성은 어떤 방법을 채택했는가 보다는 적용되는 보상 요소에 대한 분류 및 정확한 기술에 의해 좌우된다.

　㉢ 직무 평가과정에서 평가자의 역할도 신뢰성에 크게 작용하므로 객관적인 판단을 위해 여러 평가자의 공동 판단에 의해 직무를 평가하며, 실무 구성원들의 의견을 감안하는 등의 과정도 필요하다.

3 직무 보상

1) 보상의 개념과 의의

① 보상의 개념

㉠ 조직이 구성원 개인에게 직무수행에 대해 제공하는 유형, 무형의 가치 전체를 의미하며, 대표적으로 임금은 명확한 기준에 의해 제공되는 금전적 보상의 한 개념이다.

㉡ 물질적 재화뿐 아니라 칭찬, 소속감, 인간관계 등을 포함하는 포괄적인 개념이다.

㉢ 개인 노력의 대가로 볼 수 있지만 구성원 개인의 잠재적 능력을 확대시키는 차원에서는 장기적으로 인적자원의 개발을 위한 투자라고 할 수 있다.

㉣ 적절한 보상의 지급과 효과적인 보상체계의 확립은 조직이 우수한 인적자원을 확보, 유지하고 이들의 생산성을 극대화시킬 수 있는 긍정적인 수단이 된다.

② 보상의 구분

구분	내용	예
금전적 보상	• 직접보상 : 임금, 월급, 상여금, 일당, 주급 • 간접보상 : 보험, 주택 지원, 교육비 지원, 금융 지원, 건강 및 문화시설 등 복리후생 시설 이용 지원	<u>00기업의 근무 조건</u> 급여, 4대 보험, 학자금 지원, 주택 자금 등
비금전적 보상	• 직무 자체 : 충실감, 도전감, 책임감, 안정감, 성취감, 승진 기회 • 직무 환경 : 경영 정책, 유능한 감독, 동료, 작업환경, 근무 시간	<u>00기업 근무 환경</u> 능력 위주 인사체계, 장기 근속자 우대 프로그램, 쾌적한 시설 제공

2) 보상 시스템 설계 및 관리

① 보상 시스템 설계의 중요 요건

적절성	사회 · 경제적 조건과 노사관계 및 법규의 관점에서 적절한 보상이 결정되어야 한다.
공정성	전반적인 임금 수준과 구성원 각자의 노력과 능력 등 기준에 부합되어야 한다.
균형	임금, 복리후생 등의 여러 보상이 균형을 가지고 효과적으로 구성되어야 한다.
경제성	조직의 지불능력과 상황을 고려하여 설계, 관리되어야 한다.
안정성	구성원들이 경제적인 안정을 얻고 안정 추구의 욕구가 충족될 수 있어야 한다.
동기부여	구성원의 생산성 제고와 조직 전체의 성과 향상에 기여할 수 있도록 설계한다.
수용성	보상체계가 구성원들에게 잘 이해되고 납득될 수 있도록 설계되어야 한다.

② **전략적 보상설계**

　㉠ 서비스 기업 및 조직의 경영전략에 적합한 보상 시스템을 설계하여 목표 달성에 기여할 수 있도록 한다.

　㉡ 전략적 보상설계의 결정 순서

　　– 외부 환경 분석을 통한 조직 전반의 임금 수준 결정

　　– 직무 평가를 통한 공정한 임금 구조의 형성

　　– 시간급, 성과급 등 효율적인 임금지불 방법의 선정

　　– 동기부여를 위한 인센티브 활용

　　– 복리후생 등 균형 있는 보상 패키지의 구성

플러스 tip

기업의 경영전략과 보상 시스템

1. 경영전략과 보상 시스템 간의 적합성 관계

항목	성장전략	집중화전략
구성원 간의 보상 격차	격차가 큼	격차가 적음
시계(time horizon)	장기적 관점	단기적 관점
단기적 보상 수준	경쟁임금 이하	경쟁임금 이상
장기적 보상 수준	경쟁임금 이상	경쟁임금 이하
보상 결정 및 관리체계	분권적	집권적
보상 요소	직능(skill) 중심	직무(job) 중심

2. 조직의 성숙 주기 단계에 따른 보상 시스템

창업 초기와 성장단계	성과급 중심의 보상설계 및 운영
성숙단계	경쟁 임금 수준을 유지
안정 및 쇠퇴단계	복리후생이 강조된 보상설계

---

3) 임금과 임금관리

① 개념과 의의

　㉠ 임금은 구성원 각자의 생계를 위한 수입원이자 사회적 지위를 결정하며 직무수행의 적극적 동기 요인이다.

ⓛ 기업에게 임금은 고정적인 비용의 의미이므로 그 액수나 제도에 대해 계획, 조직, 통제하여 합리적으로 관리해야 한다.

ⓒ 임금관리의 기본 원칙 : 적정성, 공정성, 합리성

② 임금 수준 관리

㉠ 임금 수준의 결정 요인

- 기업의 외적 환경 요인 : 경제 환경, 인력시장의 수급 환경, 경쟁 회사의 임금 수준, 임금에 관련한 법규(경제 성장이 높고 인력의 수요가 많고, 경쟁사 임금 수준이 높을수록 임금 수준이 높게 책정됨)
- 기업의 조직 내적 요인 : 조직의 규모와 생산성 및 임금전략(조직의 규모가 크고 생산성이 높으며 고임금전략을 채택한 경우 임금 수준이 높음)
- 기업의 지불능력이 임금 수준의 상한선이 되고 구성원의 생계비(혹은 국가가 정한 최저임금)가 임금 수준의 하한선으로 작용하게 된다.

㉡ 임금 수준 조정

- 승급 : 동일 직급 내에서의 임금 수준에 변화를 주는 경우이다.
- 승격 : 직무나 직능의 질적 향상으로 직위가 상승되면서 임금 수준이 동반 향상된다.
- 베이스 업(base-up) : 구성원 전체의 임금 곡선을 상향 이동하여 일괄적으로 임금 수준이 조정되는 경우이다.

③ 임금지급의 형태

형태	내용	장점	단점(유의점)	비고
고정급	성과에 관계없이 업무 시간을 기준으로 임금을 산정	• 근로자 : 일정 임금의 확정 보장 • 기업 : 임금 산정의 간편성과 공정성	동기부여가 약하고 업무량과 업무 시간을 신축적으로 적용할 수 없어 고정비가 높음	월급제, 연봉제
성과급	업무성과에 따라 임금을 차등 지급하는 방법	합리성과 공평감, 동기부여에 기여	정확한 성과 측정과 공정한 평가 및 지급 수준의 합리적 책정 등의 조건 충족이 필요함	개인별 성과급제도와 집단별 성과급제도
이윤배분제도	집단별 성과급제도 중 하나로 조직 전체의 이윤을 구성원들에게 배분하는 형태의 임금 지급	생산성 향상, 노사 간 협조 분위기, 수월한 임금 교섭 등	• 이윤 배분이 기준이 되는 목표치에 대한 노사 간의 갈등과 불신 • 일관성 있는 이윤 배분 공식이 필요	• 이윤배분액 = (실제 이윤 - 목표 이윤) × 배분율 • 직접 이윤배분제 & 간접 이윤 배분제

연봉제	일종의 개별 성과급 형태이나 일정 기간 관찰된 성과와 잠재적 능력을 포함하여 결정하므로 주관적 평가 기준과 동기부여적 성향을 포함한 임금 형태	• 개인의 능력과 성과를 균형적으로 반영 • 간결한 임금 구조 • 적절한 동기부여	• 객관적, 공정한 평가와 제도의 효율적 적용이 전제가 되어야 함 • 적용 대상을 신중히 선택하여 적용해야 함	능력 중심의 보상체계로 기존 고용 관행 등의 개선과 평가과정에 대한 공정성 및 결과에 대한 수용성 중요

4) 복리후생 운영

① 복리후생 개념

부가 급여의 형태로 기업 구성원의 경제적 안정과 생활의 질을 향상시키기 위한 것으로 임금, 상여 등을 제외한 간접적 보상을 의미하며, 이는 법정 복리후생 제도(4대 보험, 법으로 반드시 갖추어야 하는 제도)와 비법정 복리후생 제도(기업의 자율적 선택)로 구성된다.

② 복리후생의 목적

경제적 목적	성과 향상, 결근율과 이직률 감소, 노동시장 경쟁력 제고
사회적 목적	기업 내 주변인력 보호, 인간관계 형성 지원, 국가 사회복지 보완
정치적 목적	기업에 대한 정부의 영향력 감소, 노조의 영향력 감소
윤리적 목적	구성원의 생계 지원

③ 복리후생의 주요 내용

구분	내용	예시
경제적 복리	• 주택에 대한 제도적 지원 • 경조사 및 재해를 대비한 공제제도 • 교육비 지원 • 급식, 통근, 구매 등 소비생활 보조 • 퇴직금, 의료비 등 법정 복리 이외 추가 혜택 제공 • 예금, 융자 등 금융제도 운영	기숙사 및 사택 운영 / 자녀 교육비 지원 / 급식비 제공 / 의료비 지원 / 무이자 대출 지원 등
건강과 여가	• 의료 시설 및 건강 상담 직접 운영 • 운동 및 여가시설 운영 • 문화시설 운영 및 지원	사내 보건실 운영 / 체력단련실 / 도서실 운영 등
근무 공간	• 사무 공간, 휴게 공간에 대한 투자 • 사내 탁아시설, 사내식당 등 근무자가 근로에 집중할 수 있도록 하는 배려와 투자	의무실, 진료소, 휴양소, 욕탕, 미용실, 방역, 환경위생 등

휴가 및 노동 시간	• 다양한 휴가제도, 탄력적인 근무시간 운영 • 별도의 휴식시간 등을 제공	안식년 제도 운영, 탄력근무제, 오후 휴식 등
계발 및 교육	다양한 자기계발 프로그램 및 교육제도 운영	자격증 취득 지원, 사내 학위과정 운영, 퇴직 지원 교육 등

④ **효과적인 복리후생 프로그램의 설계**

　㉠ 복리후생과 조직성과의 관계

　　－ 복리후생은 구성원들의 직무수행 및 직무성과와의 연결성이 임금에 비해 높지 않은 경향이 있으나 제도가 좋지 않으면 불만족을 야기하는 요인이 될 수 있다.

　　－ 좋은 복리후생이 구성원의 사기 향상에 공헌하긴 하지만 조직성과와의 연동성에 비해 경제적 부담을 줄 수 있어 복리후생의 범위와 규모를 합리적으로 선택해야 한다.

　　－ 복리후생 제공에 있어 개인의 책임과 국가의 역할을 감안하여 효익을 분석하고 복리후생의 한계와 범위를 명백히 하는 것은 경영이념과 정책의 방향에 근거하는 것이 좋다.

　㉡ 다양한 구성원들의 복리후생 욕구를 이해하고 이에 적절한 복리후생 프로그램을 설계할 필요가 있다(복리후생 욕구의 이해 및 분석).

　㉢ 복리후생 제도의 재설계 요구

　　－ 기업의 복지 비용 증가와 구성원의 만족도 하락이 동시에 발생하여 이를 새롭게 설계하게 되는 경우가 많아지고 있다.

　　－ 카페테리아 복리후생 프로그램 : 각 구성원이 할당된 복리후생 비용 범위 내에서 다양한 옵션의 복리후생 프로그램을 선택하는 개념이다.

　　－ 복리후생 제도의 아웃소싱

4　인사 평가

1) 인사 평가의 개념

① **정의** : 종업원의 업적과 업무태도 그리고 이를 통한 개개인의 미래에 대한 잠재적 능력 및 성격을 상위자 및 기업조직이 측정 및 평가하는 제도를 말하며 종업원의 실무능력, 성격, 적성, 장래성 등이 파악된다.

② 인사 평가의 의의
- ㉠ 조직 내 구성원들 간의 상대적 가치를 평가하여 이를 통해 공정한 보상, 체계적인 능력 개발을 위한 주요 지표로 활용된다.
- ㉡ 구성원의 업무수행 역량 및 업적을 측정하는 하나의 제도로 이해할 수 있으며 객관성을 높이고 다양한 인사 평가 목적에 맞게 활용될 수 있다.
- ㉢ 조직 구성원이 해당 직무를 수행함에 있어서의 업적을 중점적으로 파악하게 된다.
- ㉣ 성과와 실적에 따라 평가받는 인사제도 구축 등을 위해서는 특히 공정성 확보에 항상 유의하여야 하며, 이를 위해 다양하고 객관적인 평가자료 확보가 필요하다.

플러스 tip

직무 평가와 인사 평가

직무 평가는 조직 내 다양한 직무가 조직 전체에 공헌하는 정도를 평가하는 것이고, 주로 인사 평가는 각 개인에 대한 평가로 직무를 잘 수행하는 정도 및 가능성 등에 대한 것이다.

직무 평가	인사 평가
• 조직 내 직무의 상대적 가치를 평가 • 직무와 조직 전체의 관점	• 조직 구성원 개인을 평가 대상으로 함 • 직무와 사람의 관계를 관찰

---

2) 인사 평가의 요소 / 목적 / 활용

구분	내용	비고
요소	• 성과 : 목표달성 여부와 업적성과 평가 • 역량 : 직무상황에 근거한 행동 평가와 미래 잠재력 • 태도 : 직무활동 결과 + 업적과 관련된 능력과 태도	종업원들의 조직 내에서의 상대적 가치 결정
목적	• 이상적 인적자원 관리 운영(인력개발) • 인력계획 및 인사기능의 타당성 측정 • 종업원 동기 유발(근무의욕 증진) • 성과 측정 및 보상 • 인력 배치 및 이동	명확한 종업원 가치측정이 전제되어야 함
활용	• 종업원 능력개발을 위한 자료로 활용 • 업적 향상을 위한 자료 • 처우 결정을 위한 자료 • 기업이 요구하는 인재로 자리매김 • 직무 개선 및 근로의욕 증진	임금관리 기초자료, 노사관계 증진 자료로도 활용

3) 인사 평가 방법

① 평가자에 의한 방법

구분	내용	비고
자기평가	종업원 스스로가 평가하는 방법	관리층 평가의 보충적 기법
상급자에 의한 평가	직속 상급자가 하급자를 평가하는 방법	평가가 주관적일 수 있음
하급자에 의한 평가	하급자가 상사를 평가하는 방법	상향식 평가, 익명성이 중요
동료에 의한 평가	동료들에 의한 평가	편파적일 수 있음
외부 전문가에 의한 평가	객관성 유지를 위해 외부 전문가가 평가	현장토의법, 평가센터법
다면평가법	상급자, 하급자, 동료, 자신, 고객 등에 의해 다방면으로 평가가 진행됨	객관성 확보

※ 현장토의법(Field Review) : 기업의 인사담당자가 감독자들과 토의하여 정보를 얻은 후 평가
※ 평가센터법(AC; Assessment Center) : 평가 전문가들이 평가센터를 설립, 합숙훈련 등을 하며 잠재능력 위주로 평가

② 인사 평가 기법에 의한 분류

구분		내용	비고
전통적 평가법	서열법 (Ranking Method)	개개인의 능력과 성적에 대해 순위를 매김	평가자의 주관성 개입 우려
	평정척도법 (Rating Scale)	직무수행 달성 가능 정도에 따라 미리 정해둔 척도를 근거로 평가자가 체크	관대하게 평가할 우려
	대조표법 (Check List Method)	평가기준을 리스트에 설정 및 배열하고 해당 항목에 체크하는 방법	신뢰성, 타당성 증가
현대적 평가법	목표에 의한 관리 (Management By Objectves; MBO)	종업원이 상사와 함께 목표량을 정하고 평가하는 방법	• 도전의식과 만족도 동시에 충족 • 목표 이외 사항을 경시하거나 장기 목표에 대해 경시할 가능성 상존
	인적평정센터법(Human Assessment Center)	전문평가자들이 평가센터를 설립하고, 합숙 및 훈련시키며 평기하는 방법	주로 잠재적 능력 평가
	행위기준평가법 (Behaviorally Anchored Rating Scales; BARS)	평정척도법의 단점을 보완하기 위한 것으로 피평가자의 구체적인 행동을 평가의 기준으로 평가	복잡성, 정교함으로 인해 소규모 기업에 적용 곤란

4) 인적자원 정보시스템

① 인적자원 정보시스템(HRIS; Human Resource Information System)이란?

㉠ 기업 조직의 경영자가 자사 내 인적자원과 연관된 각종 사안에 대한 의사결정을 내릴 때에 도움이 되는 유용한 정보들을 활용하기 위해 만든 시스템으로 인적자원 관리에 연관되는 각종 자료의 처리 및 정보 산출에 있어 필요한 프로그램, 인력, 제도 등을 포함한다.

㉡ 경영정보시스템을 구축하는 하위 시스템으로 어느 한 조직에서 필요로 하는 인적자원 관리에 대한 각종 정보들을 모으고 이를 유지, 저장, 검색 및 처리하여 조직의 경영자에게 인적자원에 대한 관련된 의사결정에 도움이 되는 정보를 제공한다.

> **플러스 tip**
>
> **인사정보시스템(PIS; Personal Information System)**
>
> 기업 조직에서 경영자가 인사관리에 관련된 각종 제반 업무처리 및 경영자의 의사결정에 시기적절하게 유용한 정보를 제공할 수 있도록 고안된 인간과 기계시스템을 말한다.

② 인적자원 정보시스템의 유용성

㉠ 신속 · 정확하고 자료에 대한 분석이 용이하다.

㉡ 자동화 및 전산화로 인해 많은 노력과 시간을 절감하고 생산성의 향상을 가져온다.

㉢ 인적자원 관리에 있어 필요한 많은 정보자료의 효율적인 제공이 가능하다.

㉣ 의사결정에 있어 지원역할을 한다.

㉤ 인적자원 관리에 연관되는 각종 과학적인 연구조사에 활용이 가능하다.

③ 인적자원 정보자료

구분	내용
외부환경 자료	조직 외적으로 법적 · 환경적 요인에 의한 자료, 조직내적 요소에 의한 자료
투입자료	조직이나 직무정보시스템을 구성하는 자료와 구성인력에 대한 자료로 구분
과정자료	생산성 유인 프로그램 및 생산성 유지 프로그램 등으로 구분
산출자료	개인의 수준에 있어서의 성장 및 개발 · 욕구충족에 대한 자료, 조직의 수준에 있어서의 성장 및 생산성 유지에 대한 자료

Chapter 04 노사관계 관리

현대사회에서의 기업의 인적자원은 단순한 고용과 피고용인의 관계를 떠나 함께 공동의 이익을 추구할 수 있는 파트너로서의 개념으로 이해된다. 이러한 추상적 개념은 여러 가지 형태로 구체화되고 있는데, 그 중 하나가 노사관계를 통해 드러나게 된다. 특히 인적자원의 가치가 상대적으로 높은 서비스 기업과 조직에서는 노사관계의 개념을 이해하고 효과적으로 적용하는 것이 더욱 중요하다.

1 노사관계

① 노사관계의 이해

㉠ 노동시장에서 노동력을 제공해서 임금을 지급받는 노동자(종업원)와 노동력 수용자로서의 사용자(기업) 상호간에 형성되는 관계를 말한다.

㉡ 기업 내 당사자 간의 이해관계 및 협상, 조율의 관계로 볼 수 있으나 오늘날에는 사회 전반은 물론 정부 정책에 긴밀한 영향을 미치게 되므로 보다 포괄적인 관계로 이해해야 한다.

㉢ 직접 당사자인 종업원과 사용자의 관계는 물론 노사정책, 단체교섭, 노사분쟁 등에 대한 규정을 설정하고 다루는 정보를 포함하여 노·사·정의 상호관계로 이해할 수 있다.

② 노사관계의 특징

노사관계는 단순한 하나의 특성으로 이해되기 보다는 양면적, 입체적 특성으로 이해된다.

협력적, 대립적 관계	상호 이해관계가 대립적이지만 동시에 협력을 추구해야 하는 관계이다.
경제 및 사회관계	경제 논리에 의해 형성되는 관계이자 일정한 권력관계를 형성하는 사회관계적 성격을 동시에 가진다.
개별적, 집단적	개별 구성원들의 이해관계에서 비롯되시만 동시에 종업원과 사용자 그룹의 집단적 이해의 방향에 중심을 두게 된다.
종속관계와 대등관계	종업원은 사용자에 의해 고용되는 종속적 관계로 볼 수 있으나 노사관계에서는 이익을 주고받는 대등한 관계로 이해된다.

③ 노사관계의 발전단계

개별 노사관계	대립적 노사관계	협력적 노사관계	신협력적 노사관계
• 사용자가 제시하는 조건에 응하는 경우 종업원을 고용함 • 기업과 근로자의 일대일 계약관계	• 근로자들의 단결을 통해 사용자와 근로 조건 교섭을 시도 • 분배 문제가 핵심 이슈	• 경쟁 체제에서 노사 공동의 생존을 위한 협력과 화합 강조 • 노사협의 제도	• 국가적 차원에서 노사 문제를 해결 • 국민 경제적 관점에서 노사 문제 인식
• 사용자 주체 • 노조가 없는 상태 • 가내 수공업	• 사용자와 노조가 주체 • 적대적, 경쟁적 관계 • 대량생산 제도	• 사용자와 노조가 주체 • 협력적 관계 • 생산 체제의 변화	• 사용자, 노조, 정부 • 협력적, 거시적 관계 • 사회적 합의 관점

2 노동조합과 노동조합의 활동

1) 노동조합에 대한 이해

① 노동조합이란?

노동자가 주체가 되어 자주적으로 단결하여 노동조건 및 근로조건의 유지, 개선, 기타 노동자의 경제적·사회적 지위 향상을 도모하기 위한 목적으로 조직하는 단체 또는 그 연합단체를 의미하며, 노동조건은 노동자들의 채용조건, 노동시간, 작업환경, 고용안정 등을 포함한다.

② 노동조합의 기능

㉠ 기본 기능 : 하나의 이익 단체를 조직하는 기능이며(조직기능), 구체적으로는 노동자들을 하나의 단체로 조직하는 근로자 기능(1차적 기능)과 이 조직을 유지, 확장하는 노동조합 기능(2차적 기능)을 수행한다.

㉡ 집행기능

단체교섭 기능	경제활동 기능	정치활동 기능
임금 및 근로조건 교섭	경제적 보조 및 보호 역할 (상호부조의 역할을 하는 공제적 기능, 각종 조합 등의 활동을 통해 임금을 소비 측면에서 보호·지원하는 협동적 기능)	경제적, 사회적 지위 향상을 위한 활동

㉢ 참모 기능 : 교육과 홍보, 조사연구, 사회봉사 활동을 수행한다.

③ 노동조합의 종류

구분	조합	내용
조합원 자격에 의한 분류	직업별 노동조합 (Craft Union)	동일 직능 숙련노동자들에 의한 회사를 초월한 배타적 노동조합(인쇄, 선반, 목공 등). * 독점적 성격으로 전체 노동자 분열 초래 우려
	산업별 노동조합 (Industrial Union)	직종과 기업을 초월한 동종 산업 숙련 · 비숙련 모든 노동자로 조직된 노동조합(철도, 체신, 금융 등) * 산업별 조직 내에서 직종 간 대립 위험
	기업별 노동조합 (Company Labour Union)	직종, 직능, 숙련 정도와 무관하게 동일 기업에 근무하는 노동자들의 노동조합(삼성, 현대, LG 등) * 직종 간 세부 요구조건의 공정한 조치 곤란
	일반 노동조합 (General Labour Union)	직능, 숙련도, 기업에 상관없이 여러 산업에 걸친 일정 지역 내 노동자 조합(중부지역, 남부지역 등) * 특정 직종에 소속되지 않아도 가입할 자유가 있으나 단결력 약화로 이해관계 문제발생 우려
결합방식에 의한 분류	단일조합	노동자 개인 구성원으로 하는 최소단위 노동조합
	연합체 조합	단일조합 구성원 노동조합으로 산업별 연합단체, 전국규모 총연합단체 등

* 어용 노조 : 고용주에 대해 자주적이거나 독립적이지 못하고 고용주 편의에 따라 움직이는 비자주적 노동조합

2) 노동조합의 활동

① 단체교섭과 단체협약

구분		내용
단체교섭 제도	개념	노동조합과 사용자 간의 협약체결을 위해 상호 대등한 위치에서 대표자를 통해 집단적 타협을 하고 이행 및 관리해 나가는 절차이며, 평화적으로 타협점을 찾아가는 절차를 말한다.
	성격	근로조건, 고용관계 등에 대해 상대방의 협력을 요건으로 하는 쌍방적 결정의 성격을 지니며, 단체교섭 자체가 목적이 아닌 과정을 의미한다.
단체협약	개념	평화적 교섭이나 쟁의행위를 거쳐 협약의 형태로 서면화한 내용으로 취업규칙이나 개별 근로계약에 우선해 적용하게 되는 협약이며, 협약체결 후 기일 내에 해당 관청에 신고를 해야 한다.
	부분	근로조건을 규율하는 규범적 부분, 노사관계를 규율하는 조직적 부분, 노동조합과 사용자 간의 권리 및 의무를 규율하는 채무적 부분으로 나뉜다.

② **노동쟁의**

㉠ 개념 : 노사 간 의견 불일치로 인한 분쟁상태를 의미한다.

㉡ 조정 : 자주적 해결이 어려운 경우 노동쟁의조정법에 의거 알선, 조정, 중재, 긴급 조정 등의 절차를 거쳐 해결할 수 있다.

㉢ 쟁의 유형

구분	유형	내용
노동자 측면	파업 (Strike)	노동조합 안에서의 통일적 의사결정에 따라 근로 제공을 거부하는 쟁의 수단을 의미
	태업/사보타지 (Sabotage)	• 노동조합이 형식적으로는 노동력을 제공하지만 의도적으로 불성실하게 노동을 제공함으로써 작업능률을 저하시키는 행위를 의미 • 사보타지는 생산 및 사무를 방해하거나 원자재 또는 생산시설 등을 파괴하는 행위
	생산관리	노동조합이 직접적으로 사업장이나 공장 등을 점거하여 직접 나서서 기업경영을 하는 행위
	준법투쟁	노동조합이 법령, 단체협약, 취업규칙 등의 내용을 정확하게 이행한다는 명분 하에 업무 능률 및 실적을 떨어뜨려 자신들의 주장을 받아들이도록 사용자에게 압력을 가하는 집단행동을 의미
	불매운동 (Boyccott)	노동조합이 사용자나 사용자와 거래관계에 있는 제3자의 제품 구입 또는 시설 등에 대한 이용을 거절하거나 그들과의 근로계약 체결 거부 등을 호소하는 행위
	피켓팅 (Picketting)	노조의 쟁의 행위를 효과적으로 수행하기 위한 것으로 이는 비조합원들의 사업장 출입을 저지하고, 이들을 거절하거나 그들과의 근로계약 체결 거부 등을 호소하는 행위
사용자 측면	직장폐쇄 (Lock Out)	사용자측이 자기의 주장을 관철하기 위해서 노동자가 제공하는 노동력을 거부하고, 노동자에게 경제적 타격을 입힘으로써 압력을 가하는 실력 행위

플러스 tip

경영참가 제도

• 경영참가 제도란?

노동자 또는 노동조합이 사용자와 공동으로 기업의 경영관리 기능을 담당·수행하는 것을 뜻하며, 우리나라는 1997년 3월 13일 '근로자 참여 및 협력증진에 관한 법률'로 경영참가 제도를 발전시켜 나가고 있는 추세이다.

• 경영참가의 종류

종업원지주 제도와 같은 자본참가, 기업성과를 배분하는 성과배분 참가, 기업경영의 주요 의사결정에 참여하는 의사결정 참가 등의 방법이 있다.

③ **노사협의 제도**

ㄱ 단체교섭에서 취급하지는 않았으나 사용자(기업)와 근로자(구성원)가 대등한 입장으로 쌍방이 공통적으로 추구하는 이해관계에 대하여 협의하고 이를 통해 상호 이해의 폭을 넓히고 동시에 공동의 목표 달성에 기여하고자 하는 제도이다.

ㄴ 주로 공동이 합의할 수 있는 경영상의 문제는 모두 해당될 수 있으며, 특히 근로자의 복지나 고충처리 등에 대해 공동으로 협의하는 기구로써 역할을 수행한다.

ㄷ 기업 구조가 민주화되고 근로자는 소속 기업의 향상·발전이 구성원 각자에게도 중요한 토대임을 인식하게 되어 상호 공동의 이익을 목표로 한다.

05 서비스 인력 노동생산성 제고

직원들의 직무 만족도를 최상으로 유지하는 것은 조직의 생산성을 높이는 것이고, 이는 곧 경쟁력을 확보하는 것이다. 직무 재설계의 개념과 갈등관리 기법을 이해하여 노동생산성을 제고하는 것은 직원들의 창의력과 서비스 품질 차별화를 가져와 조직 발전의 선순환을 가져오게 된다.

1 인간관계 관리

1) 인간관계 관리의 의미와 중요성

① 기업 조직 내 인간관계의 의미

- 조직에 대한 효율성을 높일 수 있는 측면에서의 인간관계를 의미한다.
- 종업원 및 기업이 사기진작을 통해서 생산성을 올리는 상호 간 협동 수단의 기능을 한다.

② 인간관계 관리의 중요성

- 구성원들이 삶의 많은 부분을 기업 조직 내에서 보내게 되어 기업 조직 내에서 인간관계의 문제가 점차 중요해지고 있다.
- 기업 조직의 규모가 커지고 복잡해지면서 구성원들 간의 협동관계가 중요한 문제로 대두되고 있다.
- 유능한 인적자원을 기업 조직 내에 머무르게 하면서 조직에 공헌하게 하는 주요한 요소이다.
- 기업 내 구성원들의 만족도와 인적자원의 효율적 운영을 위한 기본적인 토대의 개념이다.

2) 인간관계 관리 이론(Human Relation Theory)

인간관계를 관리하는 관점과 방향이 어디에 있는가에 따라 주요한 이론들이 등장하게 된다.

구분	내용	비고
과학적 관리론 (Scientific Management Theory)	• 과학적방법을 활용한 합리화와 능률성의 극대화를 기반으로 하는 관리법 • 임금을 인하하지 않으면서 능률과 절약으로 인한 경영에서의 합리화를 추구 • 종업원들의 업무과정을 연구 및 분석하며, 적정량의 업무를 부여하고 종업원과 조직 간의 조화를 이루어 '최소의 비용과 노력으로 최대의 생산효과'를 거두는 것을 기본으로 한다.	인간의 사회심리적 존재에 대해서는 관심을 두지 않았다는 비판을 받고 있다.
인간관계론 (Human Relation Theory)	• 기업 조직 구성원들의 심리적 · 사회적인 욕구와 기업조직 내의 비공식적 집단 등을 중요시하며, 조직의 목표와 구성원들의 목표 간 균형 유지를 지향하는 민주적이면서 참여적인 관리 방식을 추구하는 이론 • 종업원의 작업능률에 영향을 미치는 여러 가지 심리적, 정서적, 감정적 측면을 중요시 하고 이러한 요소들을 효과적으로 활용함으로써 사람의 원활한 관리에 도움을 제공하면서 조직의 목표달성에 기여하기 위한 관리체제	종업원들의 작업능률은 종업원들의 태도, 감정, 심리적 요인이 좌우한다고 본다.
행동과학론 (Behavioral Science Theory)	인간의 활동을 과학적으로 분석, 설명, 예측하고자 하여 기업 조직을 인간의 활동이나 집단의 과정으로써 이를 객관적으로 연구 및 측정하려는 움직임을 행동과학론적 방식이라 한다.	연구대상이 인간의 행동

3) 기업 내 인간관계 관리제도

구분	내용	비고
제안제도	근로의욕 및 사기를 높이려는 목적으로 시행되며 기업 조직체의 운영 및 종업원들의 작업수행에 필요한 각종 아이디어 등을 일반 종업원들로 하여금 제안할 수 있도록 하면서 제출된 제안들을 심사해서 좋은 제안에 대해서는 그에 따르는 적절한 보상을 하고 선택된 제안을 실천에 옮기는 것을 말함	종업원들이 자유로이 제안할 수 있는 분위기 조성이 중요
종업원 상담 제도	종업원이 스스로 문제를 해결할 수 있도록 상담을 통해 해결해 나가는 것을 말함	종업원들의 사기 향상에 의미가 있음
사기조사	사기의 상태나 사기를 저해할 수 있는 요소들을 밝혀가는 과정을 의미	사기조사의 방법에는 통계적방법과 태도조사에 의한 방법이 있음
고충처리 제도	근로자의 불평불만을 모아 분쟁의 원인을 제거하려고 하는 것으로 종업원 개개인의 문제를 취급하는 역할을 함	고충은 근로조건 및 단체협약 실시에 있어서 부당하게 느껴지는 것을 말함

1) 직원 만족도의 개념

① 직원 만족은 보상과 같은 경제적 요인은 물론 내부 경영환경 및 제도와 같은 내부 서비스 품질 요인에 의해 영향을 받는 입체적인 개념이다.

② 정확하게 측정된 직원 만족도 지수(Employee Satisfaction Index)는 기업 경영의 방향과 효과적인 방법을 구상함에 있어 매우 중요한 근거자료가 된다.

2) 직원 만족의 주요 영향 요소

① **직무 자체 요소** : 직무의 성격이나 중요성, 의미나 범위 등은 물론 역할에 대한 갈등이나 명확성 등에 의해 영향을 받는다. 이는 또한 자율성, 다양성, 학습기회, 난이도 및 직무량 등의 더욱 세부적인 직무 특성으로 나누어 볼 수 있다.

② **근무조건에서 비롯된 영향 요인**

물리적 성격의 조건	물리적 근무환경. 조명, 온도, 소음, 공간 등
시간과 관계된 조건	근무시간, 휴식 및 휴가제도
사회적 조건	복지, 후생제도
감독 요인	감독의 형태와 영향력의 정도. 인간적 관계 및 관리기술
동료 요인	동료들과의 우호적 · 비우호적 관계, 협조, 친밀성과 신뢰도 등
기업 경영방침 요인	기업의 장래성과 안정성, 공정성과 신뢰성 등에 대한 판단 요인
급여 요인	보상의 공정성, 성과에 대한 인정
승진 요인	승진의 기회 유무, 기회의 공정성 및 다양성
안정성 요인	직무 보장의 정도

플러스 **tip**

직원 만족도 지수(ESI) 조사

인식 공유의 정도, 참여 정신, 직무 만족도, 제도 만족도, 조직문화 만족도, 종합 만족도의 항목으로 조사하여 이를 지수화 함

3) 직무 재설계와 일정 조정 프로그램

구분	내용	비고
직무 재설계	몇 개의 과업(task)을 묶어 1인의 직무를 구성하는 방법을 말함	직무를 변경시키는 것과 관련이 있음
직무 순환	• 한 과업에서 다른 과업으로 주기적으로 이동 • 인접 직무 순환, 활동의 다양화 추진	지루함 감소, 동기부여 증대
직무 확대	유사한 보조직무 함께 할당, 과업량과 종류 증가	직무 다양성 제고
직무 충실화	• 자신의 직무 계획, 실행, 평가하는 정도 증대 • 고객관계 형성은 직원과 고객 사이의 직접적 관계 증진 • 직원이 자신의 성과에 피드백을 제공하기 위해 과업을 체계화 • 이직 비용 감소 및 만족도 증가 • 책임과 통제권을 직원에게 부여	직무 관련 의사결정권 강화
근무시간 자유 선택제	• 신축적 근무시간 적용 • 시간외 수당비용 감소, 사용자에 대한 불만 감소	결근 감소, 생산성 증가
직무 공유	• 두 명 이상의 개인에게 직무 분배 • 직무 복잡성 성공적 조절 가능	동기부여, 만족도 증가
원격 근무	• 컴퓨터 등을 통해 집에서 근무 • 감독 및 팀워크 조성 곤란 • 일상적 과업, 전문직, 지식 관련 과업에 적합 • 더 큰 노동시장 확보 가능	낮은 이직률, 사기 진작

3 갈등관리

1) 인적자원 관리에서의 갈등관리의 의미

① 갈등은 조직 및 집단 차원에서 필연적으로 야기되는 자연스러운 문제이다.

② 갈등은 구성원 간의 신뢰를 떨어뜨리고 의사소통을 마비시키거나 조직 공동의 목표 의식을 상실시키는 부정적 역할을 수행할 수 있다.

③ 하지만 순기능 측면에서의 갈등은 의사결정의 질을 향상시키고, 창의력을 자극시키며, 긍정적인 경생을 유발하여 조직싱과 향상에 기어할 수 있다.

④ 갈등의 역기능과 순기능을 이해하고, 인적자원 내에서의 갈등을 조직성과 향상에 기여하고, 조직을 생동감 있게 구성하고, 다양한 인적자원들의 성장 욕구를 자극하는 방향으로 관리하는 것이 중요하다.

갈등에 대한 이해

① 갈등의 원인

이해관계의 차이, 사실에 대한 해석의 차이나 오해 등에 따른 원인, 가치관이나 신념의 차이, 과거 상호관계에서 비롯된 감정적 갈등 상황, 사회구조나 제도 혹은 외부의 상황적 요인에서 발생하는 구조적 갈등 등이 있다.

② 갈등의 주체 : 개인적 갈등, 조직 내의 갈등, 조직 간의 갈등

③ 갈등과정

갈등의 표면화(갈등의 원인이 제공됨) − 인지와 개인화(인식하거나 감정적으로 경험함) − 행동의 결정(협력하거나 자기주장을 함. 경쟁, 협동, 회피, 수용, 절충의 다양한 행동) − 행동 − 결과(순기능 혹은 역기능의 결과 초래)

2) 갈등관리의 기법

구분	내용	비고
문제 해결	토론을 통한 문제점 발견	직접 만나 회의
설득	타인의 요구에 부합되는 해결책 제공	가치를 느끼게 하는 방법
협상	상대방과 내가 원하는 것을 모두 이루는 방안	서로 양보
상위 목표 설정	상대방 협조 없이는 달성 불가능한 목표 설정	관계 개선 기회 확보
자원 증대	자원의 희소성으로 인해 갈등 발생 시 효과적	돈, 승진, 기회, 공간
회피	갈등으로부터 피하는 것	갈등 억누름
완화	당사자 간 차이점 축소	관심사 강조
권위적 공식적 명령	공식 권위를 갈등 해결에 사용	원하는 것 공지
인적 변수의 변화	갈등을 유발한 태도와 행동 변화를 위한 기법 사용	대인관계 훈련 등
구조적 변수의 변화	환경의 변화 제공	조정 직위 신설, 이동 등

4　전략적 인적자원 관리

1) 전략적 인적자원 관리의 이해

① 개념

- ㉠ 조직의 비전이나 추구하는 목표, 조직의 내부 상황, 조직의 외부환경 등을 모두 고려해 가장 적합한 인적자원을 개발 및 관리해 조직의 목표를 극대화하고자 하는 인사관리를 말한다.
- ㉡ 기업의 인사관리가 조직체의 전략과 목적을 반영해 인사관리 방식 간에도 서로 조화를 이루어 조직체의 전략과 목적을 효율적으로 달성시키는 일련의 과정이라고 할 수 있다.
- ㉢ 전통적 인적자원 관리 방식이 인력의 채용, 교육, 훈련, 평가, 보상과 같은 인사관리 방식들을 미시적인 시각(micro perspective)에서 개별적으로 나누어 접근하는데 비해, 전략적 인적관리는 거시적인 시각(macro perspective)에서 개별적인 인사관리 방식을 통합하는 것이라 할 수 있다.

② 전략적 인적자원 관리 형성의 배경

- ㉠ 국제화에 따른 기업들 간의 극심한 경쟁
- ㉡ 경영환경의 불확실성 증대
- ㉢ 인적자원과 관련된 각종 과업의 다양화에 따른 기업 전략들과의 연계 필요성 증대

플러스 tip

고성과조직에서의 인적자원의 이해

- ㉠ 기업의 성장·발전의 원동력을 조직 내 종업원들의 협동, 참여, 그들의 창의력에서 찾으려고 하므로 인적자원을 기업의 가장 중요한 자산으로 생각한다.
- ㉡ 필요에 따라 채용하고 해고하는 관계가 아닌, 기업과 종업원이 서로 간의 지속적인 관계에서 함께 성장·발전해 가는 관계로 생각한다.

---

3) 전략적 인적자원 관리에 의한 조직변화 기법

구분	내용
인적자원 관리 기법	종업원들이 기업 조직의 인사정책을 변화시키거나 이를 분석 가능하도록 하는 연구 방법으로 종업원들의 성과에 대한 평가 및 보상과 관련된 시스템 등을 포함하는 각종 프로그램이 있다.

인간관계 기법	조직 내 종업원들의 인간관계를 향상시키고자 집단 또는 개개인 간의 상호작용을 통해 문제를 효율적으로 처리할 수 있는 능력을 키우는데 그 목적이 있다.
전략적 기법	기업 조직 내 구조 및 전략, 문화 등의 내부환경과 조직 외부환경과의 적합성을 이루기 위한 조직개발 프로그램을 의미한다.
기술 구조적 기법	조직의 생산성, 효율성 등을 높이기 위한 기술 구조적인 개입을 의미하며, 여기에는 기업 조직의 구조와 그에 따른 방법의 변화 및 직무설계의 변화까지도 포함한다.

4) 전략적 인적자원 관리 담당자의 역할

역할	내용
전략적 동반자	조직의 전략과정에 참여하여 인적자원 관리를 경영전략과 맞물리게 활동
변화 담당자	조직 내 각종 변화를 일으키고 종업원들의 능력개발 역할 담당
종업원 변호자	종업원들의 각종 문제를 이해하고 해결하며, 조직의 업무 몰입도와 사기를 높이고 성과 제고에 기여하는 역할
행정 전문가	경영자와 종업원을 위해 필요한 서비스와 행정사항을 전문적으로 지원하는 역할

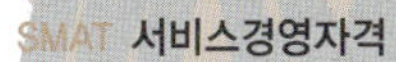

- **인적자원 관리의 개념 :** 선발, 훈련, 보상 등의 기능들이 조화를 이루고 상호 조정, 통합해 가는 입체적 제도로써의 개념. 조직 내 구성원을 자산 혹은 자본으로 인식

- **인적자원 관리의 세부 내용 :** 선발/교육 및 개발 프로그램/보상/경력 개발관리/평가/복리후생/이직관리

- **인적자원의 특성 :** 능동성, 개발 가능성, 전략적 요소, 소진성, 존엄성

- 선발의 개념과 내·외부 모집의 차이, 정규·비정규 모집의 유형 이해

- **선발 도구의 요소 :** 신뢰성, 타당성, 선발 비율

- **다양한 면접 유형 :** 계획적, 정형적, 비지시적, 스트레스, 패널

- **인력 배치의 원칙 :** 실력주의, 적재적소주의, 균형주의, 인재육성주의

- **직무 분석의 개념 :** 조직 내 직무들을 정리, 분석하는 과정으로 직무의 성격과 내용에 연관되는 여러 가지 정보를 수집, 분석, 종합하는 활동을 의미한다.

- **직무 분석 관련 주요 요소 :** 과업, 직위, 직무, 직군, 직무기술서, 직무명세서

- **직무 분석의 절차 :** 배경 정보 수집–직무 분석 설계 – 직무 정보 획득– 직무기술서 작성 – 직무명세서 작성 – 분석 결과 제공

- **직무 분석 방법 :** 관찰법, 면접법, 질문지법, 중요 사건 서술법, 워크샘플링법

- **직무기술서 :** 직무 분석 결과를 토대로 직무수행과 관련된 과업, 직무 행동 등을 기술한 문서. 직무 명칭, 활동 절차, 공식적 상호작용, 감독의 범위와 성격, 직무환경 등 일의 성격과 범위 및 감독 책임을 명시함

- **직무명세서 :** 직무 분석의 결과를 토대로 특정한 목적의 관리 절차를 구체화함에 있어 편리하도록 정리하는 것. 종업원 행동, 기능, 능력, 지식 등을 기록하며 인적 요건에 초점을 둠

- **직무 평가 :** 조직 내 다양한 직무들의 상대적 가치를 비교, 분석하는 공식적, 체계적 과정

■ **직무 평가 단계** : 직무 분석 – 보상 요소 선정 – 직무 평가 – 평가 후 보상 결정

■ **직무 보상** : 조직이 구성원 개인에게 직무수행에 대해 제공하는 유형·무형의 가치 전체를 의미
하며, 물질적 보상뿐 아니라 칭찬, 소속감, 인간관계 등을 포함하는 포괄적 개념

■ **보상시스템 설계 요건** : 적절성, 공정성, 균형, 경제성, 안정성, 동기부여, 수용성

■ **임금 수준의 결정 요인** : 기업의 외적환경, 조직 내적 요인, 기업의 지불능력 등

■ **인사 평가** : 종업원의 업적과 업무태도, 미래에 대한 잠재적 능력 및 성격을 상위자 및 기업조직
이 측정·평가하여 공정한 보상, 체계적인 능력 개발을 위한 주요 지표로 활용된다.

■ **인사 평가의 요소** : 성과, 역량, 태도

■ **노사관계의 특징** : 협력적, 대립적/경제 및 사회관계/개별적, 집단적/종속, 대등

■ **노동조합의 기능** : 이익단체를 조직하는 기본 기능 + 단체교섭, 경제활동, 정치활동

■ **인간관계 이론** : 과학적 관리론, 인간관계론, 행동과학론

■ **직무 만족도의 개념** : 경제적 보상은 물론 내부 경영환경, 제도와 같은 내부 서비스 품질 요인에
의해 영향을 받는 입체적인 개념이다.

■ **갈등관리의 개념** : 조직 내 필연적인 문제이며 조직성과 향상에 기여할 수 있도록 하며, 동시에
조직 구성원 간 신뢰 및 의사소통에 부정적 영향을 미치지 않도록 한다.

■ **전략적 인적자원 관리** : 조직의 비전이나 목표, 내·외부의 환경 등을 모두 고려하여 가장 적합
한 인적자원을 개발, 관리함으로써 조직의 목표를 극대화하는 거시적 관점의 인사관리

- 서비스 조직의 인력 선발과정의 예시를 통해 다양한 방법과 장·단점을 잘 이해하고 있는가를 확인하는 질문

- 선발, 면접, 배치 등의 과정에서 고려할 사항들을 알고 적절한 판단력을 평가함

- 서비스 인적자원을 관리하는 사례를 제시하고 이를 직무 평가에서 보상, 임금 및 복리후생으로 있는 전반적인 과정으로 이해할 수 있는가를 질문

- 조직 내에서의 다양한 갈등상황 등을 제시하여 이를 노동생산성의 제고 차원에서 어떻게 이해하고 해결할 수 있을지에 대한 문제

- 직무 만족의 개념이 왜 중요하고 어떤 요인들에 의해 좌우되는 가를 상황에 맞게 이해하고 있는 가를 확인하는 질문

≫ 실력 평가 문제

01~16　　선다형

01　인적자원 관리에 대한 다음 설명 중 옳지 않은 것은?

① 조직의 인적자원 관리에 따른 관리대상은 인간이다.

② 인적자원 관리의 주체는 인간이다.

③ 인적자원 관리의 주체 및 객체는 인간과 기계이며, 이들 간의 독립관계로 해석이 가능하다.

④ 인적자원 관리는 상태의 조작에 의한 조직목적에 부합하는 제도를 만들어 운영해 나감을 그 특징으로 한다.

⑤ 인적자원 관리는 조직 목표달성에 있어 필요한 업무를 제대로 수행할 수 있는 인력을 찾아 해당 조직에 참여시키며, 그 인력이 해당 업무에 잘 적응해서 능력을 표출할 수 있도록 이끄는 과정이라고 할 수 있다.

해설　인적자원 관리는 그 주체 및 객체가 모두 인간이며, 동시에 이들의 상호작용 관계로 볼 수 있다.

02　서비스 인력 선발방법 중 '예측타당성이 높은 선발'에 대한 설명으로 가장 적절한 것은? (기출)

① 서비스 기업의 문화에 적절한 인재를 선발하였다.

② 입사 후 서비스 직무성과가 높을 사람을 선발하였다.

③ 서비스 기업의 인재상과 어울리는 사람을 선발하였다.

④ 입사 후 1년 이내 이직 가능성이 높은 사람을 선발하였다.

⑤ 입사 후 수행할 서비스 직무에 대한 지식이 많은 사람을 선발하였다.

해설　선발도구가 입사 후 성과가 높을 사람을 선발하였다면 선발의 예측타당성이 높다고 할 수 있다.

　　　⑤ 선발방식에 대한 내용이며, ①, ③은 인재선발 방침과 관련이 있다.

　　　④ 잘못된 선발의 예이다.

03 전통적 인사관리에 대한 설명으로 가장 거리가 먼 것은?

① 조직의 목표만을 강조하는 스타일이다.

② 직무중심의 인사관리에 중점을 두고 있다.

③ 눈앞의 결과만 바라보는 단기적인 안목의 방식이다.

④ 주체적이면서도 자율적인 Y론적 인간관을 지니고 있다.

⑤ 인간의 신체를 기계처럼 생각하고 취급하는 철저한 능률위주의 관리이론이다.

해설 전통적 인사관리는 소극적이면서 타율적인 X론적 인간관을 바탕으로 하고 있다.

04 다음 내용이 의미하는 것은?

> 조직이 외부인들에게 신문광고 등을 통해 인적 자원의 모집을 알리는 것과 마찬가지로 기업이 사보나 사내게시판을 통해 충원해야 할 직위를 조직 내 종업원들에게 알려서 이에 대해 관심 있는 사람들이 응모하게 만드는 방법을 말한다.

① 사외모집   ② 공개모집 제도

③ 인력계획   ④ 광고모집

⑤ 제한모집

05 다음의 다양한 면접형태를 면접의 유형으로 연결한 것 중 잘못된 것은?

① 심층면접을 통해 성공이나 실패의 잠재적 가능성을 발견하고자 했다. – 계획적 면접

② 지원자와의 자연스러운 대화를 통해 즉흥적인 질문과 대답을 전개하여 잠재능력을 확인한다. – 정형적 면접

③ 지원자의 생각을 충분히 이해하기 위하여 자유롭게 의사표현을 할 수 있도록 하며, 효과적인 질문으로 면접을 진행할 수 있는 면접관의 역량이 필요하다. – 비지시적 면접

④ 보다 다양한 관점에서 지원자를 이해하기 위한 면접으로 중요도가 높거나 창의적인 직무를 위해 다수의 면접관이 지원자 1명을 면접하는 광범위한 평가이다. – 패널면접

⑤ 공격적인 질문을 통해 지원자의 전문성이나 식견 또는 감정의 변화나 태도 등을 확인하는 면접으로 압박감이 높은 직무에 해당하는 면접에서 주로 활용된다. – 스트레스 면접

해설 정형적 면접이란 면섭관이 지원자에게 질문할 내용이 사전에 정해져 있어 평가하고자 하는 내용이 정형화된 상태에서 진행된다.

Answer   1. ③   2. ②   3. ④   4. ②   5. ②

06 다음 중 외부모집에 대한 설명으로 적절한 것은? (기출)

① 훈련과 조직화 시간이 단축된다.
② 성장기 기업은 유자격자의 공급이 어렵다.
③ 조직 내부정치와 관료제로 인해서 비효율적이 될 수 있다.
④ 신속한 충원과 충원 비용절감이 가능하다.
⑤ 기업의 급격한 전환기에 효과적이다.

해설 ①, ②, ③, ④는 내부모집에 대한 설명이다.

07 다음은 직무 분석에 관련한 주요 요소들에 대한 설명이다. 틀린 것은?

① 조직에서 필요로 하는 최소단위의 명확한 작업을 과업(task)이라고 한다.
② 직군이란 2가지 이상의 직무 집단으로 유사한 직무들의 집합을 뜻한다.
③ 특정 개인에게 부여된 과업 진단을 명명하는 것으로 특정 시점에서 특정 조직의 한 개인이 수행하는 하나 혹은 그 이상의 의무로 구성되어 있는 것을 직위라고 부른다.
④ 직무기술서는 직무 분석의 결과를 토대로 직무수행과 관련된 과업, 직무 행동 등을 기술한 문서이다.
⑤ 직무명세서는 각 직무별로 필요한 전문지식, 권한과 책임, 관리조직의 규모 등을 상세하게 기재한 문서이다.

해설 직무명세서는 직무 분석의 결과를 토대로 특정한 목적의 관리절차를 구체화하는데 있어 편리하도록 정리하는 것으로, 각 직무수행에 필요한 종업원들의 행동, 기능, 인력, 지식 등을 일정한 양식에 기록한 문서를 의미하며, 특히 인적요건에 초점을 둔다.

08 다음 중 직무 평가의 방법으로 적절한 것은? (기출)

① 요소비교법은 간단하고 신속하다.
② 분류법은 사전에 만들어 놓은 등급에 직무를 판정하여 맞추어 넣는 방법이다.
③ 서열법은 기업들이 가장 많이 이용하는 직무 평가 방법이다.
④ 요소비교법은 직무 요소마다 점수화, 통계화하여 직무가치를 평가하는 방법이다.
⑤ 분류법은 평가 요소를 기준직무의 평가 요소와 결부시켜 비교하는 것이다.

해설 ① 서열법의 장점이다.
③ 기업들이 가장 많이 이용하는 직무 평가방법은 점수법이다.
④ 직무 요소마다 점수화, 통계화하여 직무가치를 평가하는 방법은 점수법이다.
⑤ 평가 요소를 기준직무의 평가 요소와 결부시켜 비교하는 방법은 요소비교법이다.

09 다음 중 직무 평가의 신뢰성에 대해 설명한 것으로 적절하지 못한 것은?

① 숙련도, 작업 조건 등에 대한 신뢰도는 높으나 리더십, 관리행동 등의 추상적인 평가 요소는 신뢰도가 낮을 수 있다.

② 직무 평가의 신뢰도 향상에 적용되는 보상 요소의 분류보다는 어떤 방법을 통해 평가 했는가의 방법 선택이 더 중요하다.

③ 직무 평가 과정에서는 평가자의 역할도 신뢰성에 크게 작용한다.

④ 객관적인 판단을 위해서는 한 명보다는 여러 평가자의 공동 판단에 의한 직무 평가가 더 효과적이라고 할 수 있다.

⑤ 직무 평가의 신뢰도를 높이기 위해서는 실무 구성원들의 의견을 감안할 필요도 있다.

(해설) 직무 평가의 신뢰성은 어떤 방법을 채택했는가보다는 적용되는 보상의 요소 분류 및 정확한 기술에 의해 좌우된다.

10 다음 중 효과적인 직무 보상 시스템을 설계하기 위해 고려해야 할 요건 중 가장 거리가 먼 것은?

① 공정성　　　　　　　　　② 동기부여
③ 수용성　　　　　　　　　④ 공공성
⑤ 경제성

(해설) 사회경제적 조건과 노사관계 및 법규 관점에서의 적절한 보상이 이루어져야 하지만 공공성은 보상 시스템 설계의 요건이라 볼 수 없다.

11 인적자원 관리에서의 보상 개념을 설명한 내용이다. 가장 잘 설명한 것은?

① 보상은 성과에 대한 칭찬, 소속감, 인간관계를 물질적인 재화로 측정하는 것이다.

② 개인의 노력에 대한 대가로 볼 수도 있지만 조직에서는 구성원 개인의 잠재적 능력을 확대시키는 투자로 이해할 수도 있다.

③ 금전적 보상은 임금이나 상여금 형식의 직접 보상을 의미하며 보험, 교육비 지원 등의 간접적인 보상은 비금전적 보상의 범주로 보아야 한다.

④ 조직이 구성원 전체의 직무수행에 대해 제공하는 유·무형의 가치를 의미한다.

⑤ 보편적으로 창업 초기와 성장단계에는 복리후생이 강조된 보상설계를, 안정단계에서 는 성과급 중심의 보상설계를 중심으로 보상 시스템을 운영하게 된다.

(해설) ① 보상은 소속감, 인간관계 등을 포함하는 매우 포괄적 의미임, ③ 보험, 교육비 등의 간접적 보상도 금전적 보상의 개념. 비금전적 보상은 안정감, 성취감, 작업 환경 등, ④ 구성원 개인 의 직무수행에 대해 제공함, ⑤ 창업 초기에는 성과 중심, 성숙단계에는 경쟁 임금 수준, 안정 및 쇠퇴단계에서는 복리후생 강조 보상설계

Answer　　6. ⑤　　7. ⑤　　8. ②　　9. ②　　10. ④　　11. ②

12 다음은 인사 평가 요소에 대한 설명이다. 가장 부적절한 것은?

① 목표달성 여부와 업적성과 평가를 통한 개인의 성과를 반영한다.

② 직무상황에 근거한 행동을 평가하여 개인의 역량을 반영한다.

③ 직무수행에 대한 개인의 잠재적 역량은 미래의 기대치이므로 주관성을 배제하기 어려워 반영하지 않는다.

④ 업적에 관련한 개인의 능력과 태도를 반영한다.

⑤ 직무수행에 관련한 개인의 활동사항을 반영한다.

해설 직무수행에 대한 개인의 미래 잠재력도 역량의 요소로 인사 평가에 반영된다.

13 다음 중 노동자 측의 쟁의행위에 해당되지 않는 것은?

① 파업(strike)   ② 불매운동(boycott)

③ 직장폐쇄(lock out)   ④ 피켓팅(piketting)

⑤ 태업(sabotage)

해설 직장폐쇄는 사용자 측의 쟁의행위에 해당한다.

14 노사관계에 대한 설명으로 틀린 것은?

① 노사관계는 하나의 단순한 특성으로 이해하기보다는 양면적, 입체적 특성으로 이해해야 한다.

② 현대의 노사관계는 과거와 달리 정부의 역할이나 규제에서 벗어나 직접 당사자인 종업원과 사용자의 관계로 이해하는 것이 좋다.

③ 종업원은 사용자에 의해 고용되는 종속적 관계로 볼 수 있으나 동시에 노사관계에서는 상호 이익을 주고받는 대등한 관계로 이해된다.

④ 노사관계는 개별 노사관계→대립적 노사관계→협력적 노사관계→신협력적 노사관계로 발전해 왔다.

⑤ 노사관계는 상호 이해관계가 대립적인 특성을 보이지만 동시에 협력을 추구해야 하는 관계로도 이해할 수 있다.

해설 오늘날에는 사회 전반은 물론 정부 정책에 긴밀한 영향을 미치는 것이 노사관계이므로 노·사·정의 상호관계로 이해할 수 있다.

15 다음이 설명하는 개념은 무엇인가?

> – 인사관리가 조직체의 전략과 목적을 반영해 전략기획의 과정과 잘 연결되는 것이다.
>
> – 조직의 비전이나 목표, 내부상황 및 외부환경을 모두 고려해 가장 적합한 인적자원을 개발, 관리하여 조직의 목표를 극대화하기 위한 개념이다.
>
> – 미시적 시각의 접근이 아닌 거시적 시각에서의 통합적 관점이 요구된다.

① 전략적 조직설계　　　　　　　② 인적자원 정보시스템
③ 직무 재설계 프로그램　　　　　④ 전략적 인적자원 관리
⑤ 조직 변화 기법

해설 전략적 인적자원 관리는 조직체의 전략과 목적을 반영해 전략기획의 과정과 잘 연결하고, 조직체의 전략과 목적을 효율적으로 달성시키는 일련의 과정을 말한다.

16~18　O/X형

16 전략적 인적자원 관리는 기업의 인사관리가 조직체의 전략 및 목적을 반영해 전략기획의 과정과 잘 연결되고, 인사관리 방식 간 서로 조화를 이루어 조직체의 전략과 목적을 효율적으로 달성시키는 일련의 과정이라고 할 수 있다. (① O, ② X)

해설 전략적 인적자원 관리는 기업의 인사관리가 조직체의 전략과 목적을 반영해 전략기획의 과정과 잘 연결되고 조직체의 전략과 목적을 효율적으로 달성시키는 일련의 과정이다.

17 직무 순환이란 유사한 보조 직무를 함께 할당함으로써 주어진 과업의 양과 종류를 증가시켜 직무의 다양성을 제고하는 것을 목표로 한다. (① O, ② X)

해설 문항은 직무 확대의 개념이며, 직무 순환이란 한 과업에서 다른 과업으로 주기적으로 이동하거나 인접 직무로의 순환, 활동의 다양화를 추진함으로써 동기부여를 증대시킨다.

18 전략적 인적지원 스대프의 역할로는 전략적 동반자로서의 역할, 변화 담당자로서의 역할, 종업원 옹호자로서의 역할, 행정 전문가로서의 역할 등이 있다. (① O, ② X)

해설 전략적 동반자, 변화 담당자, 종업원 옹호자, 행정 전문가로서의 역할을 담당한다.

Answer　　12. ③　　13. ③　　14. ②　　15. ④　　16. ①　　17. ②　　18. ①

※ 다음의 보기에서 각 설명에 알맞은 내용의 번호를 골라 넣으시오.

① 서열법　　② 점수법　　③ 분류법　　④ 직무기술서　　⑤ 직무명세서

19 각 직무의 상대적 가치들을 전체적이면서 포괄적으로 파악한 후 순위를 정하는 방법이다.
（　　　）

해설 서열법은 평정 대상자를 서로 비교해서 순위를 정한다.

20 미리 규정된 등급 또는 어떠한 부류에 대해 평가하려는 직무를 배정함으로써 평가하는 방법이다. （　　　）

해설 분류법은 등급법이라고도 하며, 이는 서열법을 발전시킨 방법이다.

21 직무 분석의 결과를 토대로 특정한 목적의 관리절차를 구체화하는데 편리하도록 정리한 것을 말한다. （　　　）

해설 직무명세서는 각 직무수행에 필요한 종업원들의 행동이나 기능, 능력, 지식 등을 일정한 양식에 기록한 문서를 의미한다.

22~23　사례형

22 다음은 S회사에서 채용을 위하여 적용한 면접 사례이다. 이 면접의 유형은 무엇에 해당하는가?
(기출)

미국에서 젊은 나이에 실력을 인정받아 30대 초반에 은행 지점장에 올랐던 P씨가 국내에서 활동하고자 한국에 왔던 차에 국내 증권사인 S사에 인터뷰를 하게 되었을 때 다음과 같은 질문 등을 통한 면접을 하였다.

"미국에선 잘 했을지 모르지만 한국시장이 호락호락할 것 같으냐?"
"왜 외국계 은행도 많은데 국내 증권사인 S사에 입사하려 하느냐?"
"한국에 쉬려고 온 것은 아니냐?"

등등 상기와 같은 매우 곤혹스럽고 자존심을 건드리는 질문만 한 후 나중에 연락하겠다며 면접을 끝냈다.

① 패널면접   ② 심층면접
③ 구조적 면접   ④ 스트레스 면접
⑤ 비지시적 면접

해설 사례의 면접방법은 공격적이고 피면접자를 무시하여 좌절하게 만들어 감정의 안정성과 좌절에 대한 인내성을 관찰하는 등의 평가방법으로 스트레스 면접에 해당한다.

23 다음은 모 여행사의 인사관리에 대한 내부 지침이다. 설명이 틀린 것은?

> 1. 채용과 승진
>   사내 추천을 최우선으로 하며 임원 이하 승진에서는 내부 발탁을 최우선으로 한다.
> 2. 인력 배치
>   임직원의 강점을 최대한 살려 실력에 맞도록 업무를 할당하는 것을 최우선으로 하며, 개인의 능력과 업무의 성격을 고려하여 배치한다.
> 3. 보상
>   업계 최고의 보상을 유지할 수 있도록 하며 연말에 조직 전체의 매출 목표를 상회할 수 있도록 인센티브를 제공한다. (연초 목표 제시, 기본 인센티브와 추가 인센티브)
> 4. 임금
>   각 개인의 성과를 측정하여 연봉제로 지급하는 것을 원칙으로 하되 부서별 업무의 특성을 고려하여 성과의 기준을 책정한다.
> 5. 복리후생
>   주택자금 대출 지원, 학자금 지원, 장기 근속자 포상휴가 제도 실시

① 인력 선발 방법을 주로 내부 모집을 우선으로 하여 구성원들의 사기 진작에 도움이 되며 인력 선발에 따른 비용을 절감하고 있다.
② 인력을 배치함에 있어 실력주의와 적재적소주의 원칙을 강조하고 있다.
③ 보상설계에 있어 구성원들의 경제적 안정과 조직의 지불능력을 고려하는 측면을 중요시 하고 있다.
④ 연봉제를 선택함으로써 구성원들에게 적절한 동기부여를 제공하고, 동시에 간결한 임금 구조를 띠고 있으나 공정성을 기하기 위한 직무 분석, 평가를 중시하고 있다.
⑤ 구성원의 경제적 복리와 휴가제도를 선택하여 설계하였다.

해설 ③의 보상설계에서는 동기부여 측면을 고려하여 설계하였으며, 동시에 명확한 기준을 세시하여 보상체계를 이해할 수 있도록 하여 수용성 측면을 감안하였다.

※ 텔레마케팅을 전문으로 아웃소싱하는 A기업은 최근 대형 프로젝트를 수주하였다. 다음은 프로젝트를 수행하기 위해 TF팀에서 진행하는 회의 내용이다.

A : 이번 프로젝트는 계약 기간이 3년입니다. 이번 프로젝트 수행에 대한 전략적 측면에서 인적자원에 대한 중요성은 매우 크다고 볼 수 있습니다.

B : 고객사에서 요구하는 TM 서비스의 수준이 높아 경력직이 필요한 상태입니다.

C : 특히 불만고객과의 상담과 신규고객 상담이 많은 만큼 경력은 물론이고 직무에 적응력이 높은 직원을 선발하여야 안정적인 서비스 제공이 가능할 것입니다.

D : 프로젝트의 계약사항이 우리 회사의 콜 서비스에 대한 성과측정으로 수익이 결정됩니다. 직원들의 성과가 매우 중요한 상황입니다.

E : 전화상담원들을 제대로 관리할 수 있는 관리자급 영입도 매우 중요한 사안입니다. 해당 업무를 깊이 있게 이해하고 직원모집에도 영향을 미칠 수 있을 겁니다.

F : 아무리 좋은 인적자원을 선발한다 해도 본격적인 서비스 시작 전에 효과적인 교육, 훈련이 필요합니다.

24 상기 회의 내용을 설명한 것 중 거리가 먼 것은?

① 조직의 경영 목적 달성을 위해 필요한 인력을 확보, 개발, 유지, 활용할 수 있도록 인적자원을 관리하고자 한다.

② 인적자원을 생산요소이자 비용의 관점으로 이해하고 채용, 훈련 등을 개별적인 과정으로 이해하는 전통적 개념의 인사관리로 해결할 수 있다.

③ 구성원 개인의 목표와 조직의 목표가 동시에 조화를 추구해야 하는 상황으로 이해할 수 있다.

④ 선발, 교육 및 평가, 보상의 전반적인 부분을 동시에 고려해야 하는 상황이다.

⑤ 서비스 현장의 인적자원 관리로 다른 산업 분야에 비해 그 중요성이 더 크다고 볼 수 있으며, 조직 구성원을 어떻게 관리하느냐에 따라 조직의 성패가 좌우된다.

해설 ② 조직의 유효성 증진에 공헌하는 대상으로 구성원을 이해하고 있으며 채용부터 훈련, 인적자원의 관리 전반을 통합적으로 바라보고 실행하는 것이 좋다.

25 회의 발언 내용과 연결하여 시행한 인적자원 관리의 실행 방안 중 부적절한 것은?

① A - 단기 프로젝트로 실시되어 계약직 직원을 대거 신규 채용하는 방법을 선택하였다.

② B - 경력자 선발에 필요한 선발 기준을 명확히 하여 적성검사 및 면접을 시행하였다.

③ D - 성과에 연동되는 프로젝트인 만큼 안정적인 서비스 제공을 위해 고정급을 실시하여 근로자들의 동기부여를 강화하고 고정비를 낮출 수 있었다.

④ E - 감정 노동을 수행하는 서비스의 특성과 직무를 조정할 수 있는 관리자를 선발하여 안정적인 조직을 운영할 수 있도록 하였다.

⑤ F - 조직과 개인의 목표를 일치시키고 성과를 향상시킬 수 있도록 효과적인 훈련 프로그램을 시행하였다.

해설 고정급은 동기부여를 약화시킬 수 있으며 고정비에 부담을 줄 수 있다. 상기와 같은 성과에 연동하는 경우에는 인센티브 및 보상 프로그램, 연봉제 등의 제도를 도입하는 것이 일반적이다.

PART 05

고객만족 경영전략

전통적인 제조업에 비해 고객의 만족과 품질을 평가하기
어려운 서비스 산업에서는 고객 만족을 위한 경영전략의
개념을 통해 서비스 산업의 경쟁력을 강화하는 방향을
설정할 수 있다. 서비스 산업 자체의 내재적 경쟁력이나
품질은 물론 외부적인 환경 등을 입체적으로 바라보고
효과적인 전략을 수립하기 위해 경영전략을 제대로
이해하는 것은 매우 중요한 부분이다.

이번 Part에서	서비스 기업의 경영전략 수립에 도움이 되는 다양한 이론적 체계를 이해하고 서비스 지향 조직의 개념과 고객만족도 향상을 위한 구체적인 전략 수립 방향을 알게 된다.
학습목표	1. 경영전략의 개념과 발전 방향을 바탕으로 하여 주요 경영전략 이론들을 학습한다. 2. 서비스 기업에서의 경영전략에서 이해해야 하는 추가적인 개념과 서비스 지향 조직 경영을 위한 방향을 이해한다. 3. 서비스 기업의 경영전략 목표인 고객 만족의 개념과 고객만족도 향상을 위한 실행전략 방안을 학습한다. 4. 고객 만족을 평가, 측정하는 개념과 대표적인 고객만족지수의 개요 및 모델을 이해한다.
이번 Part를 학습하고 나면...	- 서비스 운영에 필요한 전략적 개념 수립에 도움이 된다. - 서비스 조직의 현상황과 나아갈 방향을 수립함에 있어 경영전략 분석기법을 적용할 수 있게 됨으로써 보다 체계적으로 운영방향과 실행전략을 모색할 수 있게 된다. - 서비스 마케팅에 핵심적인 전략 수립의 기초를 이해하여 운영 및 실행 방안에 접목할 수 있다. - 고객 만족의 총체적 개념을 이해함으로써 고객 지향적 조직운영의 주요 과제를 파악하고 실행할 수 있다. - 고객 만족 지수가 가지고 있는 의미를 이해하게 된다. - 고객 만족을 측정, 평가하는 주요 지표를 통해 서비스 운영조직의 고객 만족 상태 및 고객 만족 향상을 위한 기준으로 활용할 수 있다.

서비스 기업 및 조직을 운영하기 위해 경영전략에 대한 다양한 이론적 토대를 이해하는 것은 매우 효과적인 방법이다. 경영전략의 기본적인 개념과 발전 방향, 그리고 대표적인 이론들을 통해 고객만족 경영전략의 기초를 수립할 수 있다.

1 경영전략의 개념

1) 경영전략의 의의

① 정의

㉠ 학자들의 다양한 정의
- 경영전략은 기업의 기본적 목표를 달성하기 위한 종합적 활동계획 (Glueck, 1980)
- 경영전략은 기업의 경쟁우위를 구축하고 구체적 경쟁방식을 선택하는 의사결정 (Porter, 1996)
- 경영전략은 기업의 한정된 경영자원을 효과적으로 배분하는 의사결정의 패턴 (Barney, 1977)
- 경영전략이란 경영목표를 달성하기 위한 의사결정 룰(rule) 내지 지침이다. (Ansoff, 1965)
- 경영전략은 기업이 그 목적을 달성하는 방법을 제시하는 것과 같이 현재 및 예정된 자원 전개와 환경과의 상호작용의 기본패턴이다." (호퍼와 쉔델)

㉡ 개념적 정의
- 개개의 의사결정이 긴밀하게 결합, 통일되어 조직목적으로 설정된 장기적 목표를 달성하는 수단이다.
- 기업의 경쟁영역에 대한 선택이다.
- 경쟁우위를 성취하기 위한 외부 기회와 위협, 내부 강점과 약점들에 대한 대응이다.
- 기업이 이해관계자에게 주는 경제적, 비경제적 공헌에 대한 정의이다.

② **경영전략의 특성**

    ㉠ 주체 및 대상자 측면

- 주로 최고경영자의 입장에서 기업 전체를 관심의 대상으로 하여 수립된다.
- 효과적인 경영전략은 기업 전체에 파급효과가 크다.
- 경영전략은 다른 모든 결정들을 통제하는 한계를 정해준다. 즉, 전략적인 결정을 선행한 후 그것을 구체적으로 실행하기 위한 하위결정이 이루어진다.
- 전략적 의사결정은 자원의 재배분을 가져오며, 여러 부서를 망라하여 동시에 관여한다.

    ㉡ 기능적 측면

- 경영전략은 경영목적을 달성하기 위한 포괄적인 수단으로, 환경적응의 기능과 기업이 장차 당면할 전략적 문제나 전략적 기회를 발견하는 기능을 가진다.
- 경영전략은 각 부문의 경영활동을 전체로 총합하는 기능을 가지며, 정보수집을 효율적으로 하기 위한 결정 룰이 되기도 한다.

③ **경영전략의 역할**

기업		산업 및 외부환경
• 기업의 경영 목적 • 기업 문화와 가치관의 정립 • 경영자원과 핵심 역량의 발견과 정의 • 조직 구조와 관리시스템의 기준	← 전략 →	• 산업의 구조적 특성을 이해하고 반영 • 금융환경에 대한 예측 및 대응 • 정부, 정부 정책과의 연계

플러스 tip

주요 경영전략 이론의 핵심 주제 변화

기간	1950~1970초	1970후반-1980중반	1980후반-1990중반	1990후반-2000년대
주요 주제	장기 계획 (Planning)	산업구조 및 경쟁 분석	경쟁우위 확보 및 유지	기술 진보의 영향
주요 개념과 기법	재무적 투자계획의 수립 및 시장 예측, 시장 점유율 분석(SWOT분석)	산업 구조 분석과 산업 내 포지셔닝 분석	경쟁우위 창출에 필요한 요인 분석, 동태적 분석기법	수확체증의 현상, 네트워크의 경제성, 혁신, 산업 표준의 중요성
실행 방안	• 재무관리가 주요 기능을 수행 • 기업 내 종합기획실의 설립	• 수익성이 낮은 사업을 제거 • 전망 좋은 사업 분야로의 진입	• 인적자원 관리, 전략적 제휴를 통한 핵심 역량 배양 • 비즈니스 리엔지니어링으로 비용 감소 및 서비스 향상	• 전략적 제휴 • 시장과 기술의 변화에 따른 신속한 대응, 창의력 증대, 기업가 정신

2) 경영전략의 내용

① 구성 요소

㉠ 명확한 목표수립

- 기업의 경제적, 사회적 영역에서의 사업적 정의

- 전략 수행의 공간, 환경을 결정

㉡ 경영자원 평가 및 배분

- 기본적인 경영자원인 인적, 물적, 재무적 자원과 정보중심의 경영자원을 어떻게 축적하고 배분할 것인가에 대한 부분

- 능력 중심의 경영전략에서는 '핵심 역량'을 경쟁우위 확보의 중심으로 평가한다.

㉢ 경쟁우위 모색

- 목표와 확보된 경영자원에 대한 평가를 통해 경쟁기업에 대한 경쟁관계를 이해한다.

- 경쟁기업에 비해 유리한 지위를 확립하기 위한 방안

㉣ 전략 수행을 위한 조직 효율성

수립된 목표를 위한 배분된 경영 자원을 효율적으로 전개함으로써 경영전략의 시너지를 창출해 낼 수 있다.

② 전략의 세분화

기업 업무의 특성, 수준 등에 따라 다양한 전략으로 세분화 될 수 있으며, 각 전략에 따라 구성 요소의 상대적 중요성도 변화될 수 있다.

전략	기업전략	사업전략	기능전략
중요 요소	목표 수립과 자원 전개	경쟁우위 모색	자원 전개, 조직 효율성
주제	어떤 사업을 해야 할 것인가?	경쟁 기업에 대항하여 이기는 방법은 무엇인가?	가장 효과적인 혹은 효율적인 방법은 무엇인가?

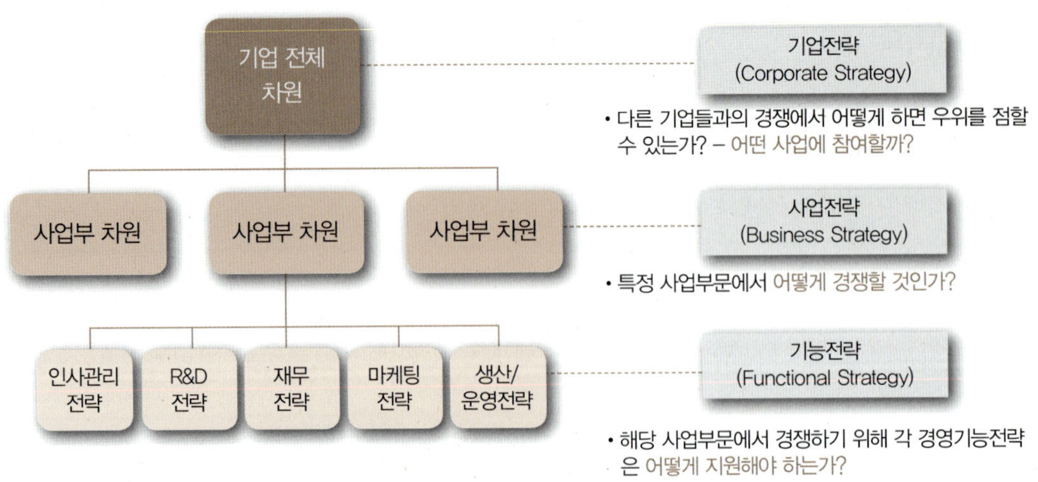

2 경영전략 연구 유형별 이론

경영전략의 연구 방향은 기업의 방향을 설정하는 기본 전략에 초점을 맞춘 연구와 기업의 경쟁력을 확보하기 위한 전략 수립, 그리고 기업의 성장을 유지·확대하기 위한 전략 수립으로 크게 나누어 볼 수 있다.

1) 기본 전략(Grand Strategy)

안정성장 전략	미래의 환경이 크게 변화하지 않는 산업부문에서 가장 바람직하고 효과적인 전략	• 점진적 성장전략 • 현금획득 전략 • 휴식전략
성장전략	미래의 목표를 과거 수준의 연장보다 높여서 시장점유율이나 매출액을 확대시키려는 것으로 확대화전략이라고도 한다.	• 다각화에 의한 성장전략 • 매각이나 합병, 합작을 통한 성장전략
감량, 우회전략	부진사업에 대한 감축 및 감량 경영을 위한 전략으로 현실적으로 매우 어려운 선택	• 철수전략 • 청산전략
복합전략	동일 시간대에 여러 개의 사업장에 다수의 전략을 차별적으로 적용하거나, 시간의 경과에 따라 여러 전략을 복합적으로 사용하는 전략	

2) 본원적 경쟁 전략(Generic Competitive Strategy)

마이클 포터(M.Porter) 교수의 경쟁전략으로 기업이 선택할 수 있는 경쟁우위 중 가장 핵심적인 세 가지의 전략기법이다. 원가우위 전략과 차별화전략, 집중화 전략이 핵심 전략이다.

① **원가우위 전략(Cost Leadership Strategy)**

    ㉠ 고객에게 제공하는 상품 및 서비스 제공에 투입되는 원가를 줄여 경쟁사에 비해 상품과 서비스를 상대적으로 낮은 가격으로 소비자에게 제공하는 전략을 말한다.

    ㉡ 원가우위 전략 추구를 위한 전제 조건

        - 제조 및 서비스 시설에 대한 초기 투자가 가능해야 한다.

        - 적용이 가능한 범위에 있는 상품과 서비스인가에 대한 판단이 필요하다.

        - 실제 원가를 관리하고 지속적으로 비용을 통제할 수 있는 체계가 필요하다.

        - 저가전략의 위험 요소가 없는가를 확인하고 통제할 수 있어야 한다.

        - 명확한 목표고객을 정의하여야 한다.

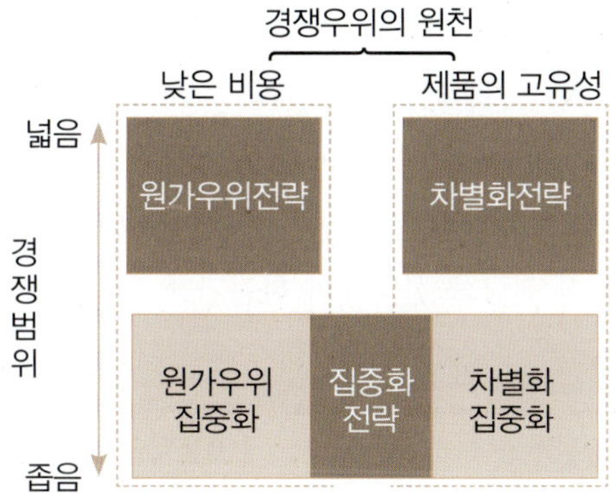

② **차별화전략(Differentiation Strategy)**

    ㉠ 경쟁기업에 비해 독특한 상품과 서비스를 제공한다는 이미지를 고객에게 심어주는 전략이다.

    ㉡ 경쟁사에 비해 가격이 저렴하지 않더라도 상품, 서비스 등 고객이 만족할 수 있는 부분에서 분명하게 차이가 나는 것에서 경쟁력을 확보하는 전략이다.

    ㉢ 차별화전략 추구를 위한 전제 조건

        - 차별화전략을 사용한다고 해서 서비스 비용이나 가격을 무시할 수 없으므로 차별화에 소요되는 비용의 수준이 고객이 기꺼이 지불하고자 하는 수준을 넘어서지 않도록 해야 한다.

        - 특히 무형적 요소에서 차별화를 찾는 경우에는 이를 유형화하여 구체적으로 느끼고 경험할 수 있도록 하여야 한다.

        - 다른 경쟁사와의 차이에 대해 고객이 인식할 수 있는 위험을 감소시키는 준비가 필요하다.

        - 품질을 유지할 수 있도록 통제체계를 확립·점검한다.

③ 집중화전략(Focused Strategy)

  ㉠ 전체 시장을 대상으로 하기보다는 시장의 크기는 작지만 특정한 지역이나 구매자 집단과
    같이 성격이 분명한 특수시장을 대상에 집중하는 전략이다.

  ㉡ 특수 목표시장이 선정되면 그 시장에 해당하는 고객의 특별한 요구를 만족시키기 위해
    상품, 서비스를 개발하여 제공한다.

  ㉢ 특정의 고객층, 제품, 시장, 기술 등 비교우위가 있는 부문에 회사의 모든 인적, 물적,
    재무적 자원을 집중시킨다.

  ㉣ 원가우위나 차별화전략을 동시에 사용하면서 특수시장을 집중적으로 공략함으로써
    원가우위 집중화 전략이나 차별화 집중화 전략으로 실행하게 된다.

3) 성장전략

기업이 성장을 목표로 경영전략을 수립하는데 있어서 기준이 되는 전략 모형이다. 경영전략을
처음으로 제시한 앤소프(Ansoff)가 정립한 경영전략 모형이다. 제품과 시장에 따라 성장전략을
어떻게 채택해야 할 것인가에 대해 2×2 매트릭스로 모델링을 한 것으로, 기업이 성장을 하기
위해서는 제품과 시장에 따라서 어떤 전략을 선택해야 하는가를 결정해야 한다.

구분	기존 제품	신제품
기존 시장	①시장침투전략	②제품개발전략
신시장	③시장개발전략	④다각화전략

▲ '앤소프'의 성장전략

① 시장침투 전략(기존 시장 + 기존 제품)

  ㉠ 기존 시장에 기존 제품을 프로모션하거나 브랜드를 다시 포지셔닝 하는 등의 방법을 통해
    매출을 증대시켜 시장 점유율을 높이는 목적을 가진다.

  ㉡ 시장 전체가 성장하고 있는 경우에 유효한 전략이며, 정체기에도 판매촉진 활동 등을 통해
    성장을 시도할 수 있으나 보편적으로는 효과가 미미할 수 있다.

② 제품개발 전략(신제품 + 기존 시장)

  ㉠ 기존 제품·서비스의 기능을 향상시키거나 새로운 가치를 부여하는 등 새로운 제품·
    서비스를 개발하여 기존 고객이 갖고 있는 제품을 새로 만든 제품으로 대체시켜
    성장하고자 한다.

  ㉡ 기존의 안정적인 제품을 대체하는 만큼 제품 자체의 경쟁력을 검증하고 자체의 경쟁력을
    보유하고 있을 때 시도될 수 있다.

③ 시장개발 전략(기존 제품 + 신(新)시장)

㉠ 기존 제품의 매출을 확대하고 포화상태의 시장을 확대하기 위해 새로운 시장을 발굴하므로 글로벌 사업의 추진 혹은 새로운 상권으로의 진출, 새로운 고객층으로의 확대 등으로 성장을 추구하는 경우이다.

㉡ 제품 및 서비스가 기존에 가지고 있던 차별화나 경쟁력이 특정 시장에 국한된 것이 아니었는지를 점검하여 신시장에서의 경쟁력을 유지·확대할 수 있도록 해야 한다.

④ 사업다각화(신제품 + 신시장)

㉠ 기존 주력 제품으로 성장을 이룰 수 없다고 판단하는 경우 위험을 감수하고 새로운 제품과 서비스를 개발하여 새로운 시장을 찾는 전략이다.

㉡ 기존 제품과 관련된 제품을 개발할 수도 있고, 관련 없는 제품을 만들 수도 있으며 주로 기존 제품, 기존 시장에서의 경험을 토대로 하지만 기업의 미래 사업을 통해 장기적인 성장 동력을 만들어 가고자 하는 경우라고 할 수 있다.

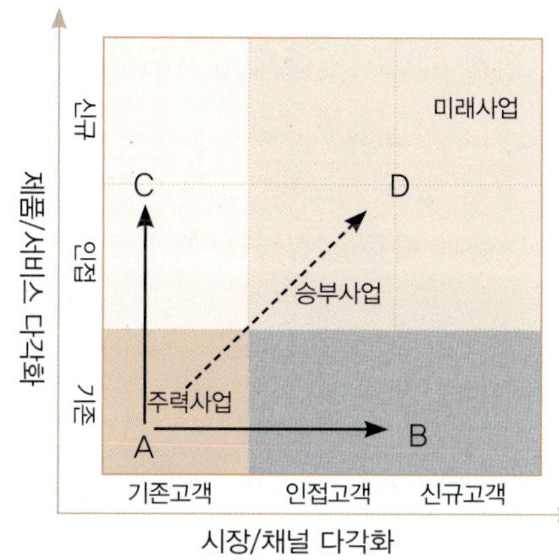

▲ '기업의 성장전략 매트릭스

3 경영전략 수립을 위한 분석 틀

경영전략을 수립하기 위해서 기업의 내·외부를 분석하는 틀이 필요하다. 분석 결과를 통해 추구해야 할 전략이 결정되므로 일종의 경영전략 이론으로 볼 수 있지만 거시적, 미시적 분석에 집중하고 있는 다양한 이론과 모형으로 이해할 수 있다.

1) 분석의 유형

① 위상 분석(Position 분석)

  ㉠ 위상 분석은 기업의 상대적 경쟁력을 파악하고 경쟁자를 통한 벤치마킹을 통해 향후 기업의 방향을 설정하고자 하기 위해 시행된다.

  ㉡ 위상 분석의 절차

1단계-요인의 선정	분석의 목적 및 대상에 부합하는 핵심 요인 선정
2단계-격자/매트릭스 구성	핵심 요인 중 2가지 요인을 선정하고 이를 축으로 하여 격자/매트릭스를 구성
3단계-맵핑	비교 대상이 되는 다양한 기업이나 제품의 수준을 측정하여 매트릭스에 표시
4단계-전략방향 제시	매트릭스상에서의 자사의 위치를 파악하고 이를 어느 위치로 이동시켜야 할 것인가를 결정

② 분포 분석(Portfolio 분석)

  ㉠ 기업의 현재 과제 또는 미래에 수행할 과제들이 전체적으로 어떻게 분포되어 있는지를 살펴보기 위한 분석이다.

  ㉡ 기업의 제품, 서비스 및 사업 내용들이 전체적으로 균형 있게 분포되어 있는가를 파악하여 현재의 포트폴리오를 개선하거나 조정하는 전략적 방향과 비율을 결정할 수 있도록 한다.

    (예 제품 사업 포트폴리오, 기술 포트폴리오)

  ㉢ 분포 분석의 절차

1. 요인 선정	2. 매트릭스 구성	3. 맵핑	4. 전략 방향 제시
분석할 핵심 요인	기준 요인 선정	분석 대상 위치 선정 (동그라미 형태로 시각화)	전략적 실행 방향

③ 동태 분석

  ㉠ 시간의 흐름을 하나의 축으로 설정하여 분석 대상이 되는 요인의 상태가 시간이 흐름에 따라 어떻게 변화하는지 살펴보는 분석이다.

  ㉡ 분석하고자 하는 대상의 변화 방향과 변화율을 통해 중·장기적 성장성이나 경쟁력을 분석하고자 한다.

  ㉢ 동태 분석의 절차

    - 1단계 시간축의 결정 : 수명주기 개념 도입(도입(introduction) - 성장(growth) - 성숙(maturation) - 쇠퇴(declining))

    - 2단계 : 분석 요인의 결정

ⓒ 동태분석 후 전략 선택

조기진입-후기퇴출	수명주기상 도입기에 선도 기업으로 진출하여 쇠퇴기까지 남아있는 전략으로, 브랜드 이미지를 확보하거나 시장표준을 선도할 수 있는 반면 쇠퇴기 퇴출에 따른 사업전환 비용 및 수명주기에 따른 리스크 등이 존재한다.
조기진입-조기퇴출	수명주기상 도입기에 선도 기업으로 진출하여 성장기 후반/성숙기 초반에 빠져 나오는 전략으로, 초기 시장 선점의 이익만을 누리므로 사업전환 비용이 적지만 시기 결정 등에 대한 불확실성 및 규모의 경제효과를 누릴 수 없다는 점이 단점이다.
후기진입-후기퇴출	성장기에 후발기업으로 시장에 진출하여 쇠퇴기까지 남아있는 전략으로, 성장기에 진입하므로 시장 자체의 위험 없이 안전한 사업을 영위할 수 있으나 자금력, 기술력 등의 확실한 우위가 기본 전제가 되어야 하는 단점이 있다.

2) 다양한 분석 기법

① Five - Force 모형

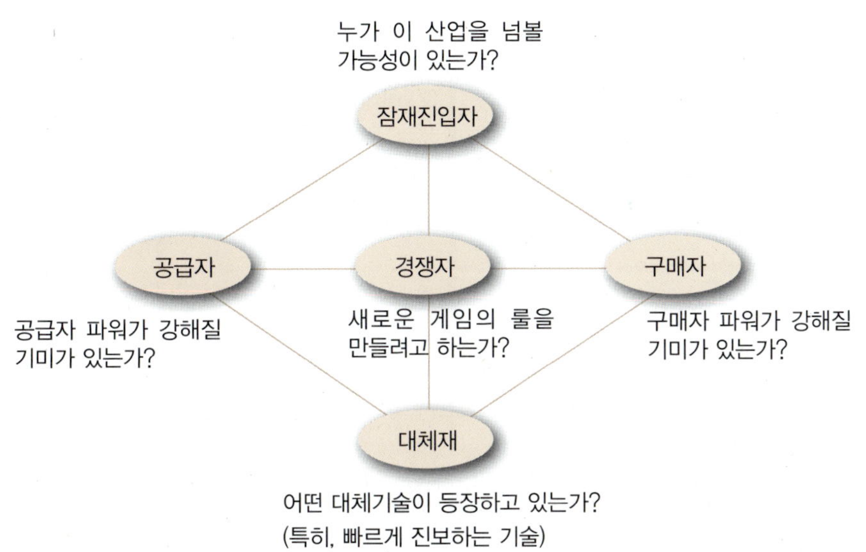

마이클 포터(Michael Porter) 교수는 산업의 매력도와 구조를 결정하는 5가지 요인의 상호작용을 분석함으로써 기업이 신규 비즈니스의 투자를 결정하거나 기존의 비즈니스에 대한 전략적 대응이 가능하다고 보았다.

경쟁자	동일한 산업에서의 기존 경쟁자 간의 경쟁자는 누구이며, 그 경쟁의 강도는 어떠한가에 대한 측정이다. 경쟁이 치열할수록 수익성이 악화될 가능성이 있으며 새로운 위험이 나타날 수 있다.
잠재 진입자	해당 사업에 새롭게 등장하게 될 후발 기업의 위험으로, 신규 경쟁자가 쉽게 진입할 수 있는 시장인가를 분석하고자 한다. 신규 경쟁자들이 쉽게 진입할 수 없도록 진입장벽이 높은 시장은 매력도가 높다고 판단된다.
구매자	해당 비즈니스의 상품, 서비스를 구매하는 소비자 혹은 기업을 의미하며, 구매자의 영향력이나 교섭력의 정도를 분석한다. 구매자 교섭력이 강하면 가격 인하나 추가 서비스 요구가 늘어날 수 있으므로 시장의 매력도는 낮아지는 것으로 판단한다.
공급자	상품, 서비스 제공에 필요한 원자재, 부품 등을 공급하는 기업을 의미하며, 공급자의 영향력이나 교섭력이 높아지면 원가 부담이 가중되거나 비즈니스 안정성에 문제가 발생할 수 있으므로 시장의 매력도는 낮아진다.
대체재	해당 산업의 상품, 서비스와 유사한 기능을 가지는 대체 상품, 서비스의 숫자 및 다양성의 정도를 통해 분석하며, 대체재가 많아 고객들이 유사하게 인식하게 되면 경쟁관계의 상품이 증가하는 경우와 흡사해진다. 대체재의 종류가 많으면 시장 매력도가 낮아진다.

② BCG 모델

보스턴 컨설팅 그룹(BCG)이 개발한 전략평가 기법으로 기업이 사업에 대한 전략을 결정할 때 '시장점유율(market share)'과 '사업의 성장률(growth)'을 고려한다는 가정을 바탕으로 짜여진 포트폴리오 분석기법이다. 시장점유율과 성장률 매트릭스에 의해 사업을 구분하고 이후 전략 수립의 방향을 설정하는데 활용하는 경영전략 수립의 기본 분석도구이다.

스타(Star) 사업	성장률과 시장점유율이 높아서 계속 투자하게 되는 유망한 사업이다.
캐시카우 (Cash Cow) 사업	점유율이 높아서 이윤이나 현금흐름은 양호하지만 앞으로 성장하기 어려운 사업이다.
물음표 (Question Mark) 사업	주로 신규사업의 영역이다. 상대적으로 낮은 시장점유율과 높은 성장률을 가진 사업으로 기업의 행동에 따라서는 차후 스타(star)사업이 되거나, 도그(dog)사업으로 전락할 수 있는 위치에 있다. 일단 투자하기로 결정한다면 상대적 시장점유율을 높이기 위해 많은 투자금액이 필요하다.
개(Dog) 사업	더 이상 성장하기 어렵고 이윤과 현금흐름이 좋지 못한 안 좋은 사업이다.

③ GE 모델

BCG 모델이 단순하면서도 효과적으로 현금투자 흐름을 제시해주고 있지만 세부적인 전략에 대한 언급이 없다는 한계로 인해 글로벌 기업인 GE에서 Mckinesy & Company 컨설팅사의 도움으로 만들어진 세부적인 사업포트폴리오 분석 매트릭스이다.

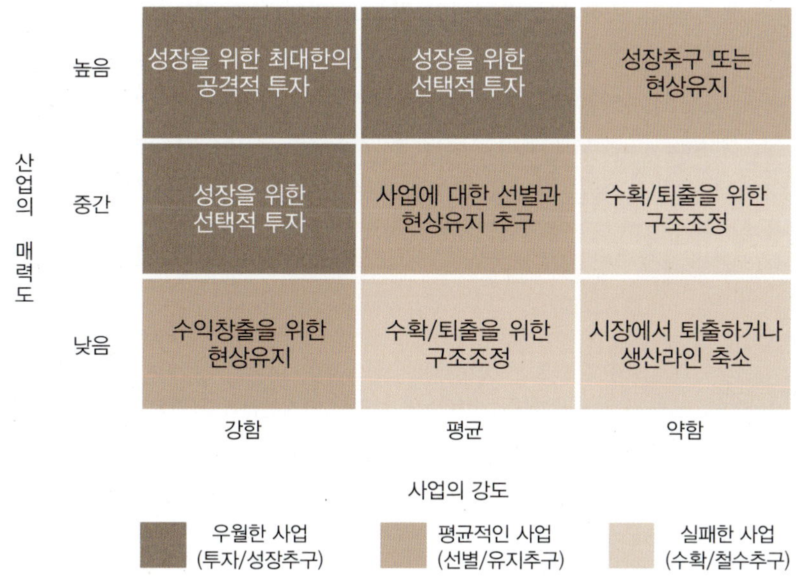

㉠ 산업매력도(Y축)와 사업의 강도(X축)를 기반으로 3×3 매트릭스 형태로 구성되어 있으며, 산업의 매력도와 사업의 강도는 BCG 기법에서 지표로 활용되었던 시장성장률과 시장점유율까지 포함하는 다양한 지표를 포함하는 개념이다.

㉡ 산업의 매력도 : 시장규모, 성장이익률, 이익마진, 경쟁강도, 규모의 경제성 등이 영향을 미치는 요인이다.

㉢ 사업의 강도 : 상대적인 시장점유율, 가격경쟁력, 제품품질 등이 영향을 미치는 요인이다.

④ 가치사슬

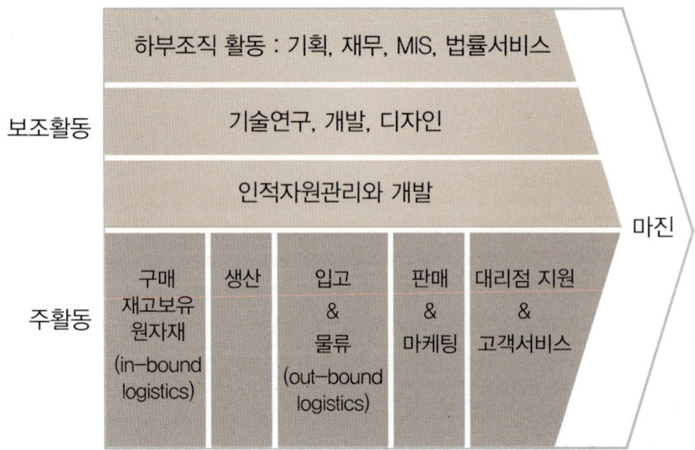

가치사슬 이론은 McKinsey 컨설팅사가 개발한 Business System을 마이클 포터(Michael Porter) 교수가 정교한 분석틀로 발전시킨 것으로 기업의 전략적 단위활동을 구분하여 해당 기업의 강점과 약점을 파악하고 원가발생의 원천, 경쟁기업과의 현존 및 잠재적 차별화 원천(가치창출 원천)을 분석하기 위해 개발된 개념이다. 기업의 전반적인 생산활동을 본원적 활동(주활동, primary activities)과 지원활동(보조활동, support activities)으로 나누어 각 부문의 비용과 부가가치 생산 정도를 분석하고 각 단계별로 경쟁우위가 있는 부문과 열위가 있는 부문을 알 수 있으며, 그 결과를 통해 핵심역량을 파악한다.

㉠ 가치사슬 활동

본원적 활동 (Primary Activities)	물류투입, 운영/생산, 물류산출, 마케팅 및 영업, 서비스 활동이 이에 포함되며 제품, 서비스의 물리적 가치창출과 관련된 활동들로써 직접적으로 고객들에게 전달되는 부가가치 창출에 기여하는 활동들을 의미
지원 활동 (Support Activities)	• 회사 인프라, 인적자원 관리, 기술개발, 구매조달 등이 이에 포함되며, 본원적 활동이 발생하도록 하는 투입물 및 인프라를 제공 • 지원활동들은 직접적으로 부가가치를 창출하지는 않지만, 이를 창출할 수 있도록 지원하는 활동들을 의미

㉡ 가치 시스템

- 기업 내 가치활동들을 연결하고 기업 내부의 가치사슬과 외부의 다양한 가치사슬 (공급자의 가치사슬, 유통, 구매자 및 사용자의 가치사슬이라는 전방채널 가치사슬) 사이에서 상호 의존적인 관계를 창출한다.
- 가치시스템 하에서 기업은 공급자와의 관계에서는 공급사슬 관리(SCM; Supply Chain Management), 기업과 고객과의 관계에서는 고객관계 관리(CRM; Customer

Relationship Management)가 삽입되며, 오늘날 ERP(Enterprise Resources Planning)는 회사 하부구조 차원을 넘어 지원 및 본원적 활동 전 영역으로 확대되어 적용된다.

ⓒ 가치사슬 분석

– 가치활동 각 단계에 있어서의 부가가치 창출과 관련된 핵심 활동이 무엇인가를 규명하고, 가치활동 각 단계 및 핵심 활동들의 강·약점과 차별화 요인을 분석하고, 각 단계별 원가 동인을 분석하여 경쟁우위 구축을 위한 도구로 활용한다.

– 가치사슬 분석방법

> 기업 전체의 비즈니스 프로세스, 활동 연구 → 정해진 프로세스에 대한 비용 할당 → 서로 다른 프로세스에 의해 발생된 가치 결정 → 각 부문이 비용(cost), 속도(speed), 효율성(efficiency) 측면에서 최적으로 운용되고 있는지의 여부 검증

– 가치활동은 상호 의존적 활동으로 연계를 통한 시너지 효과를 고려하여 분석해야 한다.

ⓔ 가치사슬과 경쟁우위

– 기업의 경쟁우위 평가는 자사의 가치사슬, 공급자의 가치사슬, 전방채널 참여자의 가치사슬(유통/구매자/사용자 가치사슬)을 포함하는 가치시스템에 대한 이해를 바탕으로 한다.

– 가치사슬 분석은 최종 사용자에게 제공되는 제품/서비스를 형성하기 위한 모든 활동에 대해 전략적 우위 및 열위를 결정하여 경쟁우위를 평가하는 하나의 방법이다.

– 가치사슬 분석을 통한 경쟁우위 평가 3가지 방법

내부 코스트 분석	프로세스를 만들어내는 내부 가치에 대한 수익성 원천과 상대적 코스트의 지위를 결정
내부 차별화 분석	프로세스를 만들어내는 내부 가치 내에서의 차별화 원천을 이해
수직적 연계 분석	고객전달 가치를 최대화하고 코스트를 최소화하기 위해 외부 공급업자와 고객들 중 관련성 및 연관된 코스트를 이해하여 기업의 가치활동과 공급자, 채널, 사용자 가치활동 간의 연계를 통해 경쟁우위를 개발

⑤ SWOT

기업이 전략을 수립함에 있어 해당 시점의 주요 환경요인을 기회와 위협으로 분류하고 이들을 전략적 관점에서 자사의 강·약점과 결합시켜 기업의 현황을 분석하는 기법이다. SWOT 분석을 통해 도출된 기업의 기본적인 방향은 보다 세부적인 전략 수립에 활용된다.

㉠ 각 요소(S.W.O.T)

내부 환경 요인	강점 S (Strengths)	• 기업이 소유하고 있는 장점 • 핵심 역량 및 경쟁우위 예 차별화된 핵심 역량, 구성원 스킬, 경영능력, 독점적 기술,
	약점 W (Weaknesses)	• 기업의 보유 약점 • 뒤쳐진 것, 개발이 요구되는 점 예 전략 부재, 설비 낙후, 핵심 스킬 부족, 연구능력 부족
외부 환경 요인	기회 O (Opportunities)	• 외부환경에서 찾을 수 있는 기회 • 매출, 수익 향상 기회 예 소득수준 증대, 규제 완화, 신규고객 집단 등장
	위협 T (Threats)	• 외부환경에서 올 수 있는 위협 • 매출, 수익악화 위협 예 신규 경쟁자 진입, 대체재 증가, 불리한 정책, 환율 변화

㉡ 매트릭스와 전략 방향

	Strength	Weakness
Opportunity	S O 기회를 위해 강점을 사용 (강점을 더 강하게)	W O 약점에서 기회 발견 (약점 극복)
Threat	S T 위협을 강점으로 극복 (방어전략 제공)	W T 위협회피 약점 최소화 (다양화 전략 제공)

플러스 tip

S-C-P 모형 (구조-행위-성과 모형)

기업의 환경과 행동, 성과 사이의 관계를 이해하기 위한 접근법

- 구조(Structure) : 해당 산업 내 경쟁자의 수, 제품의 차별화 정도, 진입장벽, 비용구조

- 행위(Conduct) : 산업 내 기업들의 실행전략 및 정책. 가격, 상품, 광고, R&D 정책

- 성과(Performance) : 개별 기업의 성과 정도. 평균 이상 혹은 이하 등의 재무적 성과

Chapter 02 서비스 기업의 경영전략

서비스 기업의 특수성 혹은 기업의 서비스 부문에 대한 전략 수립 방향을 위해 서비스 마케팅전략의 핵심적인 내용들을 알아보아야 한다. 전통적인 서비스 마케팅전략 수립의 개념에서 변화된 시대에 중시되는 내용에 이르기까지 서비스 지향적인 조직을 운영하기 위해 이해해야 하는 것들을 학습한다.

1 서비스 기업의 마케팅전략

서비스 산업의 특성과 기업 전체의 경영전략에 따라 서비스 기업은 다양한 서비스 마케팅전략을 수립하게 되며, 이에 대한 기본적인 토대는 고객을 이해하는 방향과 이를 직접적으로 실행하는 마케팅 믹스로 이루어지게 된다.

1) STP전략

① 의의

㉠ 해당 서비스의 시장을 이해하는 방향을 설정하는 전략으로, 기업이 어떤 고객층에 집중할 것인가를 선택하기 위한 분석방법이다.

㉡ 선택한 고객 영역에서 기업의 차별화된 서비스를 어떻게 제공할 것인가의 기준과 절차를 수립하는데 최종적인 목적이 있다.

② STP의 단계

시장세분화 단계 (S. segmentation)	해당 산업 전체의 시장을 적정 규모와 서로 다른 고객 니즈를 통해 세분화하고 세분화된 각 시장의 특징을 기술한다.
목표시장 선정 단계 (T. targeting)	세분화된 시장별 매력도를 측정하여 향후 해당 기업이 집중해야 할 시장군을 선정하는 것으로, 표적시장이라고도 한다
포지셔닝 단계 (P. positioning)	정해진 목표 시장 내에서 고객들이 해당 서비스를 다른 경쟁 기업과 대비하여 상대적으로 인지하게 될 위상을 정하는 것이다. 고객에 대한 명확한 정의와 그들에게 인식시킬 명확한 서비스 콘셉트, 그리고 인식에 대한 방법적인 전략 등을 정하게 된다.

2) 마케팅 믹스(기본적 → 확장)

고객과 시장에 대한 이해를 바탕으로 하는 방향을 수립하여 이를 세부적인 실행 방안으로 결정하여 마케팅을 전개해야하므로 마케팅의 주요한 요소들을 결정하는 마케팅 믹스의 단계가 진행된다.

① 마케팅 믹스의 기본 방향

㉠ 마케팅 믹스 4Ps

제품(Product)	가격(Price)	유통(Place)	촉진(Promotion)
• 제품, 서비스의 품질 • 특성과 이미지 • 디자인, 포장, 브랜드	• 가격 설정, 가격변동 폭 설정 • 지불 조건	• 제품, 서비스의 전달 경로(유통 형태) • 물류관리, 고객접점 관리	• 광고/홍보 방식 • 판매 촉진 • 커뮤니케이션 방법 • 인적판매 관리

㉡ 4Ps의 한계

- 마케팅 믹스의 요소를 독립적으로 분류하고 각 요소의 결합부분을 다루지 않아 변화된 마케팅 환경을 해석하는데 한계가 있다.
- 전통적인 제조업에서 벗어난 환경변화에서 서비스의 특성을 다루지 못한다.
- 제품을 공급하는 기업 측면에 국한하고 있어 현대사회에서의 고객 관점 개념을 대입할 수 없다.
- 변화된 주요 요소들을 가미하고 해당 요소의 해석상 변화도 반영되어야 한다.

② 변화된 개념의 마케팅 믹스

㉠ 확장된 개념의 7Ps

서비스 산업의 발달로 서비스가 가지는 본연의 특성을 반영하여 기존의 4Ps에 3가지의 3P 요소를 추가하여 확장된 개념의 마케팅 믹스로 제시되었다.

추가된 3Ps		
프로세스(Process)	물리적 증거 (Physical Evidence)	사람(People)
고객에게 제공되는 서비스 활동의 흐름, 전달단계에서의 특성	서비스 현장의 물리적 환경, 설비, 장비, 종업원 복장 등의 다양한 물리적 증거	서비스를 제공하는 인적자원, 종업원 선발과 교육, 의사소통과 문화, 고객 가치

㉡ 개념의 변화 : 4Ps에서 4Cs로

기존의 마케팅 믹스인 4Ps가 기업 관점이라면 4Cs는 이를 고객의 관점에서 해석함으로써 마케팅 믹스를 기업과 고객 간의 상호작용 측면으로 바라보고자 함이다.

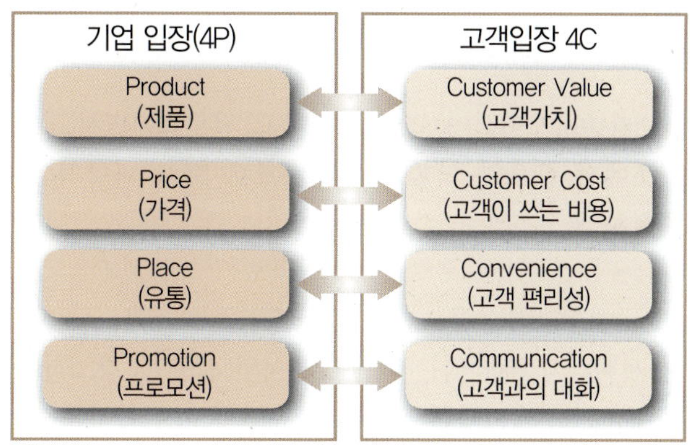

2 서비스 기업전략 모형

기존의 경영전략 모형에서 특히 서비스 기업의 특성을 반영하여 적용하는 방향이다. 구체적으로 경영전략상에서의 대표적인 모형과 분석 틀을 어떻게 적용할 것인가에 대한 대표적인 전략 유형들을 살펴보자.

1) 서비스 경쟁전략의 포지셔닝

① 원가 효율성 전략

ㄱ 비용을 줄이고 효율적으로 서비스를 운영함으로써 수익을 높이는 방향의 전략으로, 보편적으로 서비스 자체의 차별화가 어렵거나 해당 산업이 성숙기에 접어들어 경쟁이 치열한 경우에 선택된다.

ㄴ 목표 : 효율성 극대화와 생산성 극대화

ㄷ 주요 실행전략

- 효율적인 설비의 배치와 입지 선정을 통해 비용을 줄이거나 동시에 생산성을 높인다.

- 고객접점의 생산적인 직무설계를 위해 분업, 직무 전문화, 전산화 및 자동화, 고객 셀프 서비스 등 고객 접촉 지점을 효율적으로 운영하도록 한다.

② 개별화 전략

ㄱ 고객들의 특별한 니즈를 위해 서비스를 설계하는 전략으로, 대개 서비스가 다양하고 복잡하게 전개되며 의료, 법률, 건축, 컨설팅 등 개별화되고 전문화된 서비스가 이에 해당한다.

ㄴ 목표 : 고객 지향적인 서비스 청사진의 달성

ⓒ 주요 실행전략

- 물리적 환경에서의 입지와 배치는 고객이 특별한 서비스를 받고 있음을 인식할 수 있도록 설계된다.
- 고객접점에서의 커뮤니케이션 능력이 뛰어나고 전문적이면서도 다양한 분야의 지식은 개별화된 서비스에서 중요한 역할을 수행하므로 고객 지향적 직무설계 및 종업원의 역량이 매우 중요하다.

③ 서비스 품질전략

ⓐ 서비스의 결과나 서비스가 제공되는 과정상에서의 품질을 강조하는 전략으로, 서비스의 다양성은 낮으나 서비스 전달과정이 복잡한 경우의 주요 전략이다.

ⓑ 목표 : 서비스 품질에 대한 고객 인식을 긍정적으로 높이는 것

ⓒ 주요 실행전략

- 고객접점에 대한 입지는 고품질 서비스라는 인식에 부합하도록 선택하며, 설비 등의 배치 역시 고객 지향적으로 고안된다.
- 서비스 품질의 결과가 중요한 경우(기술적 품질 강조)에는 원가 효율성 전략 측면에서 종업원의 직무를 설계하게 되고, 서비스 전달과정의 품질이 중시되는 경우(기능적 품질 강조)에는 차별화전략의 직무 설계방식으로 진행된다. 즉, 서비스 전달의 결과가 중요한 경우에는 종업원이 전문가로 양성되기 위한 직무 표준 및 분업이 중요하고, 서비스 전달과정이 중요한 경우에는 대면 서비스에서의 종업원 대인관계 역량이 중요하게 설계된다.

2) 서비스 경쟁우위

기본적인 경쟁전략의 개념을 실질적으로 서비스 기업에 접목하기 위해서는 서비스 기업이 경쟁자들과 다른 우수한 서비스를 지속적으로 제공하여야 한다. 서비스 기업의 경쟁우위 달성과 유지를 위해 경쟁우위 원천과 조건을 이해하고 이를 경영전략의 실행에 있어 주요한 요소로 반영해야 한다.

① 경쟁우위 형성

서비스 기업의 경쟁우위는 차별화된 기술과 차별화된 방식의 서비스 제공이라는 2가지 차원으로 이해할 수 있으며, 이 2가지 차원이 결합될 때 더욱 강력하게 형성된다.

② 경쟁우위 조건

고객의 가치 인식	고객에게 제공되는 서비스의 가치가 고객이 지불하는 비용이나 경쟁자 보다 높게 인식되어야 한다.

대체 불가능성	서비스 기업이 제공하고자 하는 경쟁우위가 다른 경쟁자의 다른 요소에 의해 대체되기 어려운 경우 경쟁우위는 유지될 수 있다.
기업의 자원과 능력	서비스 기업이 설정한 경쟁우위를 실질적으로 실행할 수 있는 서비스 기업의 능력이 전제되어야 한다.
지속 가능성	경쟁자가 쉽게 모방할 수 없는 경쟁우위라면 지속적으로 우위를 유지할 수 있으므로 서비스 기업은 이를 위해 비용을 투자하여 진입장벽을 개발하게 된다.

③ 경쟁우위 형성을 위한 다양한 원천

㉠ 서비스 경쟁전략

차별화된 서비스 경쟁전략은 차별화된 서비스 제공으로 이어져 경쟁우위로 개발될 수 있다.

경쟁전략의 변경	서비스과정의 변화	경쟁전략의 강화
기존의 전략을 다른 전략으로 바꿈으로써 시장에서 차별화된 서비스를 제공하는 형태 예 기업 부문의 금융 서비스 → 소매 금융 서비스로 전환	서비스과정의 다양성이나 복잡성 부분에 변화를 주어 고객 가치를 강화하거나 품질에 차별화를 가져옴 예 교정 치료만 전문으로 하는 치과 병원	경쟁자보다 높은 수준으로 경쟁전략을 실행하여 고객이 인식하는 가치 수준을 높임 예 가격을 파격적으로 낮춘 항공서비스

㉡ 규모의 효과

기업의 규모에 의해 경쟁우위가 달성될 수 있다. 이는 기업 자체가 많은 점포를 보유하거나 서비스 자체의 규모가 넓은 경우이거나 시설 자체의 크기에서 발생하는 입지적 규모의 효과로 볼 수 있다.

㉢ 원가와 수요의 시너지

원가를 절감함으로써 고객에게 더 높은 품질의 서비스를 제공하여 기존의 수요보다 더 큰 수요를 형성하게 됨으로써 구축되는 경쟁우위이다. 이는 원가절감과 품질 향상의 선순환 구조를 형성해야 하며, 기업 간 제휴 등을 통해서도 달성될 수 있다.

㉣ 브랜드 자산

강력하게 구축된 브랜드는 고객의 마음속에 강하게 인식되어 브랜드 사용 자체만으로도 고객 가치가 높아지는 이점을 가져 경쟁우위를 달성하게 된다.

㉤ 고객관계

서비스 기업과 고객과의 관계가 강화되면 경쟁우위가 확보될 수 있다. 고객관계의 형성은 행동적인 측면뿐 아니라 인지적, 정서적 측면에서도 의미가 있으며, 경우에 따라서는 계약에 의해서 형성되기도 하지만 상호 신뢰를 바탕으로 하는 고객관계가 경쟁우위를 지속적으로 유지시켜 준다.

ⓗ 공간 선점

전통적 마케팅 믹스에서의 유통전략에서 성공적인 입지전략과 유사하며, 고객에게 가장 편리한 최적의 입지를 선점함으로써 형성되는 경쟁우위이다. 하지만 기술 발전 등의 시대적 상황변수에 의해 과거에 비해서는 경쟁우위 원천의 힘이 약화된 영역이다.

ⓢ 정보 기술

정보의 수집, 결합, 저장, 처리, 검색 등의 기술 확보를 통해 비용을 절감하거나 고객의 서비스 전환비용을 높이거나 시장 변화에 적극적으로 대응하는 등의 다양한 전략을 구사할 수 있다. 또한 고객관계관리를 원활하게 수행할 수 있어 맞춤형 고객 서비스가 가능해져 경쟁전략 수립과 실행에 효과적인 기반을 제공한다.

3 서비스 지향 조직 경영

서비스 기업에 맞는 경영전략을 수립하였다 하더라도 서비스의 특성을 감안할 때 조직의 전체적인 방향성이 이에 맞도록 구성되는 것이 매우 중요하다. 조직이 서비스의 개념을 이해하고 이를 지향할 수 있도록 경영하기 위해 필요한 기본적인 전략적 개념을 이해해 보자.

1) 시장 지향 조직

① 시장 지향성의 개념

ⓐ 서비스 마케팅전략을 실천하는 것이라는 개념이다.

ⓑ 기업에서 고객과 시장이 중요하게 여겨지는 곳은 마케팅 부서에서만이 아니라 조직 전체로 확대되어야 한다는 개념이다.

ⓒ 시장을 구성하는 것이 고객이므로 고객의 욕구와 시장의 변화에 초점을 두고자 하는 것이다.

ⓓ 시장지향이란 현재뿐만이 아니라 미래의 고객 니즈에 대해서도 관심을 두는 것으로, 이러한 관심이 조직 전체에 반영되어 적극 대응하는 것을 목표로 한다.

② 서비스 지향 구조

ⓐ 고객 니즈에 관한 지식정보 체계를 전사적으로 체계화시켜 시장의 고객 욕구는 물론 그에 따른 시장에서의 기회를 확인하기 위해 고객과 경쟁자에 대한 정보를 지속적으로 확보한다.

ⓑ 확보된 정보를 기업의 구성원 전체가 쉽게 전달할 수 있도록 하여 정보의 공유와 확산이 이루어져야 한다.

ⓒ 정보를 접한 기업의 구성원 전체가 정보의 중요성을 인지하여 고객 가치를 향상시킬 수 있는 가치로 대응할 수 있는 역량으로 결집해 내게 된다.

③ 시장 지향에 대한 기대효과

　　㉠ 조직의 매출, 시장 점유율이나 이익에는 긍정적인 효과를 가져올 수 있다.

　　㉡ 종업원들의 사기가 올라갈 것이고, 직무만족도가 높고, 개개인 종업원들의 조직에 대한 애착이 높아질 수 있다.

　　㉢ 고객의 만족도는 높을 것이고, 고객이 거래를 계속하려는 의도가 높을 것이다.

　　㉣ 시장의 변화가 크면 클수록 시장 지향적인 기업이 조직의 매출, 시장점유율 혹은 이익과 같은 기업성과가 더 높을 것이다.

　　㉤ 경기가 나쁠 때일수록 시장 지향적인 기업이 시장 지향적이지 못한 기업보다 기업성과가 더 높을 것이다.

　　㉥ 경쟁이 심한 산업에 있어서의 시장지향과 기업성과의 관계가 그렇지 않은 산업에 있어서의 관계보다도 더 높을 것이다.

플러스 tip

1. 서비스 지향성 개념의 특성
- 시장 정보에 대한 전략적 반응이다.
- 조직 전체가 일관되게 유지하는 가치와 가치 실행에 따른 경험의 정도에 영향을 받게 된다.
- 서비스 지향성은 경쟁자와의 상대적 우위를 판단하는 중요한 지표로 활용된다.
- 서비스 지향성을 구성하는 요소는 서비스 전달의 접점뿐 아니라 전사적인 서비스의 기획, 설계 전반을 모두 포함한다.
- 서비스 지향성에 있어서 서비스 실패는 전사적인 관점에서 접근하여 해석된다.

2. 칼 알브레히트는 초우량 서비스기업은 고객을 위해 세 가지 요소로 구성된 서비스 삼각형을 가지고 있음을 제시하였다. 서비스 지향적인 조직이 되기 위한 삼각형의 꼭지점은 다음과 같다.
- 고객 지향적인 종업원(사람)
- 서비스에 대한 기업의 식견과 전략(서비스 전략)
- 고객 지향적으로 운영되는 시스템(시스템)

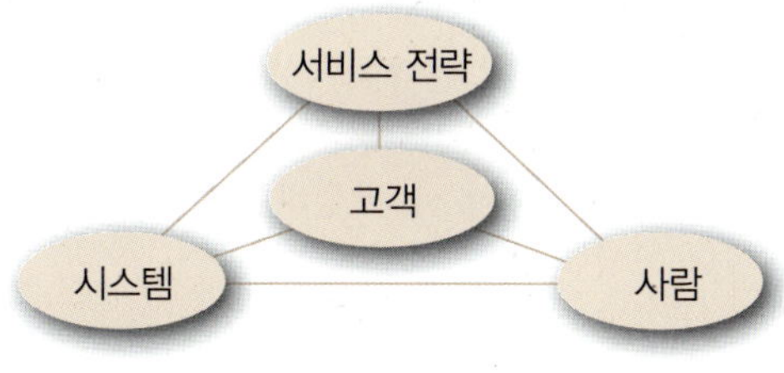

---

2) 서비스 지향적 경영

① 고객 가치 창조를 위한 혁신

　　㉠ 가치 혁신 : 기업이 고객에게 제공하는 가치의 수준을 높이고자 하는 활동이다.

　　ⓛ 비용 혁신 : 서비스 제공에 있어 기존보다 더 낮은 비용으로 기존의 서비스 품질과 동일하거나
　　　　더 높은 수준의 가치를 창출하여 고객에게 제공하고자 하는 활동이다.
　　ⓒ 가치 혁신과 비용 혁신을 통해 고객에게 더 높은 가치를 더 낮은 비용으로 제공하게 된다.

② 서비스 지향적 효율성 관리

　　㉠ 효율성 관리 함정

　　　　– 효율성은 전통적 의미의 생산성, 즉 생산과 운영자원을 효율적으로 사용하는 내부
　　　　　효율성과 고객이 느끼는 기업 운영의 효율성, 즉 고객의 서비스 인식에 대한 품질인
　　　　　외부 효율성으로 나누어진다.

　　　　– 서비스의 특성상 고객은 최종적인 제품의 품질뿐 아니라 가치의 공동 생산자로서
　　　　　생산과정에 참여하므로 기존의 전통적 개념의 내·외부 효율성의 구분이 명확하지
　　　　　않다.

　　　　– 내부 효율성 증대를 위한 노력이, 특히 서비스 기업에서는 서비스 과정의 품질에
　　　　　악영향을 미치게 됨으로 서비스 전달과정에서 발생하는 고객 불만을 초래한다.

　　㉡ 효율성 관리 함정의 영향

　　　　– 고객의 불만이 직원에게 전달되면 서비스 종사자는 업무에 불만족이 생기거나 사기가
　　　　　저하되어, 이는 다시 서비스 품질에 악영향을 미치는 악순환을 발생시킨다.

　　　　– 효율성 관리 함정에 의한 고객 불만이 다른 고객에게 전달되면 신규고객 유치에
　　　　　어려움을 겪음으로써 광고, 홍보 등의 비용을 지출하게 되어 외부 효율성에 악영향을
　　　　　미치게 된다.

　　　　– 효율성 관리 함정은 단순한 서비스 품질 전달의 문제뿐 아니라 입체적으로 서비스
　　　　　기업의 많은 부문에 영향을 미치는 악순환의 계기를 만들 수 있다.

　　㉢ 서비스에서의 이익 공식

　　　　– 제조업 중심의 이익 공식에서는 외부적인 효율성을 의미하는 마케팅 믹스는 기업의
　　　　　수익을, 내부 효율성을 의미하는 생산 및 운용은 비용을 담당하게 되므로 이 2가지가
　　　　　명확히 구분되어 이익을 실현하게 된다.

> 전통적 마케팅 믹스(외부 효율성)에서 발생하는 수익 – 생산 및 운영(내부 효율성)에
> 소요되는 비용 = 기업의 이익

　　　　– 서비스에서는 고객 구매와 관련된 활동이 모든 부문에서 이루어지므로 내부 효율성과
　　　　　외부 효율성 모두 수익과 비용에 영향을 주는 요소가 된다.

　　　　– 서비스에서의 원가절감은 대체적으로 내부 효율성, 즉 비용을 절감하면서 동시에 수익을
　　　　　발생시키는 서비스 품질 혹은 가격 정책 등에 영향을 미칠 수 있으므로 최종적인 고객
　　　　　인지와 연계하여 결정되어야 한다.

㉣ 서비스 비용의 구분

좋은 비용	• 고품질 서비스를 위해 투자되어 이윤을 증대시키는 생산적인 비용 • 보편적으로 서비스 접점과 후방 지원 부서를 지원하는 비용으로, 이러한 비용 축소는 고객의 품질 인식을 저하시킬 수 있다.
나쁜 비용	• 비효율적인 조직 구조로 인해 발생되는 비용 혹은 과도한 시간이 소요되는 운영 체제 비용 등 • 나쁜 비용을 줄이는 것은 비용 절감은 물론 고객 서비스의 품질을 향상시키고 오히려 외부 효율성을 증대시키는 효과를 거둘 수 있다.
필수 비용	외부 효율성이나 고객 품질 인식에 영향은 없지만 반드시 필요한 비용

㉤ 서비스 지향적 효율성 관리의 영향력

- 재정적 문제나 경쟁이 증가할 때도 기업과 고객과의 상호 관계는 유지 혹은 개선되어 고객의 서비스 품질 인식이 개선된다.
- 서비스 품질 개선은 고객 만족을 증대시키고, 이는 종업원의 만족과 근무 분위기의 개선효과를 가져온다.
- 조직 내부의 만족은 종업원의 동기를 자극하여 내부 효율성 증대로 이어진다.
- 동시에 고객만족도의 증가는 긍정적 구전효과를 거두며, 이를 통해 기업 이미지가 향상된다.
- 서비스 지향적인 전략을 통해 내부 효율성과 외부 효율성, 서비스 품질을 동시에 추구하고 서비스 기업의 매출 및 수익이 향상되며 재정적 안전성과 경쟁우위를 확보할 수 있게 된다.

③ 서비스 마케팅 삼위일체

㉠ 개념

필립 코틀러(Philip Kotler) 교수의 이론으로, 기업의 브랜드 가치 향상을 위해 기업활동에 있어서 반드시 필요한 각 부문별 상호작용이 상호 괴리 없이 진행되어야 함을 의미하며, 서비스 경영분야의 학문 연구에서 가장 많이 인용되는 모델이다.

㉡ 구성 요소별 의의

상호작용	활동 및 결과물	약속
기업 – 내부 직원	• 문화 형성 • 내부 마케팅	약속이 실천될 수 있는 환경 조성
기업 – 고객	• 브랜드 구축 • 외부 마케팅	고객에게 제공되어야 하는 것에 관한 약속을 정의, 형성
내부 직원 – 고객	• 서비스 활동 • 상호작용 마케팅	약속을 제공, 전달

㉢ 서비스 마케팅 삼위일체 모델이 의미하는 것은 세 부분들 중 어느 한 부분의 활동이 부족하게 되면 성공적인 서비스 마케팅과 서비스 관리가 불가능하다는 것이다. 내부, 외부, 상호작용 세 부문의 마케팅 활동들은 대부분의 서비스업에서 중요한 과제이며, 서비스 경영전략을 수립하고 실행함에 있어 이 세 부문을 모두 포괄하는 접근방법을 강구해야 한다.

플러스 tip

제품 – 서비스 통합 전략(PSS / Product-Service System)

산업 전반에서 서비스의 비중이 커짐으로써 전통적 제조 중심의 기업들이 제품과 서비스를 통합하고자 하는 전략

제품 중심의 PSS	제품 판매 및 고객의 제품 사용을 촉진하기 위해 서비스를 부가적으로 추가하여 제공하는 형태 예 A/S 제공, 유지보수 서비스 제공 등
사용 중심의 PSS	제품 자체를 판매하는 것이 아니라 제품 사용 혹은 제품 기능을 판매하는 형태로 고객은 제품을 소유하지 않고 제품 기능상의 서비스를 제공 받음 예 정수기 렌탈
결과 중심의 PSS	기능을 구매하는 관점을 더욱 발전시켜 제품과 기능으로부터 나오는 결과물을 보장하는 형태의 서비스 예 커피머신을 설치하여 실제 마신 양만큼의 커피 값만 지불하는 형태

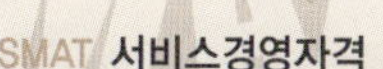

Chapter 03 고객만족도 향상 전략 수립

서비스 조직의 경영전략을 수립함에 있어 목표이자 실행 방안이 되는 고객 만족의 개념과 고객 만족 향상이라는 목표의 의미에 대해 알아본다. 또한 서비스 조직의 경영전략이 추구하는 고객 만족의 실행에는 어떠한 방향이 필요한지를 학습함으로써 실질적인 서비스 운영의 실행전략을 구상할 수 있다.

1 고객 만족(Customer Satisfaction)

1) 고객 만족의 개념과 의의

① 고객 만족의 개념

㉠ 고객 만족이란 고객이 제품에 대해 처음에 기대했던 성능과 구매 후 제품을 소비하면서 얻은 실제 성능에 대한 비교치를 뜻한다.

㉡ 고객 만족 수준은 제품 또는 서비스의 구매 후 인식과 고객의 구매 전 기대와의 차이에 의해서 결정된다.

㉢ 고객의 구매 후 품질에 대한 인식이 구매 전 기대보다 높으면 높을수록 만족수준은 높아지나, 역으로 제품의 성능에 대한 인식이 구매 전 기대를 따라가지 못하면 고객의 불만족은 커진다.

② 고객 만족의 중요성

㉠ 높은 고객만족도는 기존 고객의 충성도 향상, 가격 민감도의 감소, 기존고객의 이탈 방지, 마케팅 실패 비용의 감소, 신규고객 창출 비용의 감소와 기업 명성도의 향상 등을 나타낸다.

㉡ 고객 만족에 따른 높은 고객충성도는 미래의 현금흐름이 지속적으로 보장된다는 것을 의미하므로 기업의 경제적 수익에 반영된다.

고객 만족을 지향하는 이유

- 만족 고객은 자신이 만족한 기업의 제품이나 서비스에 대한 긍정적인 경험을 평균 5명~6명에게 전달한다.
- 불만족 고객은 보통 9명~10명에게 자신의 부정적인 경험을 이야기한다.
- 불만족 고객 중 아주 실망한 고객은 20명에게 적극적으로 불만을 이야기한다.
- 불만족 고객 중 90%는 회사가 자신의 불만과 고충을 적극적이고 신속하게 해결해 줄 경우, 불만이 없는 고객보다 더 고정적인 고객이 될 수 있다.
- 그러나 대부분의 불만족 고객은 해당 기업에 불평하지 않고 조용히 경쟁회사로 이동한다.

③ **고객 만족의 3요소**

전통적으로 고객만족도를 결정하는 요소들이 입체적으로 결합되어 고객 만족의 정도가 결정되는데, 최근에는 상품의 본질적 차이가 적어짐에 따라 고객의 거래 시점에서의 서비스에 대한 차이가 만족도에 큰 영향을 미친다.

직접적 요소	상품	제공되는 상품과 서비스의 가격, 결과적인 품질, 디자인 등 상품화되는 구성 요소 전반
	서비스	서비스 접점의 분위기, 서비스 제공자의 응대, 구매과정 등 고객의 감정적 측면 전반에서의 만족도
간접적 요소	기업 이미지	사회적 기관으로서의 기업 이미지(고객과 비고객 모두에게 미치는 영향력 전체)

④ **고객 만족 실현을 위한 3요소**

하드웨어 부문	기업의 이미지, 브랜드 파워, 매장의 편의시설, 고객지원센터, 인테리어, 분위기 연출
소프트웨어 부문	기업의 상품, 서비스 프로그램, A/S와 고객관리 시스템, 부가서비스 체계
휴먼웨어 부문	기업에서 근무하고 있는 사람들이 가지는 서비스 마인드와 접객 서비스 행동, 매너, 조직문화

2) 고객 만족의 구조

고객의 기대와 실제 서비스 성과의 차이에서 고객 만족이 발생하므로 이를 구조적으로 이해하여 고객 만족을 향상시키는데 활용할 수 있다.

① 고객 만족의 기본 구조

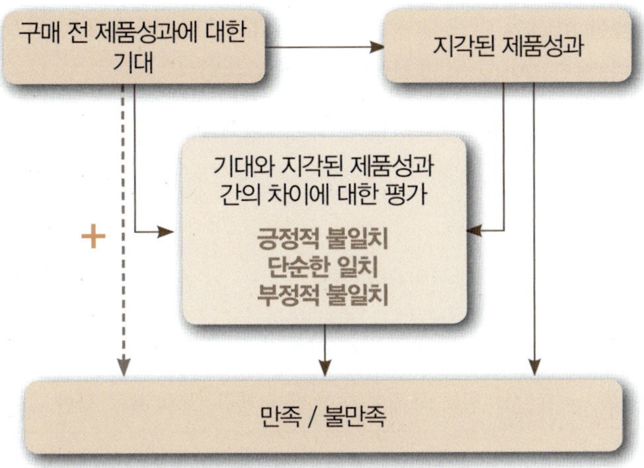

㉠ 기대와 지각된 성과와의 긍정적 불일치 : 기대〈성과 ⇒ 만족

㉡ 기대와 지각된 성과와의 단순한 일치 : 기대 = 성과 ⇒ 무관심

㉢ 기대와 지각된 성과와의 부정적 불일치 : 기대〉성과 ⇒ 불만족

② 고객 기대의 형성

㉠ 고객 만족의 구조에서 고객의 기대를 미리 예측하는 것은 제품과 서비스 품질의 수준을 결정하기 위해 매우 중요한 요인이다.

㉡ 고객 기대 형성의 채널 : 사용 경험, 경쟁자의 서비스 제공 수준, 고객의 개인적 특성, 다양한 커뮤니케이션

플러스 tip

총체적 고객 만족(TCS; Total Customer Satisfaction)

구매 전 고객의 기대를 높이면서 동시에 구매 후 성과를 높이는 방법을 의미한다.

예 고객의 기대에 대해 약속하고 그 기대를 충족하지 못할 경우 환불, 보상 등의 제도를 도입함으로써 고객의 기대를 적극적으로 높이면서 성과를 높이는 방법

③ 고객 충성

㉠ 고객 충성의 개념

- 만족한 고객이 고객 만족을 근거로 하여 반복 구매 및 긍정적 구전 등을 통해 기업의 판매 증가로 이어지게 하는 적극적인 개념으로, 고객 만족의 구체적인 목표는 고객 충성을 통한 효과라고도 볼 수 있다.
- 하지만 만족한 고객이 반드시 충성고객이 되는 것이 아니므로 충성고객 확보를 위해서는 기업의 보다 전략적이고 효과적인 전략이 요구된다.
- 고객 만족의 개념이 태도와 관련되어 있다면 충성고객은 구매 행동적 측면에서 정의된다.

㉡ 충성고객 확보전략

- 구매단계별 충성고객 확보전략의 실행

최초 구매 단계	신뢰감 확보, 재방문 요청, 고객 문제에 대한 관심, 전문성 확보
반복 구매 단계	반복 구매에 대한 혜택 제공, 고객 욕구 확인, 고객 기대의 진화 확인

- 고객관계의 발전과 확대 : 탁월한 운영, 고객과의 밀접성, 제품의 우월성 확보
- 충성고객에 대한 특별한 관계관리 : 고객화 서비스의 진행, 고객 참여의 기회 확보, 차별화된 추가 서비스 진행, 고객 라이프스타일의 변화 지원

플러스 tip

순추천지수(NPS)

고객 만족 점수가 반복 구매와 충성고객을 측정하는데 한계점이 있다고 판단되어 베인&컴퍼니가 제시한 지표이다. 이는 제공받은 상품, 서비스를 주변 지인에게 추천할 의향을 묻는 방식으로 추천 고객의 비중이 높은 기업이 상대적으로 안정적이고 높은 수익과 성장을 이루고 있다는 연구 결과를 제시하였다.

따라서, 순추천지수를 통해 기업이 충성도 높은 고객의 보유를 측정할 수 있게 된다.

2 고객만족경영(Customer Satisfaction Management)

1) 고객만족경영의 개념

고객만족경영이란 회사가 제공하는 상품, 서비스, 기업이미지 등에 대하여 고객의 만족을 얻기 위해 정기적, 계속적으로 만족도를 조사하고 그 결과에 기초해서 불만족스러운 점을 신속히 개선하여 고객의 만족을 제고하는 경영활동을 말한다.

① 배경과 의의

ㄱ 기업 간 경쟁이 더욱 치열해지고 공급자 중심에서 소비자 중심으로 시장환경이 변화되었다.

ㄴ 기업의 목적이 고객에게 '만족'을 파는데 있으며 시대의 변화, 시장의 변화에 따라 고객의 요구를 기업 내부에 끌어들여 기업의 경영방식을 고객 지향적으로 바꿔주는 것이며, 이것이 현장에서 실천됨으로써 고객에게 최고의 가치를 제공하고 궁극적으로는 기업의 가치를 극대화하는 것이다.

② 고객만족경영의 효과

재구매 고객 창출	반복 구매를 통한 매출의 안정 및 증가를 기대할 수 있다.
비용 절감	• 신규고객 유치에 소요되는 비용이 절감된다(기존 고객을 관리하는데 드는 비용은 신규고객 창출 비용의 1/5). • 욕구와 기대치의 예측이 가능하므로 불필요한 지출이 감소된다. • 이미 만족한 고객은 가격 탄력성이 높다.
최대의 광고효과	• 만족한 고객은 돌아다니는 광고매체 • 구전(mouth to mouth)효과야말로 어떤 대중매체보다도 가장 뛰어난 효과이다.

③ 고객만족경영의 한계와 변화

ㄱ 초기 고객만족경영 : P(People)–S(Service)–P(Profit)

내부고객의 만족도를 높여 우수한 인력이 고객 만족을 위한 서비스 활동을 효과적으로 전개하면 우수한 서비스 성과를 나타내어 고객은 만족한다는 선순환 구조로 이해되었다.

ㄴ 고객만족경영으로 발생하는 문제

– 기업 간 과다 경쟁과 고객의 다양한 요구에 대한 대응으로 기업의 수익구조 악화

– 고객의 서비스 요구에 대한 서비스 직원들의 피로도 상승 및 감정 노동의 문제점 발생

– 고객만족경영에 따른 기업성과 측정의 모호성

ㄷ 고객만족경영의 새로운 방향과 전략

– 기업은 보다 주도적으로 탁월한 서비스의 영역을 기반으로 하여 고객만족경영이 기업의 성과로 연결될 수 있도록 해야 한다.

－ 고객만족경영을 통해 내부 서비스 직원들도 업무의 편리성이 증가될 수 있어야 하며, 성과 향상을 보상받을 수 있어야 한다.

－ 고객은 기업의 가치 있는 고객만족경영으로 인해 비용대비 높은 혜택을 제공받을 수 있어야 한다.

2) 고객만족경영 추진단계

㉠ 고객 만족 이념확립 및 추진조직 편성(step 1)

－ 기업의 목적과 가치활동을 이해하고 이를 통해 고객 만족의 중요성을 자각하는 단계

－ CS 추진조직 편성(최고경영자, CS추진위원회, 추진사무국, 프로세스 관리자, 프로세스 팀원)을 통한 CS추진 기반을 마련해야 한다.

㉡ 고객 만족 정보시스템 확립(step 2)

－ 고객 만족의 구성 요소 이해, 고객 만족 정보시스템 사례연구 등이 이루어지는 단계

－ 고객의 요구사항 및 고객별 가치 파악을 위한 고객 만족 정보시스템(고객만족도 조사시스템, 고객의 소리 듣기 시스템(VOC), 사내정보수집 시스템) 등을 구축

㉢ 고객지향 프로세스 전략 수립(step 3)

－ 프로세스 전략 및 경영 프로세스에 대한 이해, 프로세스 전략수립 과정

－ 회사의 경영 프로세스를 진단하여 고객 가치를 찾고 대상 프로세스를 선정, 개선하고 프로세스별 핵심 성공요인을 도출하는 과정을 진행

㉣ 현 비즈니스 시스템 평가(step 4) → 신비즈니스 시스템 설계(step 5) → 구현(step6) → 추진결과의 평가(step 7)

3) 고객만족 경영전략의 실행단계

① 1단계-고객 중심의 비전 수립

직원들에게 동기를 부여하고 기업의 의사결정 기준이 되는 것으로, 최고경영자가 참여해 고객 지향적인 비전을 정립해야 하고 조직 전체에 공유과정을 거쳐야 한다.

② 2단계-고객만족도 측정 및 결과 공유

고객만족도(customer satisfaction index) 조사 등을 통해 현재 제공하고 있는 제품과 서비스 수준을 명확히 파악하여 사전에 대비하고, 변화하는 고객의 기대구조를 지속적으로 점검하여 그 결과를 기업 내에서 공유할 수 있는 체계가 반드시 마련되어 있어야 한다.

③ 3단계-새로운 목표의 설정

고객만족경영과 관련해 개선해야 할 과제에 대해 명확한 원인규명이 된다면 구체적으로 달성해야 할 새로운 고객만족경영 목표를 설정해야 한다. 고객 중심의 새로운 목표 설정은

구성원 전체를 움직일 수 있는 계기가 되며, 고객만족경영을 위한 개선 프로그램을 수립할 수 있는 근거가 된다.

4) 고객 가치 증진과 연장

① 고객 가치의 개념

고객이 지불한 비용을 초과하는 혜택을 의미하며, 혜택과 비용 사이의 차이가 클수록 고객이 느끼는 가치는 높아진다.

② 고객 가치의 증진

㉠ 기존의 제품, 서비스의 속성들에 추가적인 혜택을 제공함으로써 고객이 지각하는 고객 가치를 높이는 것을 의미한다.

㉡ 고객 가치 증진을 통해 고객의 만족도를 높이고 고객 혜택에 대한 확실한 인식을 제공하여 고객의 재구매 및 충성도를 높일 수 있다.

③ 고객 가치 증진 접근법의 단계

㉠ 기존의 제품, 서비스가 보유한 주요 혜택을 기술한다.

㉡ 기존의 주요 혜택을 경쟁사의 혜택과 비교 · 분석한다.

㉢ 기존의 주요 혜택 중 어느 부분을 차별화 할 것인가를 선택한다.

㉣ 고객 가치 증진 프로그램을 실행한다.

㉤ 고객 가치 증진 프로그램에 대한 고객 인식을 평가한다.

④ 고객 가치의 연장

㉠ 기존 고객 가치의 시점을 보다 더 연장하여 고객 가치가 발현되는 범위를 넓혀 고객의 혜택을 추가하는 개념이다.

㉡ 고객의 혜택이 추가되면서 기업은 추가적인 교차 판매의 기회를 얻게 되고, 차별화된 고객 가치 연장은 고객의 서비스 전환비용을 높여 고객충성도를 강화시킬 수 있게 된다.

㉢ 고객 가치의 연장은 기업의 이익만을 추구하지는 않지만 무료로 제공되는 것도 아니다. 따라서 고객과 기업의 공동이익을 추구할 수 있는 기회가 된다.

㉣ 고객 행동을 분석하면서 발견된 추가적인 고객 요구에 대한 대응으로 고객의 진화된 라이프스타일을 반영하는 능동적인 서비스이다.

Chapter 04 고객 만족 평가 지표

고객이 만족하고 있는가를 평가하고 측정하고자 하는 것은 매우 중요하다. 또한 다양한 방법을 통해 이를 시도하고 있으나 기존의 광범위한 연구에 의해 제시되는 지수를 활용하는 것도 매우 효과적인 방법이 될 수 있다. 고객 만족을 평가하는 주요 지표들이 무엇인지를 알아봄으로써 이를 서비스 운영에 적용할 수 있다.

1 고객 만족 평가의 개념

기업의 고객 만족에 대한 중요성이 커지고 있기에 고객만족경영을 시행한다면 이것이 고객의 만족으로 이어지고 있는가를 측정·평가하고자 하는 필요성이 대두된다.

① 고객 만족 측정

ㄱ 고객의 만족 혹은 불만족은 상당히 주관적이며 평가에 대한 기준도 다르다. 따라서 이를 정밀하게 측정할 수 있는 연구와 전문적인 조사 방법론에 대한 검토가 필요하다.

ㄴ 고객 만족 측정의 다양한 도구

고객 불평 및 제안시스템 이용	고객의 제품/서비스 이용 불평과 제안의 용이성 정도와 고객응대 처리의 신속성 및 이의 활용
설문조사 방법	고객에게 직접 물어보는 방법으로 만족 정도에 대해 보통 5점~7점 척도를 많이 사용
유령고객 이용	자사의 판매원이나 고객응대에 대해 아르바이트나 가짜 고객을 가장하여 테스트
이탈고객 조사	고객 이탈률 및 그 이유를 찾아내어 고객 불만족을 해소해 주는 방법으로 활용

② 고객만족지수

국가 내 산업별, 기업별 상품과 서비스에 대한 고객의 만족 정도를 수치로 나타낸 것으로, 해당 지수가 고객의 만족도를 반영할 수 있어 해당 기업과 산업의 미래 성장 가능성까지 짐작할 수 있는 자료로 활용된다. 대표적인 고객만족지수로는 국가고객만족지수인 NCSI와 한국산업 고객만족도인 KCSI가 있다.

2 NCSI(국가고객만족지수)

1) NCSI(National Customer Satisfaction Index) 개요

국내·외에서 생산하여 국내 최종소비자에게 판매되고 있는 제품 및 서비스에 대해 해당 제품을 직접 사용한 경험이 있는 고객이 평가한 만족수준의 정도를 모델링에 근거하여 측정·계량화한 지표로 한국생산성본부에 의해 진행되어 발표되고 있다.

① 특징

㉠ 미국, 일본, 싱가포르 등 11개국과 EU 16개국에서 활용하는 글로벌 표준의 측정방법론을 채택하여 국가 차원의 고객만족지수를 비교할 수 있다.

㉡ 최소 측정단위는 개별기업이 생산하는 제품 또는 제품군(product line)이며, 측정결과는 개별기업(company level), 산업별(industry level), 경제부문별(economic sector level), 그리고 국가(nation level) 단위로 발표된다.

㉢ 고객만족도와 고객 만족 모델 간의 인과 관계를 파악할 수 있으며, 고객만족도와 고객충성도 및 고객불만율 간의 인과 관계를 과학적으로 설명할 수 있다.

㉣ 자사의 고객 만족 정도는 물론 경쟁기업의 고객 만족을 동시에 비교분석할 수 있으며, 또한 업종 전체에 대한 고객 만족 수준의 차이를 분석할 수 있다.

② 기대효과 및 활용가치

㉠ 고객만족도의 변화가 고객유지율로 대변되는 수익성에 미치는 영향을 통계적으로 설명할 수 있는 방법으로 제시될 수 있다.

㉡ 시간 경과에 따른 고객 만족 수준의 변화와 그 원인을 추적할 수 있고, 고객만족도 향상이 고객충성도, 수익력, 경쟁력에 미치는 영향을 파악할 수 있다.

㉢ 고객충성도와 고객유지율을 기업의 재정적 성과와 연동함으로써 기업의 미래 수익률을 예측하는데 활용할 수 있다.

㉣ NCSI를 통해 기업의 고객 서비스 품질의 강·약점을 진단하고 원인을 찾아 고객 만족 향상을 위한 전략수립이 가능해지며, 고객 만족에 대한 선행변수의 영향 정도를 통해 자원 배분의 최적화를 꾀할 수 있다.

㉤ 포괄적 개념의 고객만족도를 측정함으로써 동종 업계뿐 아니라 다른 업종 간 고객만족도를 비교할 수 있어 고객만족도 향상을 위한 다양한 관점과 정보를 제공할 수 있다.

ⓗ 고객들은 NCSI의 결과를 통해 제품, 서비스의 구매 결정 시 객관적인 기준으로 활용할 수 있어 소비자 주권을 강화하고, 기업은 품질 경쟁력 강화에 대한 자극을 얻게 된다.

2) NCSI 체계

① NCSI 모델

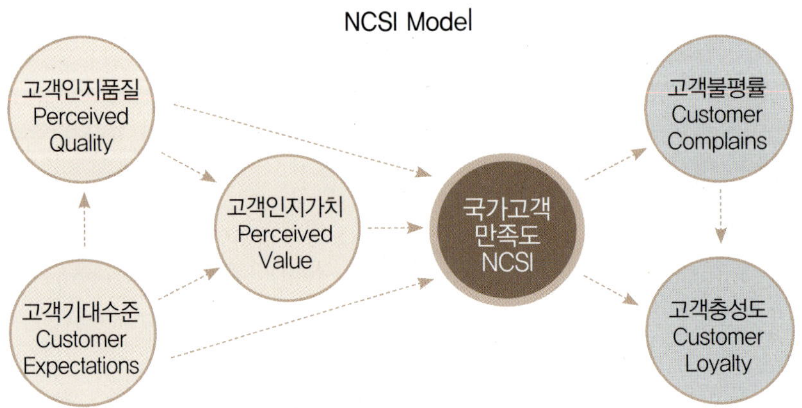

NCSI 모델은 구성개념(잠재변수)인 고객기대수준, 고객의 제품 및 서비스인지 품질지수, 고객의 인지가치지수를 NCSI(고객만족도)에 연결시키고 잠재변수와 고객만족도 사이의 인과관계에 대한 정보를 분석할 수 있다. 그리고 NCSI(고객만족도)는 다시 고객행동(고객불만/고객충성도)에 연결된다.

㉠ 선행변수

고객인지품질	고객의 전반적인 품질 평가
고객기대수준	전반적인 품질에 대한 고객의 기대 수준
고객인지가치	품질 대비 가격의 수준/가격 대비 품질의 수준을 통한 고객 인지 가치

- NCSI 선행변수는 서비스 품질성과 지표로서의 기능을 수행한다.
- 각 선행변수의 수준에 따라 NCSI 지표가 결정되며 NCSI 모델은 구성변수의 점수를 산출함에 있어 변수 간 인과관계를 예측하여 각 변수의 영향 정도를 도식화하여 제공한다.
- 이러한 영향 정도와 고객만족도의 세부 품질 요인 점수는 기업의 자원배분 등 고객 만족 향상전략의 실행 기준이 된다.

㉡ 후행변수

- 고객만족지수는 결국 고객의 불평 혹은 고객의 충성을 이끌어내게 된다.

- 고객 만족에 대한 최종적인 목표는 고객의 만족이 고객 충성으로 연결되어 재구매로 이어지는 것에 있으므로 고객충성도는 NCSI 모델에서는 최종 종속변수가 된다.
- NCSI의 후행변수는 기업의 수익성 예측 지표로서의 기능을 수행하게 된다.

② NCSI 측정 설문조사

잠재변수	측정변수
고객기대수준	구입 전 평가 - 전반적 품질 기대수준(overall expectation of quality) - 개인적 Need 충족 기대(expectation regarding customization) - 신뢰도(expectation regarding reliability)
인지제품 품질수준	구입 후 평가 - 전반적 품질수준(overall evaluation of quality experience) - 개인적 Need 충족 정도(evaluation of customization experience) - 신뢰도(evaluation of reliability experience)
인지서비스 품질수준	구입 후 평가 - 전반적 품질수준(overall evaluation of quality experience) - 개인적 Need 충족 정도(evaluation of customization experience) - 신뢰도(evaluation of reliability experience)
인지가치수준	- 가격대비 품질수준(rating of quality given price) - 품질대비 가격수준(rating of price given quality)
고객만족지수	- 전반적 만족도(overall satisfaction) - 기대 불일치(expectancy disconfirmation) - 이상적인 제품 및 서비스 대비 만족수준(performance versus the customer's ideal product or service in the category)
고객불만	고객의 공식적/비공식적 제품 및 서비스에 대한 불만(has the customer complained either formally or informally about the product or service)
고객충성도	- 재구매 가능성 평가(repurchase likelihood ratio) - 재구매 시 가격인상 허용율(price-increasing-tolerance given repurchase) - 재구매 유도를 위한 가격인하 허용율(price-decreasing tolerance to induce repurchase)

- 설문항목별 점수는 최저 1점에서 최고 10점을 배정하는 10점 척도(10 point scale)를 이용하고 이는 다시 최저 0점에서 최고 100점의 지수로 변환된다.
- NCSI의 설문조사는 특정 제품 또는 서비스를 경험한 고객을 대상으로 모든 업종에 대해 일대일 대면인터뷰를 활용하며, 표본은 조사의 정확성과 신뢰성을 높이기 위해 기업 및 기관의 특성에 따라 1개 기업당 278명이 배정되어 NCSI 측정에는 약 78,000여 명의 의견이 반영된다.

- **경영전략의 특성** : 주체 및 대상자 측면(기업 전체를 대상, 기업 전체에 파급효과, 다른 결정을 통제, 자원의 재분배), 기능적 측면(경영목적 달성의 포괄적 수단, 전략적 문제나 기회 발견, 부문별 경영활동을 전체로 총합, 정보수집을 위한 결정의 룰)

- **경영전략의 구성 요소** : 명확한 목표 수립, 경영자원 평가 및 배분, 경쟁우위 모색, 전략수행을 위한 조직 효율성

- **본원적 경쟁전략** : 마이클 포터 교수의 경쟁전략(기업이 선택할 수 있는 경쟁우위 전략)
  - 원가우위 전략(원가를 줄여 경쟁사에 비해 낮은 가격으로 소비자에게 제공하는 전략)
  - 차별화 전략(독특한 상품과 서비스를 제공)
  - 집중화 전략(시장의 크기는 작지만 성격이 분명한 특수시장을 대상으로 집중하는 전략)

- **성장전략** : 성장을 목표로 경영전략을 수립하는 전략모형으로 앤소프가 정립한 매트릭스
  - 시장침투 전략 : 기존 시장에 기존 제품을 프로모션하거나 브랜드를 다시 포지셔닝
  - 제품개발 전략 : 기존 시장에 새로운 제품, 서비스를 개발하여 성장시키고자 하는 전략
  - 시장개발 전략 : 기존 제품의 매출 확대를 위해 새로운 시장을 발굴하는 전략
  - 사업다각화 전략 : 새로운 제품, 서비스를 개발하여 새로운 시장을 찾아가는 전략

- **경영전략 분석 틀** : 위상 분석(포지션 분석), 분포 분석(포트폴리오 분석), 동태 분석

- **다양한 분석 기법**
  - Five Force : 마이클 포터 교수는 산업의 매력도와 구조를 결정하는 5가지 요인의 상호작용 분석(경쟁자, 잠재 진입자, 구매자, 공급자, 대체재)
  - BCG 모델 : 보스턴 컨설팅 그룹의 전략평가 기법으로 시장 점유율과 성장률의 매트릭스에 의해 사업을 구분하여 전략 수립의 방향을 설정하는데 활용하는 분석 도구(스타 사업, 캐시카우 사업, 물음표 사업, 개 사업)
  - GE 모델 : BCG에 비해 보다 세부적으로 만들어진 사업 포트폴리오 분석 매트릭스(사업매력도와 사업의 강도를 기반으로 하는 3×3 매트릭스)
  - 가치사슬 : 기업의 활동을 본원적 활동과 지원활동으로 나누어 각 부문의 비용과 부가가치 생산 정도를 분석하여 핵심 역량을 파악하고 경쟁우위를 평가
  - SWOT : 해당 시점의 주요 환경 요인을 기회와 위협으로 분류하고 기업 내부의 강·약점과 결합하여 기업의 현황을 분석

- **STP 전략 :** 시장 세분화, 목표시장 선정, 포지셔닝의 단계를 거쳐 해당 서비스의 시장 이해 방향을 설정하는 전략

- **마케팅 믹스 :** 4Ps(제품, 가격, 유통, 촉진) → 7Ps(프로세스, 물리적 증거, 사람) 혹은 4Cs(고객 가치, 고객 비용, 고객 편리, 고객과의 대화)

- **서비스 경쟁전략의 포지셔닝 :** 원가 효율성 전략, 개별화전략, 서비스 품질 전략

- **서비스 경쟁우위의 원천 :** 서비스 경쟁전략, 규모의 효과, 원가와 수요의 시너지, 브랜드 자산, 고객관계, 공간 선점, 정보 기술

- **서비스 마케팅 삼위일체 :** 기업의 브랜드 가치 향상을 위한 기업, 직원, 고객 간 상호작용

- **고객만족의 3요소 :** 상품, 서비스, 기업 이미지

- **고객만족의 개념 :** 기대와 성과의 차이에서 발생(긍정적 불일치는 만족, 단순 일치는 무관심, 부정적 불일치는 불만족)

- **NCSI :** 국내 최종 소비자에게 판매되고 있는 제품, 서비스에 대해 직접 사용한 경험이 있는 고객이 평가한 만족 수준의 정도를 모델링하여 한국생산성본부에 의해 측정, 계량화한 지표

사례형, 통합형 문제 대비하기

- 특정 서비스 기업이 펼치고 있는 세부적인 전략들을 예화로 제시하여 해당 기업이 사용하고 있는 전략에 가장 잘 부합되는 경영전략 이론을 질문함

- 기업이 처한 환경을 제시하고 이를 분석 틀에 의거하여 분석할 수 있는가를 질문하여 경영분석 기법을 이해하고 있는가를 평가함

- 서비스 소식의 나양한 상황을 마게팅 믹스의 관점에서 해식힐 수 있는가를 질문함

- 서비스 지향 조직의 의미를 이해하고 있는가를 묻기 위해 서비스 조직의 상황을 제시하고 예상되는 문제점 등을 파악할 수 있도록 질문함

≫ 실력 평가 문제

01~16 선다형

01 다음 중 경영전략의 개념과 특성이 아닌 것은?

① 경영 목표를 달성하기 위한 의사결정 지침이다.
② 기업의 한정된 경영자원을 효과적으로 배분하는 의사결정의 패턴이다.
③ 기업 전체의 특정 부서에서 기획하고 진행하는 독립적인 개념이다.
④ 개개의 의사결정이 결합·통일되어 조직 목적으로 설정된 장기적 목표 달성의 수단이다.
⑤ 이해관계자들에게 주는 경제적·비경제적 공헌에 대한 정의이다.

해설 기업 전체를 관심의 대상으로 하며, 여러 부서를 망라하여 동시에 관여한다.

02 다음 중 경영전략의 구성 요소가 아닌 것은?

① 명확한 목표 수립　　　　　② 전략 수행을 위한 조직의 효율성
③ 경쟁우위 모색　　　　　　④ 경영자원 평가 및 배분
⑤ 경영전략 수립을 위한 전담 부서

해설 전담 부서 설치가 경영전략의 구성 요소는 아니다.

03 본원적 경쟁전략에 대한 설명이다. 가장 잘 설명하고 있는 것은?

① 미래의 목표를 과거 수준의 연장보다 높여서 시장 점유율이나 매출액을 확대시키려는 전략이다.
② 동일한 시기에 다수 사업장에 다수 전략을 차별적으로 사용하는 방법이다.
③ 고객에게 제공하는 상품, 서비스를 경쟁자에 비해 상대적으로 더 낮은 가격으로 소비자에게 제공하는 전략도 경쟁전략의 하나이다.
④ 부진한 사업에 대한 감축 및 감량 경영을 위한 전략이다.
⑤ 차별화 전략은 경쟁사와의 차이에 대한 고객 인식과는 무관하게 품질에 집중하여 고객에게 더 나은 서비스를 제공하는 것을 의미한다.

해설 ①은 안정성장 전략, ②는 기본전략 중 복합전략 ④는 감량, 우회전략
⑤ 차별화 전략은 본원적 경쟁전략 중 하나이나 경쟁기업에 비해 다른 서비스를 제공한다는 이미지를 고객에게 심어주는 전략고객 인식이 가장 큰 중요 요소이다.

04 다음은 어떤 전략을 설명하고 있는가?

> 경영전략은 기업의 업무 특성, 수준에 따라 다양한 전략으로 세분화 될 수 있는데, 경쟁우위를 모색하기 위한 세부전략에서는 경쟁기업에 대항하여 이길 수 있는 방법이 무엇인가라는 주제로 전략을 수립하게 된다.

① 전략적 경영전략　　　　　　② 사업전략
③ 기업전략　　　　　　　　　　④ 기능전략
⑤ 원가전략

05 다음은 경영전략 수립을 위한 위상 분석에 대한 내용이다. 가장 잘 설명된 것은?

① 기업의 상대적 경쟁력을 파악하여 경쟁자를 통한 벤치마킹 등을 통해 향후 기업의 방향을 설정하기 위해 시행된다.
② 기업의 현재, 과제 또는 미래에 수행할 과제들이 전체적으로 어떻게 분포되어 있는지를 살펴볼 수 있는 분석 틀이다.
③ 시간의 흐름을 통해 분석 대상이 어떻게 변화하는지 살펴보는 분석이다.
④ 기업의 제품, 서비스 및 사업 내용들의 균형을 파악하여 이를 개선, 조정하는 전략적 방향과 비율을 결정할 수 있다.
⑤ 분석 대상의 변화 방향과 변화율을 통해 중장기적 성장성과 경쟁력을 분석한다.

해설 ②,④는 분포 분석(포트폴리오 분석) ③,⑤는 동태 분석에 대한 설명이다.

06 다음은 어떤 분석 기법에 대한 설명인가?

> 기업이 사업에 대한 전략을 결정할 때 시장 점유율과 사업 성장률을 고려한다는 가정을 바탕으로 매트릭스 구조로 사업을 4가지로 구분하고 분류하여 이후 전략 수립의 방향을 설정하는데 활용하는 기본 분석 도구이다. 스타, 캐시카우, 물음표, 개 사업으로 나누어 표현되어 진다.

① Five Force 모형　　　　　　② GE 모델
③ 가치사슬　　　　　　　　　　④ BCG 모델
⑤ GE 모델

해설 보스턴 컨설팅 그룹이 개발한 전략평가 기법으로 향후 GE 모델은 이들보다 세부적인 전략으로 보강하게 된다.

Answer　　1. ③　　2. ⑤　　3. ③　　4. ②　　5. ①　　6. ④

 다음 괄호 안에 들어갈 내용으로 잘 연결된 것은?

> 기존의 마케팅 믹스인 4Ps가 제품(Product), 가격(Price), 유통(Place), 촉진(Promotion)이었다면, 확장된 개념의 7Ps에서는 서비스가 가지는 본연의 특성을 반영하여 3P요소를 추가하게 되었다. 여기에서 추가된 3Ps는 (   ), (   ), (   )이다.

① 프로세스(Process), 사람(People), 기쁨(Pleasure)
② 프로세스(Process), 물리적 증거(Physical Evidence), 기쁨(Pleasure)
③ 프로세스(Process), 물리적 증거(Physical Evidence), 사람(People)
④ 개인적 관계(Private Relation) 물리적 증거(Physical Evidence), 사람(People)
⑤ 개인적 관계(Private Relation), 물리적 증거(Physical Evidence), 기쁨(Pleasure)

해설 고객에게 제공되는 서비스 활동의 흐름(프로세스), 서비스 현장의 다양한 물리적 증거, 서비스 제공 인력, 의사소통 등의 인적 요소(사람)

08 다음 중 다양한 기업의 마케팅 전략에 대한 설명으로 틀린 것은?
① 서비스 시장을 이해하는 방향을 설정하는 전략으로, 기업이 어떤 고객층에 집중할 것인가를 선택하기 위해 STP 전략을 통해 분석한다.
② 세분화된 시장별 매력도를 측정하여 해당 기업이 집중할 시장군을 선정하는 것을 표적시장이라고 한다.
③ 서비스 경쟁전략의 포지셔닝에서 원가 효율성 전략이란 비용을 줄여 서비스를 효율적으로 운영함으로써 수익을 높이는 방향의 전략으로, 해당 산업이 성숙기에 접어들어 경쟁이 치열할 경우 주로 선택된다.
④ 기존의 마케팅 믹스인 4Ps를 기업의 운영 효율적 측면의 전략으로 보다 구체적으로 표현한 것이 4Cs이다.
⑤ 정해진 목표시장에서 고객들이 해당 서비스를 다른 경쟁기업과 대비하여 상대적으로 인지하게 될 위상을 정하는 단계를 포지셔닝 단계라고 한다.

해설 기존의 마케팅 믹스가 기업 관점이라면 이를 보다 고객 관점으로 해석한 마케팅 믹스의 개념이 4Cs이다.

09 다음 서비스 경쟁전략 중 품질전략을 가장 정확하게 설명하고 있는 것은?

① 효율적인 설비의 배치와 입지 선정을 통한 비용절감 및 생산성 증대가 가장 중요한 목표이자 실행방안이다.

② 생산적인 직무 설계를 위한 분업, 직무 전문화, 전산화 및 자동화 등 고객 접촉 지점을 효율적으로 운영한다.

③ 고객이 특별한 서비스를 받고 있음을 인식하게 한다.

④ 서비스의 결과 및 서비스 제공과정에서의 고객 인식을 긍정적으로 높이는 것을 핵심 목표로 하여 서비스의 다양성은 낮으나 서비스 전달과정이 복잡한 경우에 주로 활용되는 전략이다.

⑤ 고객지향적 직무설계와 종업원의 역량이 매우 중요하며, 개별화되고 전문적인 서비스의 경우 주로 활용되는 전략이다.

해설 ①,②는 원가 효율성 전략에 대한 설명이며, ③,⑤는 개별화 전략에 해당된다. 서비스 품질 전략은 기본적으로 고객 인식을 서비스 품질을 통해 긍정적으로 높이며, 서비스 품질의 결과 혹은 과정의 중시 여부에 따라 원가 효율성 전략 측면과 차별화 전략 측면이 융합되어 실행되기도 한다.

10 다음 중 서비스 지향 조직의 특성이 아닌 것은 ?

① 기업 내 조직 전체가 고객과 시장을 중요하게 여겨야 한다는 의미이다.

② 고객의 욕구와 시장의 변화에 초점을 두고 현재뿐 아니라 미래의 고객 니즈에 대해서도 관심을 두고 있다.

③ 고객 니즈에 관한 지식 정보 체계를 전사적으로 체계화시키고 확보된 정보는 구성원 전체에게 공유된다.

④ 구성원들은 매출이나 시장 점유율보다는 고객의 이익에 집중하게 되므로 조직 애착보다는 시장 중심, 고객 중심으로 변모하게 된다.

⑤ 구성원 전체가 정보를 중시하고 정보를 통해 고객 가치 향상 대응력을 강화시키는 역량이 형성된다.

해설 시장 지향적 조직은 구성원의 사기를 진작시키고 직무 만족도나 조직 로열티가 높아지게 되며 조직의 매출, 시장 점유율 등에 긍정적 영향을 미친다.

11 다음은 서비스 경쟁우위의 조건에 대한 설명이다. 가장 거리가 먼 것은?

① 대체 불가능성이 클수록 경쟁우위는 유지될 수 있다.

② 기업의 자원과 능력은 경쟁우위를 실질적으로 실행할 수 있는 전제이다.

③ 경쟁자가 쉽게 모방할 수 없는 경쟁우위는 지속적으로 우위를 유지할 수 있도록 한다.

④ 고객에게 제공되는 서비스 가치가 고객 지불 비용보다 높게 인식되어야 한다.

⑤ 경쟁우위를 구성하기 위해서 서비스 기업의 매출 및 수익 목표 설정은 필수 조건이다.

해설 기업의 서비스 경쟁우위는 경쟁 전략의 개념을 실질적으로 접목하여 우수한 서비스를 제공하는 개념이므로 실행에 있어서의 구체적인 조건으로 이해해야 한다.

12 설명하는 개념을 이해하고 밑줄 친 내용을 고려할 때 괄호 안에 들어갈 용어로 가장 잘 연결된 것은 무엇인가?

> 서비스의 특성상 고객은 (   )로서 생산과정에 참여하므로 기존의 전통적 개념의 내부·외부 효율성의 구분이 명확치 않다. 내부 효율성 증대를 위한 노력이 서비스 기업에서는 서비스 과정의 품질에 악영향을 미치게 되고, 서비스 전달과정에서 발생하는 고객불만을 초래하기도 한다. 이러한 상황을 (   )(이)라 한다.

① 가치의 공동 생산자 – 서비스 효율성 제고

② 가치의 공동 생산자 – 효율성 관리의 함정

③ 서비스 품질 평가자 – 좋은 비용 공식

④ 서비스 품질 평가자 – 효율성 관리의 함정

⑤ 가치의 공동 생산자 – 좋은 비용 공식

13 다음 중 고객만족경영에 대한 설명으로 가장 적절한 것은? (기출)

① 기업이 제공하는 모든 활동에 대해 고객의 종합적 인식에 의한 판단평가이다.

② 시장을 세분화하여 다양한 고객의 소리를 청취하고, 시장의 변화를 파악하는 노력이다.

③ 직원만족도/충성도, 생산성, 고객만족도/충성도, 수익창출 및 지속성장의 관계를 정의하는 것이다.

④ 기업이 고객을 발굴하고, 선정하고, 획득하고, 개발하고, 유지하는 모든 비즈니스 프로세스를 말한다.

⑤ 고객만족도를 정량적으로 파악하고, 객관적으로 판단하여 이를 제고시키기 위한 경영노력 그 자체를 말한다.

해설 ① 고객 가치, ② 고객의 요구사항 파악, ③ 서비스 수익체인(Service Profit Chain), ④ 고객관계관리

14 필립 코틀러의 서비스 마케팅 삼위일체를 설명한 것으로 틀린 것은?

① 기업과 내부직원 간의 상호작용을 통해 기업 문화가 형성되고 약속이 실천될 수 있는 환경이 조성된다.

② 기업은 고객에게 브랜드 구축을 위해 외부 마케팅 활동을 전개한다.

③ 내부직원은 고객과의 서비스 활동을 통해 고객에게 제공되어야 할 약속을 정의함으로써 약속이 형성되는 과정에 참여한다.

④ 세 부분 중 어느 한 부분의 활동이 부족해도 성공적인 서비스 마케팅과 서비스 관리는 불가능해 진다.

⑤ 내부직원과 고객이 상호작용하는 활동을 서비스 활동으로 명명하고 있다.

해설 약속을 정의하고 약속이 형성되는 과정은 기업이 고객에게 시행하는 외부 마케팅이며, 내부직원과 고객의 상호작용인 서비스 활동을 통해서는 약속을 전달하고 실행하는 것으로 봐야한다.

15 다음 중 고객만족경영의 한계와 변화에 대해 가장 잘 설명한 것은?

① 우수 인력이 고객만족 서비스 활동을 효과적으로 전개하면 고객이 만족하는 선순환 구조를 달성하여 고객만족경영의 한계를 극복하는 것이 필요하다.

② 점차 까다로워지는 고객 요구로 인해 내부고객인 직원의 만족도가 떨어짐으로써 이를 해소하기 위한 다양한 내부고객만족 프로그램을 도입하는 것으로 문제점을 극복하고자 하는 것이 새로운 고객만족경영의 변화 방향이다.

③ 서비스 기업 간의 경쟁과 고객의 다양한 요구에 대응함으로써 기업은 수익이 악화되고, 다양한 문제점이 발생하게 되는 한계가 발생함으로써 기업은 보다 주도적으로 탁월한 서비스 영역을 기반으로 하여 고객만족경영이 기업의 성과로 연결될 수 있는 새로운 방향과 전략을 모색하게 되었다.

④ 고객은 변화된 고객만족경영 방향에 따라 과거에 비해서는 제공받는 서비스 혜택이 줄어들 수 있으나 기업에게 보다 안정적이고 일관된 서비스를 제공받을 수 있다.

⑤ 고객만족경영의 변화를 통해 내부 서비스 직원들의 업무 강도는 더욱 높아지고 고객만족에 대한 목표치는 더욱 명확해짐으로써 고객만족경영이 실질적인 성과로 이어지게 된다.

해설 고객만족 서비스 활동이 고객만족으로 이어져 기업과 고객이 win-win할 것이라는 고객만족경영의 개념과 달리 현실에서는 수익성이 악화되고 경영성과로 측정되기 어려웠다. 변화된 방향에서는 고객만족의 구체적인 전략을 통해 성과로 연결되며, 동시에 내부직원의 만족도와 업무 편리성도 증가되며 고객도 비용 대비 높은 혜택을 제공받을 수 있게 된다.

Answer 11. ⑤ 12. ② 13. ⑤ 14. ③ 15. ③

16 다음 중 고객을 계속 유지하기 위한 방법으로 가장 적절하지 않은 것은? (기출)

① 종업원의 표준화된 서비스 제공을 위한 자율성 제한
② 위험감수, 새로운 아이디어 창출을 위한 기업문화 조성
③ 모든 의사결정, 시스템 및 공정을 고객의 욕구와 기대에 초점
④ 고객서비스에 대한 원활한 정보전달
⑤ 내부고객에게 제공하는 서비스 향상

(해설) 고객을 계속 유지하기 위해서는 고객의 요구에 유연하게 대응할 수 있도록 종업원에게 높은 자율성을 부여해야 한다.

17 NCSI는 국내 · 외에서 생산되어 국내 최종 소비자에게 판매되고 있는 제품, 서비스에 대해 해당 제품을 직접 사용한 경험이 있는 고객이 직접 평가한 만족 수준의 정도를 모델링한 지수이다. (① O, ② X)

(해설) 국가고객만족지수에 대한 설명. 한국생산성본부에 의해 진행, 발표

18 서비스업에서도 기업의 효율성, 수익성이 중시되는 만큼 이익을 산출하기 위해서는 외부 효율성을 의미하는 마케팅 믹스 부문의 수익과 내부 효율성을 의미하는 생산 및 운용 부분의 비용을 명확히 구분하여 각각 별개의 영역에서 측정되어야 한다. (① O, ② X)

(해설) 서비스에서는 고객 구매와 관련한 활동이 거의 모든 부문에서 이루어지므로 내부 효율성과 외부 효율성 모두 수익과 비용에 영향을 미친다.

19 고객만족 구조에서 고객의 기대를 미리 예측하는 것은 제품과 서비스의 품질 수준을 결정하기 위한 매우 중요한 요인이다. (① O, ② X)

(해설) 고객 기대를 이해하고 이를 관리함으로써 고객만족을 향상시킬 수 있다.

20~22 연결형

※ 다음 보기 중에서 각각의 설명에 알맞은 것을 골라 넣으시오.

① SWOT 분석　　　　② P-S-P　　　　③ 포지셔닝
④ GE 모델　　　　　⑤ 본원적 경쟁전략

20 고객을 잘 알고 직접 대면하는 접점 직원들에게 잘 대해주면 내부고객인 직원은 자신의 직무인 서비스를 열정적으로 수행할 것이므로 결국 외부고객에 대한 서비스가 향상되어 외부고객의 만족 및 재구매를 통한 이윤증대로 돌아온다는 경영철학 (기출) (　　　　　)

해설 P-S-P(People, Service, Profit) 경영철학에 대한 설명이다.

21 원가우위 전략, 차별화 전략, 집중화 전략을 핵심전략으로 하는 마이클 포터 교수의 경쟁우위 전략 (　　　　　)

22 기업의 내부환경과 외부환경을 분석하여 강점, 약점, 기회, 위협 요인을 규정하고 이를 토대로 경영전략을 수립하는 기법 (기출) (　　　　　)

해설 SWOT분석에 대한 설명이다.

Answer　　16. ①　　17. ①　　18. ②　　19. ①　　20. ②　　21. ⑤　　22. ①

23 최근 급부상한 A쇼핑몰의 서비스 경쟁력에 대해 분석해 보았다. 경쟁력의 원천을 설명한 것으로 거리가 먼 것은?

> 작년까지 특별한 성과가 없어 부진을 면치 못했던 A쇼핑몰은 기존 종합쇼핑몰의 개념에서 유아동 전문 쇼핑몰로 탈바꿈하면서 급격한 성장을 이루었다. 기존에도 규모가 큰 쇼핑몰이었으나 탁월한 규모는 아니었고 유아동 전문 쇼핑몰로 변모하자 국내 최대 쇼핑몰이 되었다. 유아동 관련 거의 모든 의류 브랜드는 물론 관련 상품들을 동시에 전시, 판매하게 되자 고객 유입효과가 커지게 되었다. 게다가 국내 최대의 유아동을 위한 쇼핑 공간이라는 브랜드 인지도도 높게 형성되었고 유아동 브랜드들 간의 공동 마케팅 및 초기 입주조건 완화 등을 통해 고객들에게도 보다 저렴하게 제품을 공급하게 되어 기존 수요보다 더 큰 수요를 형성하게 된 것으로 분석된다.

① 서비스 경쟁전략을 종합 쇼핑몰에서 특화된 시장의 쇼핑몰로 변경함으로써 차별화된 서비스를 제공, 경쟁우위로 개발할 수 있었다.

② 규모가 커지면서 자연스럽게 서비스 시설의 크기가 확장되는 규모의 효과도 경쟁우위의 원천이 되었다.

③ 원가를 절감하여 이를 고객 비용절감으로 이어지게 하여 수요를 확대할 수 있었으며, 이는 다시 저렴한 서비스 제공으로 이어지는 선순환 구조의 원천이 되었다.

④ 유아동에 해당하는 가장 탁월한 입지를 경쟁사에 비해 빨리 선점하게 됨으로써 공간 선점이라는 경쟁력의 원천을 확보하게 되었다.

⑤ 유아동 쇼핑 공간으로서의 브랜드 인지도는 이후에도 지속적으로 고객의 인식에 영향을 미칠 수 있는 요소이므로 브랜드 자산으로서의 원천도 확보할 수 있었다.

해설 공간 선점에 대한 내용은 제시되지 않았으며, 상기 사례는 기존 공간을 새로운 차별화된 공간으로 전략적 변화를 시도한 개념이다.

24 다음은 유명 화장품 회사가 최근 자사의 전문매장을 방문한 고객들을 대상으로 실시한 브랜드 만족도 조사 결과에서 발견된 사실이다. 원인과 해결책을 가장 잘 설명한 것은?

> 1. 고급스러운 브랜드라는 생각으로 방문하였으나 정성스러운 설명이나 응대를 경험하지는 못함
>
> 2. 화장품을 설명하는 서비스 직원들이 고급 브랜드라는 자부심을 보여주고 있으나 오히려 자부심이 가득한 직원들이 부담스러워 궁금한 부분을 자세하게 물어보기 어려움
>
> 3. 럭셔리 브랜드라는 인식은 있지만 정확히 어떤 화장품을 생산하고 전달하는지 정작 잘 모르는 경우가 많음
>
> 4. 서비스 직원들이 화장품의 기능을 제대로 모르는 경우가 많고 주로 핵심 상품에 대해서만 반복적으로 설명함
>
> 5. 타 브랜드에 비해 개별고객에 맞는 맞춤형 서비스나 설명이 부족함

① 고급 브랜드이므로 특정 고객층을 공략하는 전략을 사용하여 발생한 어쩔 수 없는 결과이다.

② 서비스 인력의 숫자가 부족한 경우 발생할 수 있는 고객불만이다. 서비스 직원의 충원이 필요하다.

③ 고객에게 제시된 브랜드 인식이 고객들에게 부담을 주고 있다. 보다 친근한 브랜드 접근이 필요하다.

④ 외부 마케팅과 연결되어 고객에게 제공할 서비스에 대한 내부 지침과 문화가 필요하며, 이를 통해 서비스 직원은 고객에게 만족할 수 있는 상호작용 서비스를 실행하여야 브랜드에 대한 가치가 높아지고 고객만족이 실현된다.

⑤ 고급 브랜드로서의 외부 마케팅을 더욱 강화하여 인지도가 높은 고객의 방문율을 높인다면 해결될 수 있는 문제이다.

해설 필립 코틀러의 서비스 마케팅 삼위일체를 통해 해석하면 외부 마케팅으로 고객 인지도는 형성되었으나 이것이 내부직원에게 전달되고 또한 내부직원이 고객에게 어떻게 전달할 것인가가 상호작용되고 있지 않은 경우이다.

※ 다음은 창업 10주년을 맞은 기념식에서 발표한 A기업 대표이사의 비전 선포문의 일부이다.

우리 회사는 지난 10년간 최고의 물류 서비스를 통한 고객사의 이윤 창출이라는 목표를 향해 달려왔습니다. 많은 경쟁자들 속에서도 우리 회사만의 차별화된 서비스를 통해 꾸준히 단골고객을 확보하여 좋은 파트너십을 유지하고 있습니다. 우리 회사는 이제까지 식품, 의류, 생필품 및 다양한 원자재 등 매우 폭넓은 고객들과 함께 성장해 왔습니다. 이제 새로운 10년을 위해 한 번 더 도약해야 할 때입니다.

앞으로의 10년, 나아가 미래 100년을 함께 하는 우리 회사를 위해 우리 회사의 경쟁력을 높이는 중요한 전략사항을 결정하여 발표하고자 합니다.

1. 우리는 탁월한 내부 응집력과 효과적인 물류시스템을 구축하여 향후 3년 이내 물류 서비스 비용을 경쟁사 대비 10% 이하로 유지할 수 있도록 운용 효율성을 극대화하도록 하겠습니다. 이를 위해 올해부터 과감한 투자가 시행됩니다.

2. 우리 회사의 성장 이윤이 고객사의 이윤 창출과 연결될 수 있도록 다양한 비용을 시스템을 통해 줄여나가고 비용절감 부분을 수익이 아닌 고객 가치로 연결될 수 있도록 하겠습니다.

3. 고객이 우리와 함께 동반 성장해야 하는 파트너라는 인식을 위해 물류비용 절감은 물론 고객사의 상품 특성과 고객 특성을 면밀히 파악하여 물류 서비스에 대입하는 기술적 체계를 지원하며, 동시에 현장 서비스 역량을 더욱 강화하기 위해 다양한 투자를 병행하겠습니다.

4. 이러한 우리 회사의 전략은 경영진의 몫이 아닌 우리 회사 모든 구성원의 소망과 믿음으로 이루어질 수 있음을 알고 종업원들의 근무환경 개선과 함께 우리 회사의 수익구조를 늘 투명하게 공개하도록 하겠습니다.

5. 우리 회사의 비용구조 혁신은 고객사의 만족으로 이어질 수 있는 수준에서 진행되어야 하며, 우리 회사 직원과 고객의 불만이 야기되는 비용구조 개선이 되지 않도록 상시 고객의 목소리를 확인하고 직원들의 의견을 수집하는 VOC채널을 강화하도록 하겠습니다.

25 상기 발표문을 통해 알 수 있는 A기업의 향후 경쟁전략을 가장 잘 설명한 것은?

① 원가 효율성 전략을 통해 서비스 가격을 낮추며 생산성을 극대화하는 경쟁전략을 가장 중심에 두고 있다고 볼 수 있다.

② 고객지향적인 서비스 청사진을 제시하며 고객들의 특별한 니즈에 부합하는 서비스를 설계할 수 있도록 개별화 전략을 추구하고자 한다.

③ 비용을 줄일 수 있는 시스템을 구축하고자 하는 이유는 기업의 수익성을 높임과 동시에 아직은 성숙하지 않은 시장에서의 확고한 입지를 구축하는 전형적 전략이다.

④ 서비스 품질을 극대화하기 위한 전략으로, 특히 서비스 전달과정에서의 품질이 우선시되어 서비스 종업원들의 대인관계 역량을 강조하고 있다.

⑤ 다양한 전산화 및 시스템 구축 등은 기업의 경쟁전략을 지원하는 조건이나 원천이 아니므로 경쟁전략의 발표 내용과는 무관하다.

해설 경쟁이 치열한 성숙기 산업에서의 대표적인 경쟁전략으로써의 원가 효율성 전략을 중심에 두고, 고객의 가치 인식과 지속 가능성 등을 염두에 두는 정보기술의 투자를 병행하고 있다고 볼 수 있다.

26 상기 발표를 통해 예측할 수 있는 전략적 실행방안들이다. 설명이 적절치 않은 것은?

① 서비스의 가격을 낮추고 이를 지속적으로 유지하기 위해서는 효율적인 운영, 인력의 재배치, 시스템의 보완 등이 이루어져야 한다.

② 정보의 수집, 저장, 검색 등 정보기술의 원천을 확보함으로써 경쟁우위를 지속적이고 경쟁자가 모방할 수 없는 수준으로 유지할 수 있다면 경쟁우위는 더욱 강화될 수 있다.

③ 비용절감이 고객 가치와 연결되어 있음을 구성원 전체가 이해하는 것은 매우 중요하며, 이를 통해 직원들은 비용절감을 위한 다양한 업무를 구체적으로 이해하고 몰입할 수 있게 된다.

④ 고객만족을 목표로 하는 비용절감이 중요하므로 필수 비용을 제외하고는 해당 기업은 비용절감을 위한 다양한 정보를 수집하고 이를 적용하는 것을 최우선으로 해야 한다.

⑤ 고객들은 보다 낮은 가격으로 물류 서비스를 이용하게 됨으로써 만족하게 될 것이지만 서비스 과정상에서의 품질 저하를 유의하여야 고객 가치 창조를 위한 혁신이 이루어질 수 있다.

해설 비용을 절감한다하더라도 고객만족을 저해하는 경우가 발생하는 것이 효율성 관리의 함정이다. 따라서 고품질 서비스를 위해 투자되기 위한 생산적 비용, 즉 좋은 비용마저 절감하는 오류를 범하지 않도록 유의하여야 한다.

PART 06

실전모의고사

1~5파트까지 학습한 내용 중 출제비중이 높은 문제들로만 선별하였고, 실제 시험을 보는 것과 같은 난이도로 구성하여 최종적으로 실력을 점검할 수 있도록 구성하였습니다.

≫ 실전모의고사

01~24　선다형

01 서비스 생산과정에 고객의 관여를 적정 수준으로 조절해야 하는 현상은 서비스의 속성 중 어떤 속성에 기인하는 것인가?

① 무형성　　　　　　　　　　② 이질성
③ 생산과 소비의 동시성　　　④ 소멸성
⑤ 유형성

[해설] 서비스 생산자와 소비자가 같은 시점과 장소에서 상호작용을 해야 하기 때문에 발생하는 문제이다.

02 다음 중 서비스업에 대한 내용으로 가장 적절한 것은? (기출)

① 서비스는 제조업체에서 필요악이다.
② 임대의 개념으로 서비스를 보는 것은 적절하지 않다.
③ 새로운 직업의 대부분이 서비스에 의해 창출되고 있다.
④ 도시화의 진전은 서비스업의 성장에 있어 저해요인이다.
⑤ 첫 구매의 경우, 유형재로써의 제품에 비해 서비스의 경우 고객 기대관리가 더욱 용이하다.

[해설] ① 서비스산업과 제조업의 구분이 필요하며, 특히 최근 제조업의 산출물인 제품의 차별화를 위해 서비스가 활용되고 있다.
② 서비스의 경우 임대의 개념으로 보는 것이 적절하며, 예를 들어 의료 서비스의 경우 병원의 시설과 의사의 전문지식을 빌리는 것으로 이해할 수 있다.
④ 도시화가 진행됨에 따라 서비스산업이 성장하였다.
⑤ 서비스는 무형재이기에 첫 구매 시 기대형성이 어렵다.

03 서비스 가치흐름에 대한 설명으로 틀린 것은?

① 제품을 생산할 때 공급자로부터 고객에 이르기까지 자원과 정보의 흐름을 가치흐름이라고 한다.
② 서비스업의 가치흐름은 Product Out 방식의 흐름을 갖는다.
③ 요즘은 고객의 사전적 기대와 사후적 관계를 모두 고려하는 서비스 경영마인드가 중요하게 대두되고 있다.

④ Market In 방식의 가치 흐름에서는 사전 기획활동에 더 큰 비중을 둔다.
⑤ 전통적인 공급자 중심의 사고방식은 제조업의 경영방식이었다.

(해설) 서비스업의 가치흐름은 Market In 방식의 흐름을 갖는다.

04 다음은 어떤 개념에 대한 설명인가?

> 효율성 제고, 비용절감을 위해 서비스의 노동 집약적 부분을 기계로 대체하고 계획화, 조직, 통제 및 관리하는 것을 의미하는 용어이다. 이는 서비스를 획일화시키고 기술을 복잡하게 만들어 고객이 기술의 진보를 따라가지 못하는 한계점을 보였다. 또한 서비스의 기계화로 인해 인간성을 상실하고 서비스 인적자원 확보의 악순환을 초래하기도 한다.

① 서비스 패러독스
② 서비스 공업화
③ 서비스 품질의 갭
④ 서비스 수율관리
⑤ 서비스 비즈니스 모델 개발

(해설) 제조업에서의 공업화를 통한 효율 개선을 서비스업에 도입한 개념으로 생겨난 용어로, 서비스 패러독스가 발생하게 된 기업측면으로 볼 수 있다.

05 서비스 품질 비용에 대한 설명 중 틀린 것은?

① 서비스 품질관리를 위한 제반 비용과 품질관리 실패에 따른 비용을 포함하는 비용 전체를 의미한다.
② 서비스 품질 우수 기업의 품질 비용은 다른 기업에 비해 상대적으로 높으며, 지출된 품질 비용의 많은 부분을 평가 비용에서 지출한다.
③ 서비스 품질 비용은 예방 비용, 평가 비용, 내부 실패 비용, 외부 실패 비용으로 구분해 볼 수 있다.
④ 서비스 품질을 일정 수준 이상으로 유지하기 위한 가시적 비용을 측정하는 모형이 품질 비용 모형(COQ)이다.
⑤ 서비스 품질이 낮아질 때 발생하는 비용에 초점을 맞춘 PQC모형의 경우 지원부서의 품질 비용이나 고객의 품질 비용 등을 포함하여 포괄적 의미의 서비스 품질 비용으로 볼 수 있다.

(해설) 서비스 품질 우수 기업은 보편적으로 품질 비용이 다른 기업에 비해 상대적으로 낮으며, 지출된 품질 비용의 많은 부분이 예방 비용에서 지출된다.

Answer   1. ③   2. ③   3. ②   4. ②   5. ②

06 다음 중 비즈니스 모델의 주요 구성 요소끼리 가장 잘 연결된 것은?

① 고객 세그먼트, 가치 제안, 고객관계, 수익원
② 핵심 자원, 홍보 방안, 수익원, 비용
③ 채널, 가치 제안, 핵심 자원, 인적 구성
④ 핵심 자원, 핵심 활동, 물리적 환경, 비용구조
⑤ 가치 제안, 채널, 예상 매출, 핵심 파트너십

해설 고객 세그먼트, 가치 제안, 채널, 고객관계, 수익원, 핵심 자원, 핵심 활동, 핵심 파트너십, 비용구조

07 다음 중 서비스 품질 측정이 어려운 이유로 적절하지 않은 것은? (기출)

① 서비스 품질은 주관적인 개념이다.
② 전달 이전에 테스트가 어렵다.
③ 고객으로부터 서비스 품질에 대한 데이터 수집이 어렵다.
④ 자원이 고객과 분리되어 이동하므로 고객이 자원의 변화를 파악하기 어렵다.
⑤ 고객은 프로세스의 일부이며 변화 가능성이 있는 요인이다.

해설 자원이 고객과 함께 이동하므로 고객은 자원의 변화를 관찰할 수 있다.

08 다음의 관점으로 서비스 프로세스를 설계하고자 하는 경우 고려되는 요소들을 설명하고 있다. 부적절한 것은 무엇인가?

> 서비스가 진행될 때 고객도 서비스 전달과정에 참여하게 되므로 고객 참여와 역할의 정도를 반영하여 서비스 품질을 얻을 수 있도록 해야 한다.

① 서비스를 받지 않는 다른 고객들도 프로세스 내에서 감안해야 한다.
② 고객이 프로세스 내에 어떻게 참여하는 가에 따라 프로세스는 다양하게 변화된다.
③ 고객의 참여 수준이 수동적인 참여를 넘어 기업활동에 협조하거나 건의사항을 제공하는 등의 시민행동 참여 유형은 기업에게 매우 긍정적인 기여 행동이다.
④ 프로세스의 각 단계에서 고객 요구가 충실히 반영될 수 있도록 초점을 맞추어야 한다.
⑤ 준직원, 인적자원, 혁신자 등 서비스 생산과 전달과정에서 고객의 역할이 서비스 상황에 따라 다르게 해석되어야 한다.

해설 서비스 프로세스를 생산 시스템에서의 프로세스 접근법을 활용한 개념 설명으로, QFD 개념으로 품질 기능을 전개하는 방식이다.

09 다음 중 서비스 R&D 활동으로 보기에 가장 거리가 먼 것은?

① 서비스에 관련된 기술을 개발한다.

② 기존의 과학기술을 서비스에 융합·접목하여 서비스를 혁신하고자 한다.

③ 고객 서비스 향상을 위해 소비자 행태를 조사할 수 있는 기법을 개발한다.

④ 서비스 조직의 성과 향상을 위해 우수 서비스 사례를 조직에 전파한다.

⑤ 기존의 서비스 전달방식을 개선하는 새로운 비즈니스 모델을 개발하기 위한 연구 활동이다.

해설 서비스R&D는 서비스를 대상으로 하여 기존의 방안으로 달성하기 어려운 새로운 서비스 제공을 추구하며, 단순한 경험이나 노하우의 적용과는 거리가 멀다.

10 서비스 혁신이 가져올 수 있는 결과에 대해 설명한 것이다. 틀린 것은?

① 기업에 하나 이상의 새로운 또는 갱신된 서비스 기능을 가져오게 한다.

② 시장에 제공된 서비스 및 상품을 변화시킨다.

③ 서비스 조직의 기술적, 인적, 조직적 능력에 대한 변화 없이 서비스 품질을 향상시킨다.

④ 새로운 서비스 상품을 개발하는 것은 물론 기존의 서비스를 변화시키는 것을 포함한다.

⑤ 서비스 혁신은 변화된 서비스 콘셉트는 물론 고객 인터페이스의 변화, 서비스 인도 시스템, 기술적 대안의 역할을 수행하게 된다.

해설 서비스 혁신은 서비스 조직에 구조적으로 새로운 기술적, 인적, 조직적 능력을 요구하는 경우가 많다.

11 서비스 수요의 특성으로 옳지 않은 것은? (기출)

① 서비스 수요는 즉시 제공되지 못해도 수요 자체가 사라져 버리지는 않는다.

② 서비스는 재고의 저장이 불가능하거나 어렵다.

③ 대부분의 서비스 수요는 눈에 보이지 않고 만들어지면 바로 소비된다.

④ 서비스 수요량이 공급량을 넘어서면 넘치는 수요는 포기해야 한다.

⑤ 서비스는 시간과 공간의 제약이 따르는 경우가 많다.

해설 서비스 수요의 변동성. 서비스 수요는 높은 변동성을 보인다. 월별, 주별은 물론 요일이나 시간대에 따라 수요가 변한다. 서비스 수요가 일정 시점에 집중되거나 시간별로 급격한 변동을 보일수록 수요 예측은 더욱 어려워진다.

Answer　6. ①　7. ④　8. ④　9. ④　10. ③　11. ①

12 서비스 수요 예측의 중요성과 목적을 설명하는 내용으로 잘못된 것은?

① 효율적인 서비스 영업활동 관리를 위하여 관리자는 향후 일정 기간 동안 발생할 서비스 수요에 대한 예측이 필요하다.

② 수요가 공급능력을 초과하는 경우는 방문고객이 서비스를 받지 못하는 경우가 발생하여 고객만족도가 감소된다.

③ 수요가 적정 공급능력을 초과하는 경우란 서비스 기업의 최대 공급능력 이상의 서비스 수요가 발생한 경우로, 기회비용이 발생하면서 서비스 품질 하락이 예상되는 상황이다.

④ 수요와 공급이 적정 수준에서 균형을 이루게 되면 고객은 적은 대기시간으로 높은 수준의 서비스를 제공받을 수 있게 된다.

⑤ 서비스 공급이 수요보다 초과되는 경우 기업은 서비스 제공을 위하여 투자한 인적·물적 자원이 유휴상태가 됨에 따라 초과 투자된 공급능력만큼 손실이 발생한다.

해설 서비스 적정 공급능력이란, 최대 공급능력에는 미치지 못하나 인적·물적 자원의 효율이 극대화되는 수준인 적정 공급능력을 초과한 상태로, 수익 감소와 같은 기회비용이 발생하지 않지만 업무과중 및 중·장기적 서비스 품질 하락을 야기하게 된다.

13 주관적 서비스 수요 예측 기법에 대한 설명이다. 잘못된 것은?

① 델파이법이란 전문가들이 한 자리에 모여 의견을 수집한 후 상호 공유하여 최종 결론이 나올 때까지 상호간 의견교환을 하게 하는 방법이다.

② 명목집단기법이란 7명~10명으로 구성된 전문가가 모여 각각의 의견을 익명으로 취합하여 공유한 뒤 투표 등을 통하여 우선순위를 설정하는 방법이다.

③ 시장조사란 서비스 수요에 대한 가설을 세우고, 기존 고객 또는 잠재고객 대상 설문, 질의응답 등을 통한 자료수집 및 시장동향 자료분석을 통하여 가설을 검증하는 방법이다.

④ 상호영향분석이란 미래의 사건이 이전에 발생한 사건의 영향에 따라 발생한다는 가정 하에 전문가들이 사건들 간 상관관계를 행렬의 형태로 연구하는 방법이다.

⑤ 역사적 유추법이란 시장 및 고객의 반응이 기존 유사 서비스의 반응과 비슷할 것이라는 가정을 기반으로 수요를 예측하는 방법이다.

해설 델파이법은 타인의 영향을 배제한 독립적인 의견을 기반으로 객관적인 협의과정을 진행하는 것으로, 한 자리에 모이지 않고 우편 등의 방법으로 의견을 교환한다.

14 수요 분할의 정의 및 전략에 관한 설명이다. 잘못된 것은?

① 수요 분할이란 수요의 다양한 범주를 이해하고 분리하여 서비스 수요가 보다 바람직하게 관리되도록 하는 것을 말한다.

② 가격인센티브는 직관적이며 흔히 사용되는 전략으로, 비수기 수요를 보완하기보다는 성수기 수요를 평준화시키는 경향이 강하다.

③ 가격차별화 전략은 수요 피크 시점에는 고가격 정책으로 수익 극대화를 추구하며, 비수기에는 가격 할인을 통하여 수요 증대를 추구한다.

④ 대형마트에서 주중 할인 쿠폰을 제공하는 것은 비수기 수요촉진 전략의 예시이다.

⑤ 기존의 서비스 수요 주기와 상반되는 수요 주기를 가지고 있는 서비스를 개발함으로써 자연스러운 시장 확대 추구가 가능하다.

해설 가격차별화 전략을 사용할 경우, 성수기 수요 분할보다는 비수기 수요 보완효과가 강하다.

15 다음은 대기행렬의 규칙 중 무엇에 관한 설명인가?

> – 짧은 처리시간이 소요되는 서비스를 먼저 처리
> – 고객이 시스템에서 보내는 시간을 최소화함으로써 효율성 증대 가능

① 선착순(FCFS)   ② 최단 작업시간
③ 우선권 부여 규칙   ④ 리틀의 법칙
⑤ 긴급률

해설 최단 작업시간 규칙을 적용할 경우 효율성이 극대화되나, 긴 처리시간을 갖는 작업은 지속적으로 뒤로 밀리게 되어 공정성이 저해되는 단점이 있다.

16 다음의 내용이 설명하는 것은?

> 기업 조직의 경영자가 자사 내 인적자원과 관련된 각종 사안에 대한 의사결정을 내릴 때에 도움이 되는 유용한 정보들을 지원하기 위해 만들어진 시스템을 말한다.

① 마케팅조사 시스템   ② 회계정보 시스템
③ 인적자원정보 시스템   ④ 재무정보 시스템
⑤ 대차대조 시스템

Answer   12. ③   13. ①   14. ②   15. ②   16. ③

17 인적자원관리의 성격과 중요성에 관한 다음의 설명 중 가장 올바르지 않은 것은? (기출)

① 인적자원은 능동적이고 자율적인 성격을 띠고 있다.

② 인적자원관리는 직원이 창출하는 노동상품이 하나의 인격체라는 인식에서 출발한다.

③ 성공적인 인적자원관리를 위해서는 선발에서부터 평가와 보상에 이르는 전 과정을 통합적으로 계획하고 관리해야 한다.

④ 조직의 목표를 달성하게 하는 것은 조직의 구성원들이며, 이들을 어떻게 관리하는 가에 따라 조직의 성패가 좌우된다.

⑤ 각 개인의 노동력은 이질적인 것이 아니며, 각 인적자원은 그들이 담당할 수 있는 직무가 동일하다.

해설 각 개인의 노동력은 동질적인 것이 아니며, 각 인적자원은 그들이 담당할 수 있는 직무가 다르고 직무수행능력이 각기 다르다.

18 다음 중 효과적인 직무 평가 방법을 기술한 내용으로 적절치 않은 것은?

① 직무 평가는 직무를 분석하고 보상 요소를 선정하는 과정에서 진행된다.

② 효과적인 직무 평가를 위해 직무 분석 방법을 통해 직무명세서를 작성해야 한다.

③ 보상 요소를 선정함으로써 직무를 평가하는 기준이 마련된다.

④ 합리적인 직무 평가를 위해서는 보상 요소를 선정함에 있어 구성원들의 보편적 가치나 의사를 반영하고 가중치를 부여하여 현실적인 평가가 가능하도록 한다.

⑤ 직무를 평가하는 과정상에서 각 직무에 대한 임금 및 보상을 결정하게 된다.

해설 직무 평가는 조직 내 직무의 상대적 가치를 평가하는 것으로, 직무 평가가 완료된 이후 객관성을 근거로 임금 및 보상을 결정하게 된다.

19 다음 내용이 의미하는 것은?

> 사내 모집원 충원기법으로 조직이 외부인들에게 신문광고 등을 통해 모집을 알리는 것과 마찬가지로 기업이 사보나 사내게시판을 통해 충원해야 할 직위를 조직 내 종업원들에게 알려서 이에 대해 관심 있는 사람들이 응모하게 만드는 방법을 말한다.

① 사외모집 　　　　　　　　② 공개모집제도
③ 인력계획 　　　　　　　　④ 광고모집
⑤ 제한모집

해설 공개모집제도는 해당 기업이 사보 또는 게시판을 통해 충원해야 할 직위를 조직 내 종업원들에게 알려서 많은 사람들이 응모하게 하도록 하는 제도이다.

20 다음 중 서비스 조직 내 인적자원관리에서의 갈등관리에 대한 설명으로 부적절한 것은?

① 갈등은 조직 및 집단 차원에서 필연적으로 야기되는 자연스러운 문제이다.

② 갈등의 부정적 역할은 구성원 간의 신뢰 저하 및 공동의 목표의식 상실 등이 있다.

③ 갈등의 원인은 매우 다양하며 갈등의 주체 역시 개인적, 조직 내, 조직 간 등으로 다양한 양상을 보일 수 있다.

④ 갈등은 긍정적 경쟁을 유발하고 의사결정의 질을 높이며 조직성과 향상에 기여하는 순기능적 측면의 효과를 나타내기도 한다.

⑤ 다양한 인적자원들의 성장 욕구는 갈등의 역기능을 강화시키는 측면이 있고, 갈등관리에 있어 가장 중시되는 것은 조직 공동의 목표를 부각하여 개인의 욕구보다 중시되도록 하는 것에 있다.

해설 갈등의 역기능, 순기능을 모두 이해하여 갈등을 조직성과 향상에 기여하도록 하면서도 다양한 인적자원들의 성장 욕구를 자극하는 방향으로 관리하여야 한다.

21 다양한 경영전략분석 기법에 대한 설명이다. 틀린 것은?

① 마이클 포터 교수는 신규 비즈니스에 투자를 결정하거나 기존 비즈니스에 대한 전략적 대응을 위해 경쟁자, 잠재 진입자, 구매자, 공급자, 대체제의 5가지 요인의 상호 분석을 모형으로 제시하였다.

② 보스턴 컨설팅 그룹의 포트폴리오 분석 기법에서는 시장 점유율은 낮지만 향후 시장에서의 성장률이 높은 사업군을 물음표(Question Mark) 사업군으로 분류하여 기업의 행동에 따라 스타 사업 혹은 개 사업으로 변화될 것으로 판단하였다.

③ 가치사슬 활동은 기업의 강점과 약점을 파악하고 원가 발생의 원천 및 경쟁기업과의 차별화 원천을 분석하기 위해 개발된 개념으로 본원적 활동과 지원활동으로 나누어 분석한다.

④ SWOT 분석을 통해 도출된 기업의 기본적인 방향은 이후 세부전략 수립에 활용되며, 기업의 내부적 환경 요인을 기회와 위협으로, 외부적 환경 요인을 강점과 약점으로 구분하는 매트릭스이다.

⑤ BCG 모델이 효과적인 현금투자 흐름을 제시하지만 세부적 전략에 대해 언급되지 않아 산업 매력도와 사업의 강도를 기반으로 보다 세부적인 사업 포트폴리오 분석 매트릭스로 강화된 모델이 GE 모델이다.

해설 SWOT 분석에서 강점과 약점은 기업의 내부적 환경 요인, 기회와 위협은 외부적 환경 요인을 분석한 것이다.

22 다음 중 경영전략의 주요 구성 요소가 아닌 것은?

① 명확한 목표의 수립
② 경영자원의 평가 및 배분
③ 고객 세분화와 포지셔닝
④ 경쟁우위 모색
⑤ 전략 수행을 위한 조직 효율성

(해설) 경영전략은 기업의 기본적 목표 달성을 위한 종합적인 활동 계획이자 의사결정 기준에 해당하는 개념이다. 따라서 고객 세분화와 포지셔닝의 경우에는 경영전략 수립을 위한 분석 기법상의 개념으로 보아야 할 것이다.

23 다음 중 기존의 마케팅 믹스인 4Ps를 재해석한 4Cs에 대한 설명으로 적절치 않은 것은?

① 기존의 4Ps가 기업 관점의 접근이라면 이를 고객의 관점으로 재해석하여 마케팅 믹스를 기업과 고객 간의 상호작용 측면으로 바라본 것이 4Cs이다.
② 기업 입장의 제품인 Product는 고객 입장에서는 고객 가치(customer value)로 재해석해 볼 수 있다.
③ 가격(price)은 고객의 입장에서는 비용의 측면으로 볼 수 있다. (customer cost)
④ 유통(place)은 고객이 누구에게 어떻게 서비스를 제공받는가의 차원으로 이해해야 한다. (comfortable relation)
⑤ 촉진(promotion)은 고객과의 소통이라는 주제로 재해석된다. (communication)

(해설) 유통은 고객의 편리성으로 해석된다. (convenience)

24 다음 중 고객만족경영의 효과로 가장 거리가 먼 것은? (기출)

① 재구매 고객 창출
② 마케팅 비용절감
③ 임직원 이직률 감소
④ 고객 전환비용(switching cost) 최소화
⑤ 고객에 의한 구전(WOM: Word of Mouth)

(해설) 고객만족경영에서의 고객은 내부고객을 포괄하는 개념이며, 적극적인 관계마케팅을 통한 전환비용(switching cost) 극대화를 통해 고객의 재구매를 활성화시킬 수 있다.

---

25 서비스 경제는 매우 급진적으로 변동하였으며, 새로운 지식과 정보를 강조하는 서비스 우위로 전환되고 있다. (기출)

(① O, ② X)

해설 과거 산업화시대의 제조우위를 벗어나 새로운 지식과 정보를 강조하는 서비스 우위로 전환되고 있다.

26 고객이 서비스과정 전체에 걸쳐 관여되어 있으므로 서비스 프로세스는 서비스 창출의 시작에서부터 최종적인 고객 전달 순간 모두에서 고객 관점을 반영하고 설계되어야 한다.

(① O, ② X)

해설 일반적인 제조업에서의 프로세스와 다른 서비스업의 프로세스 특징이다.

27 서비스 수요와 공급의 불일치 조절을 위하여, 파트타임 종업원을 추가로 고용하는 것은 성수기 공급증대 전략에 해당한다. (기출)

(① O, ② X)

해설 성수기, 비수기에 수요, 공급조정 전략 중 파트타임 종업원 추가 고용은 성수기 공급증대 전략에 해당한다.

28 인적자원에 대한 보상을 위해 제공되는 보험, 주택 지원, 복리후생 시설 지원 등은 비금전적 보상에 해당하며 직원의 성취감을 높여준다.

(① O, ② X)

해설 해당 설명은 금전적 보상에 해당하며, 비금전적 보상은 직무 자체에서 오는 만족감, 혹은 직무 환경적 요인 등이다.

29 앤소프의 성장전략은 제품과 시장이 기존, 신규인가에 따라 어떤 전략을 선택할 것인가를 결정하기 위한 매트릭스 모델링이다.

(① O, ② X)

해설 기존 제품/신제품, 기존 시장/신 시장에 따라 시장 침투, 제품 개발, 시장 개발, 다각화 전략을 펼친다.

Answer　22. ③　23. ④　24. ④　25. ①　26. ①　27. ①　28. ②　29. ①

※ 다음 보기 중에서 각각의 설명에 알맞은 것을 골라 넣으시오.

① PQC 모형　　　　② 델파이법　　　　③ 서비스 팩토리
④ FCFS　　　　　⑤ 리틀의 법칙

30 서비스를 처리하는 순서의 배정 규칙 중 먼저 온 순서대로 서비스를 제공하여 단순성과 공정성이 있는 기준 (기출) (　　　　)

해설 FCFS(또는 선착순 기준)에 대한 설명이다. (유사 정답: 선착순 규칙)

31 서비스 시스템이 안정상태에 이르면 서비스 시스템에 존재하는 고객의 평균값은 서비스 시스템에 도착하는 고객의 평균값에 고객이 서비스 시스템에 머무르는 평균 시간을 곱한 값이 된다는 법칙 (　　　　)

해설 서비스 시스템 내에 존재하는 고객의 수와 고객이 시스템 안에 머무르는 시간과의 관계를 보여 주는 수식

32 서비스 품질이 낮아질 때 발생되는 비용에 초점을 맞춘 서비스 품질 비용 모형이다. (　　　　)

해설 비효율적인 비즈니스나 판매기회 상실 비용을 포함하는 포괄적 의미의 품질 비용으로, 직접적 PQC와 간접적 PQC로 구분된다.

33 고객 상호작용이 낮고 노동집약 정도가 낮아 서비스 제공능력을 일정 수준으로 고정화시켜 대량 고객의 수요 창출에 적합한 서비스 프로세스 (　　　　)

해설 슈매너의 서비스 프로세스 매트릭스 중 하나로 서비스 프로세스의 표준화, 정형화 및 대규모 시설투자가 수반되는 경우이다.

34 한 문제에 대해 여러 전문가들의 의견을 구한 후 의견들을 정리하여 이를 다시 의견을 보내준 전문가들과 공유하여 결론이 나올 때까지 상호간 의견을 교환하는 방법 (　　　　)

해설 정량적 기법을 적용하기 힘든 경우 정성적, 주관적 예측에서 사용되는 기법으로, 서비스 수요 예측의 정성적 방법 중 대표적 기법이다.

35 다음은 어느 여행사의 사업 기획서이다. 비즈니스 모델의 측면에서 볼 때 올바르게 이해한 것끼리 연결된 것은?

> **신상품 출시에 대한 사업 기획서**
>
> 1. 주요 고객층 : 혼자 여행을 즐기는 젊은 직장여성고객 ㉠
>
> 2. 상품 구성 특징
>   - 다양한 테마 상품으로 특화(힐링, 쇼핑, 고급 호텔 등 테마) ㉡
>   - 1인 여성 여행객에 맞춘 안전한 여행을 소구함 ㉢
>   - 자유여행 상품으로 구성하되 3~4인에 해당하는 소규모 단체여행을 통해 새로운 친구 찾기 테마를 제공함 ㉣
>   - 단골고객 확보전략으로 유료 연간 회원제 도입 추진 계획(1회 무료 항공권 제공으로 상쇄) ㉤
>
> 3. 홍보전략 : 고객층에 맞는 파워 블로거를 홍보대사로 임명, 여행사 홈페이지 광고 ㉥
>
> 4. 기획안 구성 : 신규 상품개발 경력이 많은 3명으로 TF 구성. 현재 가동 중 ㉦
>
> 5. 예상 수익 : 월간 100여 명 이용 시 수수료 수익으로 손익분기 충족 ㉧
>
> 6. 초기 비용 : 광고, 홍보비 000원, TF팀 개발단계 총 3개월 인건비 000원 ㉨

① ㉠ 고객 세그먼트 – ㉢ 가치 제안
② ㉠ 고객 세그먼트 – ㉣ 핵심 활동
③ ㉡ 고객 세그먼트 – ㉨ 핵심 파트너십
④ ㉤ 비용구조 – ㉧ 수익원
⑤ ㉥ 채널 – ㉦ 핵심 활동

🔴해🔴설 ㉠ 고객 세그먼트, ㉡~㉤ 가치 제안, ㉥ 채널, ㉦ 핵심 자원, ㉧ 수익원, ㉨ 비용구조

36 다음은 모 시중 은행에서 접수된 고객 불만사항이다. 이 불만사항들에 대한 원인 분석 및 해결 방안을 설명한 것 중 가장 적절치 않은 것은 무엇인가?

> **고객 1 :** 대출 잔액을 확인하려고 담당자에게 전화하고 싶은데 자꾸만 본사 전체 ARS로 연결되고, 이런 저런 정보를 입력하라고 하는데 결국 통화가 안되었어요. 이렇게 귀찮게 절차를 만드는 이유가 무엇이죠?
>
> **고객 2 :** 제가 이 은행이랑 얼마나 오래 거래했는데 마이너스 통장 한도가 이렇게 작은 거죠? 카드를 만들어보니 새로 거래한 은행과 별 차이가 없네요. 오래 거래했던 지점인데도 대출 한도 규정을 이야기하면서 더 이상은 어렵다네요. 그럼 저 같은 단골고객에게는 도대체 무슨 혜택이 있는 거죠?
>
> **고객 3 :** 통장을 개설해야 해서 지점에 들렀는데 너무 오래 기다렸어요. 간단한 서비스 하나 받는데 이렇게 오래 걸리고, 그 큰 지점에 응대해주는 직원이 3명뿐이라니 고객이 기다리는 건 상관없고 인건비만 줄이면 되는 건가요?

① 상대적으로 다른 은행에 비해 서비스의 수준이 떨어져서 발생하는 문제이다. 해당 은행의 서비스 수준을 더욱 높일 수 있도록 구성원들의 역량을 높여 해결할 수 있다.

② 서비스 강화를 위한 정보처리, 제도 등이 오히려 고객들의 만족감을 더욱 떨어뜨릴 수 있으므로 보다 더 간소하면서도 고객들이 이용하기 편리하도록 지속적으로 개선해야 한다.

③ 서비스 기업의 효율화를 위해 도입한 제도들로 인해 고객들이 서비스에 대한 만족감이 떨어지게 되는 서비스 공업화의 문제이다. 고객들의 심리를 이해하고 이를 극복하기 위한 다양한 노력이 필요하다.

④ 이러한 고객불만을 해소시키기 위해서는 서비스에 있어서의 탄력성 혹은 인간적 관계에 의한 충분한 설명, 서비스 접점의 직원관리 등 문제점 극복을 위한 노력이 필요하다.

⑤ 서비스 기업 간의 경쟁이 치열해지는 상황은 고객들의 기대 수준을 더욱 높이게 된다. 따라서 고객의 기대에 대해 사전에 인지하고 서비스 이후 고객의 만족도를 지속적으로 이해하고 있어야 한다.

해설 서비스 패러독스의 상황을 보여주고 있다. 서비스 기업의 서비스가 과거에 비해 좋아졌음에도 심리적인 만족감이 오히려 떨어지는 것이다. 그 원인으로는 고객의 기대 수준 향상과 기업 서비스의 공업화 현상을 들 수 있다.

37 한 지방자치단체에서는 민원 서비스의 품질측정을 위해 방문객을 대상으로 실시한 설문조사에서 다음과 같은 대표적인 유형을 발견하였다. 고객들의 반응을 설명한 것으로 적절치 않은 것은 무엇인가?

> A. 타 지역에 비해서 주민센터가 좀 낡고 좁아서 민원서류를 발급하러 갈 때마다 정신이 없어요. 좀 넓게 확장하면 어떨까요?
>
> B. 과거에 비해서는 서류 처리 속도도 빠르고 실수가 없어서 좋습니다만 서비스하는 직원들이 너무 바쁜 것 같네요.
>
> C. 최근에 입주한 아파트 단지가 있어서인지 너무 오래 기다려야 되네요. 주차장도 협소해서 주차하는 시간까지 따지면 거의 한 시간 정도가 소요된 것 같아요.
>
> D. 저희 아버님이 민원 업무가 좀 어려워서 도움을 받으셨어야 되는데, 설명은 해 주셨다지만 그래도 이해가 잘 안되어 그냥 돌아오셔서 제가 와서 처리했습니다. 바쁘신 것은 이해되지만 어르신들이 좀 더 쉽게 서비스를 받을 수 있었으면 합니다.
>
> E. 오랜만에 관공서에 왔는데요, 과거보다 많이 친절해 지셨네요. 수고하세요.

① 낡고 좁은 물리적 시설은 외형적 단서로써, 유형성의 차원에서 역할을 하고 있어 품질을 떨어뜨리고 있다.
② 과거에 비해 서비스의 속도나 친절도가 향상되어 고객의 보편적 기대에 비해 체험되는 서비스 품질이 좋게 인식되는 측면이 있다.
③ D의 경우 서비스 품질의 응답성이나 신뢰성 측면에서는 큰 문제가 없었으나 보다 정중하고 예의를 갖추어 진실되게 고객을 응대하는 측면에서 부족함을 보이고 있다.
④ 대체로 민원고객에게 제공하는 서비스 과정에 대해서보다는 결과, 즉 기술적 품질에 대해 언급하고 있으므로 전문성과 기술 측면의 보강이 필요해 보인다.
⑤ 지자체인 서비스 조직이 민원고객을 배려하는 측면에서 대기시간, 의사소통 능력, 고객에 대한 이해도 측면을 강화하는 것이 필요하다.

해설 상기 민원인들의 반응은 주로 서비스를 제공하는 과정상에서 체험한 내용들로, 고객이 기능적으로 어떻게 서비스를 얻게 되는 가에 대한 전달과정의 방법에 대한 것으로 보는 것이 타당하다.

Answer　36. ①　37. ④

38 올 연말 새로 오픈하는 OO리조트에서는 다음과 같이 예약 부서의 고객 응대에 관한 서비스 청사진을 그려보고 이에 합당한 서비스 프로세스를 설계하고자 한다. 제시된 서비스 청사진을 통해 서비스 프로세스 설계 시 감안할 내용이 아닌 것은?

> 문의 및 예약고객의 전화 응대 – 효과적인 전화 응대를 통해 문의사항에 대해 상세히 안내하고 고객의 예약을 접수 – 고객 예약 접수 시 고객 필수 안내사항 전달 및 고객 기본 정보 확인 – 고객 예약상황을 내부 시스템에 정확히 입력 – 고객 예약상황이 곧바로 자동화 시스템으로 고객 전화, 이메일 등으로 재안내 – 고객 내방 하루 전 재안내 문자 발송 – 고객 방문 시 예약 확인 및 체크인 진행

① 상기 서비스 청사진에서는 예약 부서의 예약 업무에 대한 프로세스 설계에 집중한 것으로, 이를 통해 서비스의 표준화 및 매뉴얼을 만들 수 있다.
② 예약 부서에서의 원활한 서비스 진행을 위한 서비스 청사진이므로 서비스 제공자의 역할을 중심으로 한 단일하고 구체적인 묘사가 필요하다.
③ 예약사항 전달 및 시스템적 지원 부문이 서비스 프로세스 설계에서 어떻게 효과적으로 이용될 것인가를 고려하여야 한다.
④ 고객 행동부분을 보다 다양하게 정의한다면 서비스 청사진을 보다 구체적으로 전개할 수 있고, 서비스 프로세스 설계 및 매뉴얼 구성을 더욱 효과적으로 구성할 수 있다.
⑤ 일선 종업원인 예약 부서의 응대와 더불어 전화를 연결하는 후방 종업원의 역할과 전산 시스템 등의 지원 프로세스를 잘 연결하여 프로세스를 설계해야 한다.

해설 서비스 청사진에서는 서비스 제공자의 역할은 물론 고객과 서비스 기업 측면에서의 각 단계 등 서비스 전반을 이해할 수 있도록 묘사하고 서비스 프로세스를 설계하도록 도와줄 수 있어야 한다.

39 다음은 관광지에 있는 호텔의 예약과 관련된 정책 중 일부이다. 이에 관한 내용 중 가장 옳지 못한 것은? (기출)

> P호텔은 사전 객실예약 접수를 받을 때, 실제 호텔에서 판매 가능한 객실 수가 250실임에도 그 이상인 260실까지 예약을 받고 있다. 이는 그 동안의 호텔 운영 경험상 갑작스러운 예약 취소, No-Show 발생 등을 감안하여 예약을 받는 최대 객실 수를 결정하였기 때문이다.

① 호텔 객실 제공 서비스는 재고 저장이 불가능한 상품에 해당한다.
② 이러한 호텔의 정책은 수입손실을 최소화하기 위한 노력으로 도입되었다.
③ 호텔에 예약한 고객이 초과예약으로 인해 서비스 제공을 받지 못하여 발생하는 비용을 재고과잉 비용이라 한다.

④ 예약한 고객 중에 실제로 나타나지 않는 경우, 그 호텔 객실의 해당일은 가치를 잃게 됨
　으로 이를 해결하기 위해 도입되었다.

⑤ 이러한 호텔의 정책은 실제 예약을 한 고객이 객실에 투숙할 수가 없는 상황이 발생하여
　고객에게 나쁜 이미지를 심어 줄 수가 있다.

해설 호텔에 예약한 고객이 초과예약으로 인해 서비스 제공을 받지 못하여 발생하는 비용을 재고부
족 비용이라 한다.

40 다음은 백화점에서 진행되는 백화점 매장별 직원들 사이의 대화이다. 대화에 관한 내용 중 옳지
못한 것은? (기출)

> **모피매장 직원** : "요즘 7월은 여름 더위가 한창이지만, 저희 매장은 대대적인 모피 할
> 인 행사를 통하여 고객들을 모으고 있어요. 겨울에 모피를 구입하는 것에 비해 많은 할
> 인 혜택이 있기 때문에 고객들이 여름에도 모피를 구입하러 많이 옵니다."
>
> **빙수매장 직원** : "아, 그렇군요. 저희 빙수매장은 여름철이 되니 빙수를 찾는 사람이
> 하루 기준 2배 정도 증가해서 일시적으로 파트타임 아르바이트생을 몇 명 더 채용했
> 어요."
>
> **명품매장 직원** : "저희 매장의 이 가방은 일시 품절인데, 해외 본사로부터 재고 입고가
> 될 때까지 고객이 원할 경우 예약만 받고 있어요."
>
> **곰탕매장 직원** : "저희 매장은 여름에 손님이 상대적으로 적은 편이라 직원들이 여름휴
> 가를 많이 가는 편입니다."
>
> **화장품매장 직원** : "그나저나 저도 여름휴가를 가려하니, 모든 호텔에 손님이 많아서인
> 지 평소 가격보다 더 비싼 가격을 받더라구요."

① 모피매장의 경우는 비수기 수요진작 전략에 해당한다.
② 빙수매장의 경우는 성수기 수요증대 전략에 해당한다.
③ 명품매장의 경우는 성수기 수요감소 전략에 해당한다.
④ 곰탕매장의 경우 비수기 공급조정 전략에 해당한다.
⑤ 호텔의 경우는 성수기 수요감소 전략에 해당한다.

해설 빙수매장의 경우는 성수기 공급증대 전략에 해당한다.

41 직원들의 이직 문제로 어려움을 겪고 있는 A병원은 최근 문제점을 해소하고 새로운 방법을 모색하기 위해 종업원 대표와 임직원들 간에 간담회를 가졌다. 다음 중 간담회를 통해 이해할 수 있는 상황과 가장 거리가 먼 것은?

> **직원 A :** 근무환경이 다른 병원에 비해 열악합니다. 근무 중간에 잠시라도 쉴 수 있는 공간이 있어야 합니다. 피곤이 누적되면 서비스도 나빠질 수밖에 없지 않을까 합니다.
>
> **직원 B :** 직원들이 문제가 있을 때 관리자에게 전달할 수 없습니다. 관리자 눈치도 보이고 경영진에게 전달되지 않을 수도 있어 서로 부담스럽습니다. 근무환경을 개선하려면 어떤 점이 불편한지에 대해 자유롭게 제안할 수 있는 시스템이 있었으면 합니다.
>
> **직원 C :** 특히 응급실에서 근무하는 직원들이 힘들어 합니다. 중환자실도 마찬가지입니다. 분야를 전공하는 직원이 아닌 경우에는 다른 부서로 배치해 주셔야 할 것 같습니다.
>
> **직원 D :** 병원은 환자 중심으로 한다지만 환자를 서비스하는 저희에게 어떤 관심과 애정을 기울이는지 저희로써는 알 수 없습니다.

① 경영진은 인적자원관리에 문제가 있다고 판단되어 문제 해결을 위해 직접 만나는 방식으로 갈등을 관리하고 더 나은 방안을 모색하고 있다.

② 직원의 만족도 향상을 위해서는 보상과 같은 경제적 요인뿐 아니라 근무환경, 경영 방침에 대한 인식 공유, 상사와의 관계 등 다양한 요인의 영향을 받고 있음을 알 수 있다.

③ 직원 C의 발언을 통해 직무 재설계 등도 직무 만족도에 영향을 미치며, 이는 동시에 서비스 인력의 노동 생산성 제고에도 의미가 있음을 알 수 있다.

④ 직원 B의 문제 제기는 결국 기업 내에서 발생하는 다양한 갈등을 직원들이 스스로 해결할 수 있는 분위기를 조성해야 한다는 의미로, 감정 노동에 대한 힐링 프로그램, 휴가제도 등을 통해 보상해야 한다고 볼 수 있다.

⑤ 직원 A는 물리적 성격에서의 근무 조건에 대해 이야기 하고 있으며, 이는 직무 자체의 요소를 제대로 이해하여 이를 근무환경에 반영하여야 한다.

해설 직원 B의 문제 제기는 기업 내 인간관계관리를 제도로써 해결해야 한다는 점을 시사한다. 특히 제안제도 및 고충처리 제도 등을 만들어 자유롭게 종업원이 의견을 제시할 수 있도록 시스템을 마련하는 것으로 문제를 해결해야 한다.

42 다음은 가전제품 유통매장의 주간회의 내용이다. 발견할 수 있는 문제점 및 해결책으로 적절치 않은 것은 무엇인가?

> A. 이번에 마케팅 부서에서 냉장고 가격을 내리고 사은품을 많이 제공하는 방안이 내려왔는데 우리 매장에서는 고객 반응이 너무 없습니다.
>
> B. 우리 지역의 특성이 고려되지 않은 상태인 것 같습니다. 전입·출 가구도 적고 경제적 수준도 높지 않아 냉장고 교체 수요는 적은데 말입니다.
>
> C. 전국 전 매장에 동일하게 프로모션이 전개되는 이유는, 그래야 원가를 떨어뜨릴 수 있기 때문입니다. 어쩔 수 없죠.
>
> D. 경쟁매장인 B회사 매장에서는 김장철을 앞둔 김치 냉장고 프로모션을 전개한다고 해서 한 달 전에 본사 기획부에 보고했었는데도 반영이 안됐어요. 우리 지역 내 B회사 매장은 매출이 아주 좋다고 하는데 말입니다.
>
> E. 뭔가 이유가 있겠죠. 마케팅 부서에서 조사한 내용이 있을 것 같습니다. 최선을 다해 보시죠.

① 가격 차별화 전략은 큰 효과가 없는 전략으로 보이며, 해당 가전제품 본사는 제품이나 서비스의 품질을 향상시키는 데에 더욱 주력해야 한다.

② 시장을 구성하는 고객의 욕구와 시장 변화에 초점을 맞추지 못하면 발생할 수 있는 문제이므로 보다 구체적으로 시장의 요구를 이해하는 노력을 기울여야 한다.

③ 시장상황을 반영하는 마케팅 전략이었다면 이 부분을 서비스 조직 전 구성원이 이해하고 있어야 했다.

④ 원가를 낮추어 서비스 비용을 절약하는 데에 초점을 맞춘다 하더라도 시장을 이해하고 고객 가치에 부합되지 않으면 의미가 없다.

⑤ 서비스에 대한 기획, 설계 전방에 있어서 경쟁사와의 상대적 우위 부분도 판단의 주요 요소로 인지하여야 하며, 다양한 시장 정보를 보다 전사적으로 체계화 할 필요가 있다.

(해설) 시장 지향적 조직, 서비스 지향적 조직이 되기 위한 다양한 조건들이다. 가격 차별화 전략도 경쟁전략 강화의 일환이며, 어떻게 실행하는 가에 따라 그 효과가 달라지므로 무조건 품질 전략만이 옳다고 볼 수는 없다.

43 다음은 인사고과 유형 중 한 사례이다. 다음의 사례에 대한 설명 중 가장 올바르지 않은 것은? (기출)

> 김 대리는 이번 성과 평가 기간에 회사로부터 새로운 메일을 한 통 받았다. 김 대리 팀의 팀장인 박 부장에 대한 평가를 김 대리에게 하도록 하는 내용의 메일이며, 조직통솔력, 의견수렴도, 업무할당 및 지시능력, 부하육성능력, 솔선수범, 고충처리능력 등이 평가 항목으로 있어 점수를 매기도록 되어 있었다.

① 사례의 평가 방법은 부하 직원에게 참여의식을 고취시킬 수 장점이 있다.
② 사례의 평가 방법은 상사가 부하 직원에게 보복할 가능성이 있다는 단점이 있다.
③ 사례의 평가 방법은 평가 실시가 용이하며, 직계 상사가 부하 직원을 잘 알고 있다는 장점이 있다.
④ 사례의 평가 방법은 부하 직원이 직속 상사를 평가하는 것이므로, 상사의 입장에서 호의적이지 않을 수 있다.
⑤ 사례의 평가 방법은 부하 직원이 본인이 좋아하는 상사에게만 좋은 평가를 주는 인기투표의 가능성이 있다.

해설 사례의 평가 방법은 부하 평가(상향식 평가)에 대한 것으로, ③의 내용은 상사에 의한 고과에 대한 설명이다.

44 전략적 상황분석에 의한 SWOT 전략수립 방법 중 사례와 잘 연결된 전략을 고르시오. (기출)

> 가. 미국 최대 서적 체인점인 반즈앤노블은 최근 디지털 콘텐츠 시장의 급신장으로 온라인 시장에 진출하려 한다. 그러나 온라인 시장에서의 낮은 인지도와 고객 DB의 열세로 쉽게 아마존이 독점하는 온라인 시장을 잠식하기에는 역부족이다.
>
> 나. 삼성전자는 휴대폰 시장의 선도기업이다. 최근 시장 수요가 감소되고 후발 주자의 거센 추격으로 위협을 받고 있다. 특히 중국업체 중 화웨이, 레노버의 저가 가격 공세가 거세다. 그럼에도 불구하고 삼성전자는 2020년 비전달성을 위해 내년 매출목표 10% 성장을 목표로 하고 있다.
>
> 다. 에스오일은 국내 4대 정유회사 중 하나다. 지속되는 수요부진과 원유가격의 영향으로 매출 및 수익이 감소하고 있다. 최근 최대 주주인 사우디 아람코의 적극적인 투자지원에 힘입어 저부가제품 생산구조에서 고부가제품 생산구조로 바꾸고 ODC 투자를 확대할 예정이다.

① 가. 시장침투 전략　　나. 시장기회 선점전략　　다. 제품다각화 전략
② 가. 시장기회 선점전략　나. 시장침투 전략　　　다. 전략적 제휴 전략
③ 가. 제품다각화 전략　　나. 시장 침투 전략　　　다. 시장기회 선점전략
④ 가. 전략적 제휴 전략　　나. 시장침투 전략　　　다. 제품다각화 전략
⑤ 가. 전략적 제휴 전략　　나. 시장기회 선점전략　다. 제품다각화 전략

해설 가. 전략적 제휴(OW 또는 WO 전략) 나. 시장침투 전략(TS 또는 ST 전략) 다. 제품다각화 전략(OS 또는 SO 전략)

45~50　통합형

※ [45~46] 아래 사례를 보고 문항에 답하시오. (기출)

> A리조트에서는 고객들이 참여하는 휴일 산속 Activity 프로그램에 대한 불만이 접수되었다. 임산부에게 적절한 설명이 제공되지 않아 아침 이슬에 젖은 산길에서 미끄러질 수 있었으며, 출발장소에서 너무 멀게 산속으로 이동하는 것에 대해서도 적절한 설명이 없었다는 것이다. 담당직원 모두 이러한 사항을 인지하지 못하였으며, 특히 고객이 불만족을 제기한 이후 몇 시간 동안 방치되어 많이 분노한 상황이 되었다.

45 다음 사항이 모두 최초 접근방법이라고 가정하는 경우, 이와 같은 불만족 접수 후 어떻게 처리하는 것이 서비스 실패 회복 절차상 가장 좋은 방법인가?

① 리조트 본사의 책임자가 출근한 다음날 직접 고객에게 사과하는 것이 좋다.
② 재발방지를 위해 프로그램에 대한 보완을 실시한 후 고객에게 사과하는 것이 좋다.
③ 접수직원의 실수가 분명하기 때문에 접수직원이 직접 고객에게 사과하는 것이 좋다.
④ Activity 프로그램을 진행하는 직원이 적절한 설명 없이 진행한 것에 대해 사과하는 것이 좋다.
⑤ 프로그램 또는 리조트 담당 책임자가 직접 고객에게 전반적인 절차에 대해 사과하는 것이 좋다.

해설 프로그램 담당자가 직접 고객에게 전반적 사항을 고려하여 사과하며, 적절한 조치를 취하는 것이 적합하다 최초 접수직원이나 프로그램 담당직원들 모두 고객에세 사과하는 것이 필요하지만 서비스 실패 후에는 모든 사항에 대해 책임을 가지고 있으며, 서비스 실패 복구에 필요한 충분한 권한을 가진 책임자가 고객과 접촉하는 것이 필요하다. 빠른 시간 내에 적절한 조치가 필요하기 때문에 일선 서비스 제공자에게 권한을 위양하는 것도 좋은 방법이 된다.

Answer　43. ③　44. ④　45. ⑤

46 현재의 조직운영 과정을 쉽게 바꾸지 못하는 경우 서비스가 실패하는 과정에 대한 개선노력 중 가장 적합한 것은 무엇인가?

① 직원별로 서비스 품질 수준을 평가하여 인사고과에 반영한다.
② 외부에서 유능한 서비스 책임자를 영입하여 조직을 활성화시킨다.
③ 입사 오리엔테이션 교육 때 서비스 실패와 회복에 대한 교육을 실시한다.
④ 가능한 모든 다양한 관점별로 분석한 후 서비스에 대한 제공과정을 재설계한다.
⑤ 외부기관 평가를 통해 제공되는 서비스 수준에 대해 평가하여 개선방법을 마련한다.

해설 서비스 실패에 대한 회복은 빠른 시간 내에 고객이 만족할만한 피드백을 제공해주는 것이 가장 좋은 방법이 된다. 고객이 만족할만한 피드백에는 고객이 공감할 수 있는 사과, 상황 개선에 필요한 노력(충분한 권한위양이 필요함), 재발방지에 대한 성실한 표현 등이 포함된다. 이러한 상황을 쉽게 적용하지 못하는 경우에는 서비스를 설계하는 과정에서 충분한 논의를 거쳐 서비스 실패가 발생하지 않게끔 관리하는 것이 필요하다.

※ [47~48] 아래 사례를 보고 문항에 답하시오. (기출)

국내 굴지의 커피전문점인 S사에는 고객의 입맛에 맞지 않는 커피가 제공되면 언제든지 고객이 원하는 맛의 커피로 바꾸어주는 서비스를 제공하고 있다. 현재 지점에서 다음과 같은 상황이 발생하였다. 조금 전 한 고객이 회원들에게 무료로 제공되는 커피 샷 추가 서비스와 우유 추가 서비스를 통해 작은 사이즈의 커피를 주문하면서 마치 큰 사이즈의 커피와 같은 크기로 만들어 달라는 주문을 하였다. 평소 이와 같은 고객의 요구가 못마땅했던 매장 직원은 회사의 정책을 들어 해당 요구를 거절하였는데, 고객은 매장 직원에게 강한 불만족을 표현하고 있는 상황이다.

S사에서 제공하는 커피의 사이즈는 다음과 같다.

A size : 커피 샷 2개 + 우유
B size : 커피 샷 3개 + 우유

47 고객은 매장 직원이 거절하였을 때 큰 사이즈의 커피를 먹는 것보다 작은 사이즈의 커피에 샷 추가를 한 후 우유를 넣는 것이 입맛에 맞는다며 고객이 원하는 방법으로 커피를 만들 것을 주문하였다고 하였다. 매장 직원은 이 고객의 요구를 어떠한 이유로 어떻게 처리하는 것이 가장 적합한 방법이 될까?

① 모든 고객의 입맛은 상황에 따라 변할 수 있어 고객의 요구를 들어주는 것이 맞다.

② 원하는 맛의 커피로 바꾸어주는 서비스가 있으므로 고객의 요구를 들어주는 것이 맞다.

③ 회사의 정책에서도 이 사례가 나와 있기 때문에 고객의 요구를 들어주지 않아도 된다.

④ 모든 고객의 입맛을 만족시키는 것은 불가능하므로 고객의 요구를 들어주지 않아도 된다.

⑤ 메뉴에 고객의 요구에 가장 근접하는 제품이 있으므로 고객의 요구를 들어주지 않아도 된다.

해설 서비스의 특성은 변동성을 주요 성격 중 하나로 정의하고 있다. 서비스 제공자나 수혜자 모두 각각의 상황에 따라 동일한 서비스도 서로 다르게 인지할 수 있다는 것을 포함하는 개념이다. 따라서 동일한 촉진제품에 대해서도 다르게 인지할 수 있다는 점을 감안하여 서비스 매뉴얼에 포함시키는 것이 좋다. 따라서 올바른 서비스를 제공하려 한다면, 고객의 다양성을 감안하여 서비스 접점시스템과 대응 프로그램을 마련하여야 한다.

48 고객의 요구에 맞게 서비스를 제공하지 못하는 경우 고객이 그 자리에서 강하게 불만족을 표출하여 일선 직원과 많은 마찰이 발생하곤 한다. 위에서 제시한 예와 같이 동일한 매뉴얼을 사용함에도 불구하고 발생하는 문제는 어떠한 원인으로 발생하는 것일까?

① 서비스를 제공하는 순간 사라져 버리는 현상 때문에 발생하게 된다.

② 서비스를 제공받는 고객들의 상황이 항상 일정하지 않기 때문에 발생하게 된다.

③ 서비스가 고객과 직접 접촉을 통해 제공되므로 고객의 불만족은 항상 발생하게 된다.

④ 서비스가 눈에 보이지 않아 실제 고객의 요구가 얼마나 충족되는지 알 수 없기 때문이다.

⑤ 서비스는 촉진제품을 사용하므로 촉진제품에 따라 고객의 불만족이 발생할 수 있기 때문이다.

해설 서비스의 특성 중 변동성을 이유로 발생하는 상황에 대한 설명이다. 매뉴얼을 모든 고객에게 일률적으로 적용시키다보면 해당 서비스에 대해 불만족한 고객이 예기치 않게 발생할 수 있다. 따라서 서비스 제공자에게 충분한 권한위양을 통해 다양한 상황에 대해 대처할 수 있게 하는 것이 필요하다.

Answer　46. ④　47. ①　48. ②

※ [49~50] 아래 대화를 읽고 물음에 답하시오. (기출)

B매니저님, 이번에 출시한 저희 OO파스타가 큰 인기를 누리고 있어서 멀리서도 찾아오고 있는 실정이에요.

이번 신제품은 고객의 니즈를 찾아 그에 적합한 제품을 제공해서 성공한 것이지.

네. 그런 것 같아요. OO파스타의 인기가 치솟는 것은 좋은 일이지만 고객들이 주로 점심시간에 몰려서 문제에요. 고객들의 대기시간이 점점 길어지고, 그에 따른 불만이 늘어나고 있거든요.

오늘 점심 중에 있었던 고객과의 소란도 그 문제 때문이지?

A점원

네 맞아요. 고객들이 주문한 OO파스타가 너무 늦게 나와서 일부 고객의 언성이 높아졌었어요.

만약 그렇다면 이 문제를 시급하게 처리하지 않으면 안되겠군.

B매니저

49 주문한 제품이 늦게 나오고 있어 고객들의 불만이 늘어나고 있는 상황이다. 이때 B매니저가 선택할 수 있는 성수기 공급증대 전략으로 적합하지 않은 것은?

① 종업원 교차훈련을 통해 생산성을 향상시킨다.
② 시설을 확충하여 시간당 공급 가능한 물량을 늘린다.
③ 바쁘지 않은 시간대에 방문한 고객에게 인센티브를 제공한다.
④ 점심시간에 고객이 집중되므로 해당 시간에 활용할 파트타임직을 고용한다.
⑤ 종업원의 노동시간을 확충하여 업무 시작 전 가능한 업무를 사전에 진행해둔다.

해설 비수기 인센티브를 제공하는 전략으로 성수기 수요감소 전략에 해당한다.

50 사례를 통해 고객의 기다림이 늘어나면서 불만이 커졌음을 알 수 있다. 마이스터는 이와 같은 대기시간에 대해서 실제 대기시간뿐만 아니라 고객에게 지각된 대기시간도 중요하다고 하였는데, 이에 대한 설명으로 적절하지 않은 것을 고르시오.

① 원인이 설명되었을 때의 기다림이 더 길게 느껴진다.
② 구매 전 기다림이 구매 중 대기보다 더 길게 느껴진다.
③ 다 함께 기다리는 것보다 혼자 기다리는 것을 더 길게 느낀다.
④ 제공받는 서비스에 더 큰 가치를 느낄수록 사람들은 기다림을 짧게 느낀다.
⑤ 아무 일도 하지 않고 있을 때 느끼는 기다림의 시간이, 무엇인가를 하고 있을 때보다 더 길게 느껴진다.

해설 원인이 설명되지 않았을 때 기다림을 더 길게 느낀다.

조재립, 「서비스 경영」, 청문각(2009)

김병태, 「서비스 운영론」, 대경(2006)

임종만 외3, 「고객만족을 위한 서비스경영론」, 무역경영사(2003)

이유재, 「서비스 마케팅」, 학현사(1994)

Alexander Osterwalder & Yves Pigneur, 「비즈니스 모델의 탄생」, 타임비즈(2011)

Philip Kotler, 「마케팅 관리론」, 석정(2004)

「서비스 혁신 유형의 전략적 연계에 관한 연구」, 산업연구원(2011)

장병열 외, 「지식기반 서비스산업의 서비스 R&D 방향과 기술혁신지원제도 개선방안
연구」, 지식경제부(2008)

유영목 저, 「서비스 품질 경영」, 양서각(2010)

강도원 외, 「서비스마케팅 이론과 사례」, 대진(2008)

전인수 저, 「서비스마케팅」, 석정(2005)

서비스경영연구회 역, 「지속가능시대의 서비스 경영」, Mc Grawhill Education

구본장 · 박계홍, 「인적자원 관리론」, 형설출판사(2009)

박영배, 「현대인적자원 관리」, 청람(2012)

박효선, 「한국군의 인적자원 관리」, 학이시습(2010)

권로병, 「경영학입문」, 신론사(2009)

강길환 외, 「경영학원론」, 대왕사(2013)

독학학위연구소, 「학독사2단계 인적자원 관리」, 시대고시기획(2015)

존 브룩스, 「경영의 모험」, 쌤앤파커스(2015)

전성철 외, 「가치관경영」, 쌤앤파커스(2013)

독학사연구회, 「독학사 경영학과 3단계 경영전략」, 지식과 미래(2015.9)

Philip Kotler, 「마케팅 원론(Principles of Marketing)」

권금택, 「전략적 고객관계 관리」, 대명

■ 기획 : SP&S 컨설팅(공동대표 박두환, 이경랑)

기업 고객 접점의 경쟁력을 높이기 위한 맞춤형 컨설팅, 프로세스 및 커뮤니케이션 화법 제작 전문 기업으로 프로젝트 형식의 맞춤형 서비스, 세일즈 강좌는 물론 회원제 콘텐츠 제공 등을 통해 설립 3년 만에 서비스 현장을 체계화하는 데에 전문적이고 차별화된 영역을 확보하였다.

대표적인 활동으로는,

- ㈜퍼시스 세일즈 프로세스 및 화법 개발, SE 아카데미 자문 및 오피스컨설턴트 과정 진행
- KAIST산하 (재)스마트IT융합시스템연구단 교수진 마케팅 역량강화 과정 개발, 진행
- ㈜일룸 세일즈 프로세스 및 화법 개발, 세일즈 어드밴스 과정 개발 및 진행
- 한동대학교 직업과 진로탐색 과정 진행
- 부산대학교 공대혁신센터 리더십, 마케팅 역량과정 진행
- KB투자증권 고객만족센터 커뮤니케이션 역량강화 과정 진행
- 파란손해사정(주) 경쟁력 강화 프로젝트 및 현장 커뮤니케이션 강화 과정 진행
- 〈세일즈 커뮤니케이션 스킬 12〉 도서 출간
- 월간 시사 저널 〈뉴스메이커〉 선정 '2015년 한국을 이끄는 혁신 리더' 선정
- 조세일보, 여성신문, 뉴스메이커 등 칼럼 기고
- 세일즈 CEO 과정 "Sales Learn & Run" 과정 운영
- 모발이식 성형외과 모제링 병원 세일즈 · 상담 역량 강화 Project 진행
- 그 외 NHN Entertainment AD, 삼성화재(주), 알리안츠생명, 교보생명, 카네비컴(주), First Advantage 등 약 50여 개 대기업, 금융기관 및 중소기업 강좌 진행

■ 저자 : 서비스 세일즈 가치 향상 연구회

- 박두환 : SP&S 컨설팅 공동대표, 〈세일즈 커뮤니케이션 스킬 12〉 공저
- 이경랑 : SP&S 컨설팅 공동대표, 〈세일즈 커뮤니케이션 스킬 12〉 공저
- 박지원 : 국제공인 NLP 트레이너, 한국코치협회 전문 인증코치, 중소기업청 노사발전재단 CEO전문 코치, 동덕여자대학교 객원교수
- 곽건 : 곽건 생존연구소 소장, 국가공인 CS Leaders 1급 심사위원, 저서 : 〈강사를 위한 Prezitation〉, 〈비즈니스 프로파일링 기법〉
- 강정민 : 미래 지능교육개발원 대표, 대덕대학교 외래교수, 한국지식경제진흥원 전문교수
- 조윤진 : 네오패션&이미지 대표, 대덕대학교 외래교수, 코칭코리아 교육이사
- 명노욱 : KB투자증권 WM사업본부 본부장 상무
- 김성천 : (전)대우세계경영연구회 미래창조 위원장, Wilson Learning Worldwide 퍼실리테이터, GLOBIZ Academy 원장, Smart CMS 대표(국제전시 및 국제회의 전문기업)
- 조영렬 : 합동대학교 연구교수, 서울융합산업박사연합회이사, 대덕대학교 외래교수